LEARN IT

데이터사이언스를 위한

기초수학 with 파이썬

박민서 지음

길벗캠퍼스

박민서 교수
2009.10. 메사추세츠 대학교 컴퓨터과학 박사
2010.1~2015.3 삼성 SDS 수석연구원
2011.4~2016.3 성균관대학교 삼성융합의과학원 수석연구원
2015.3~2019.9 SK 텔레콤 부장/팀리더
2019.10~2021.5 한화시스템 상무
2018.9~현재 KAIST 기술경영학부(기술경영전문대학원) 겸직교수
2021.9~현재 서울여자대학교 데이터사이언스학과 교수
홈페이지 : https://sites.google.com/view/minseo-park

이 책을 미리 따라한 베타테스터의 한마디

문과에 비전공자 출신인 저도 데이터사이언스에 적용되는 수학 이론을 쉽게 배울 수 있는 책입니다. 대부분 고등학생 때 배운 내용이지만 고등학교 수학책을 전부 공부하기엔 양이 많아 갈피를 못 잡겠고, 시간도 없어서 데이터사이언스와 점점 멀어질 때 이 책을 추천합니다. 단순히 수학 이론만 다루지 않고, 파이썬 코드도 함께 다뤄 더 유용하게 쓰일 것입니다.

– 이현희

수학적 개념뿐 아니라 어떻게 쓰이는지 파이썬 코드까지 확인할 수 있기 때문에 데이터사이언스와 수학의 연결성을 이해하기 좋은 교재라고 생각합니다. 또한 개념을 확인할 수 있는 예제를 풀며 기초부터 탄탄히 할 수 있어 도움이 많이 되었습니다.

– 한명은

데이터사이언스를 위한
기초수학 with 파이썬

초판 1쇄 발행 • 2023년 1월 17일 | **지은이** • 박민서 | **발행인** • 이종원 | **발행처** • (주)도서출판 길벗 | **브랜드** • 길벗 캠퍼스
출판사 등록일 • 1990년 12월 24일 | **주소** • 서울시 마포구 월드컵로 10길 56(서교동) | **대표 전화** • 02)332-0931 | **팩스** • 02)323-0586
홈페이지 • www.gilbut.co.kr | **이메일** • gilbut@gilbut.co.kr | **책임편집** • 신유진(backdoosan@gilbut.co.kr) | **디자인** • 강은경
제작 • 이준호, 손일순 | **영업마케팅 및 교재 문의** • 박성용(psy1010@gilbut.co.kr) | **영업관리** • 김명자 | **독자지원** • 윤정아, 최희창
전산편집 • 앤미디어 | **CTP 출력 및 인쇄** • 예림인쇄 | **제본** • 예림바인딩

길벗 캠퍼스는 (주)도서출판 길벗의 IT대학교재 출판 브랜드입니다.

ISBN 979-11-407-0270-1(길벗 도서번호 060086)
정가 27,000원

독자의 1초를 아껴주는 정성 길벗출판사
(주)도서출판 길벗(www.gilbut.co.kr) • IT교육서, IT단행본, 경제경영서, 어학&실용서, 인문교양서, 자녀교육서
길벗스쿨(www.gilbutschool.co.kr) • 국어학습, 수학학습, 어린이교양, 주니어 어학학습, 학습단행본
페이스북 • www.facebook.com/gilbutzigy | **커뮤니티** • http://cafe.naver.com/gilbutit

머리말

이 책을 쓰게 된 동기는 기업체에서 학교로 이직하면서, 첫 수업으로 '데이터사이언스를 위한 기초수학' 과목을 맡게 되면서입니다. 데이터사이언스를 위한 기초수학이 무엇일까? 많은 수학 원리나 이론 가운데 데이터사이언스를 위한 핵심만 추려 놓은 책이 필요했습니다. 여러 책을 모아 추려서 강의 교안을 만들었던 것이 지금의 책이 되었습니다.

이 책을 통해 데이터사이언스를 공부하는 전공자나 비전공자들에게 수학이 어렵고 정복하기 위한 학문이나 이론이 아니라, 이해하는 학문으로, 좀 더 쉽고 재미있게 이해할 수 있도록 돕고 싶습니다.

이 책은 수학 문제 풀이를 위한 책이 아니라, "Why"에 초점을 맞춰서 원리를 이해하고, 데이터사이언스를 공부할 때 수학이 어떻게 다루어지는지 안내합니다. 실제 데이터사이언스를 위한 기초수학은 고등학교 수준의 수학만으로도 충분합니다. 이 책을 통해 수학의 원리와 배경을 이해할 수 있었으면 합니다.

쉽게 설명하려고 노력했지만, 수학이다 보니 어렵게 느껴질 수도 있습니다. 이 책은 중요한 내용을 여러 번 반복하여 설명하였으며, 중간에 복습할 수 있도록 구성하여 자신의 이해 정도를 점검하도록 하였습니다. 이해하면 이해하는 대로, 또 이해되지 않으면 이해되지 않는 대로 여러 차례 읽어 나가다 보면, 어느새 데이터사이언스에서의 수학의 역할이 본인의 지식으로 자리 잡혀 있을 것입니다.

이 책을 통해 수학에 대한 두려움을 없애고, 데이터사이언스 공부를 즐겁게 시작할 수 있기를 바랍니다.

감사합니다.

박민서 드림

차례

• 책 내용을 따라할 수 있는 실습 파일은 길벗 홈페이지를 통해 제공됩니다.

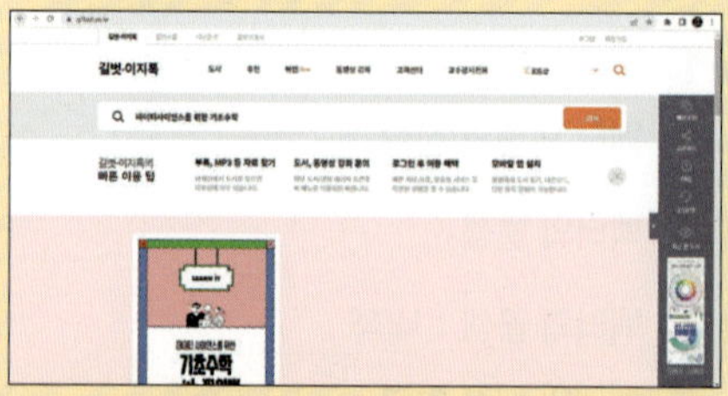

길벗 출판사 홈페이지(www.gilbut.co.kr) 검색란에 '**데이터사이언스를 위한 기초수학**'을 검색 → 해당 도서 자료실의 '**실습예제**' 항목 → **실습에 필요한 예제 소스** 내려받기

주차별(15주) 학습 진도표

주차별	챕터	주제	주차별 내용
1주	1장	오리엔테이션 데이터사이언스 시작하기	강의의 목적 및 강의계획서를 설명하고, 데이터사이언스를 시작하기 위한 준비를 합니다.
2주	2장	데이터사이언스에서의 기초 함수	1차 함수, 2차 함수, 지수 함수, 로그 함수에 대해 이해합니다.
3주	3장	시그모이드 함수	데이터사이언스(머신러닝, 딥러닝)에서 활용도가 높은 시그모이드 함수에 대해 익힙니다.
4주	4장	미분함수	미분의 개념 이해하고, 실제 적용해 봅니다. 미분계수, 편미분, 도함수에 대해 이해합니다.
5주	5장	미분의 응용	미분법칙을 이해합니다. 딥러닝에서 중요한 개념인 오차역전파를 이해합니다.
6주	6장	벡터의 기초	벡터의 개념 및 성질을 이해하고 특수벡터에 대해서도 살펴봅니다.
7주	7장	벡터의 특성	백터의 중요한 특성 중 하나인 선형결합에 대해 자세히 이해하고, 벡터공간에 적용해 봅니다.
8주	중간고사		
9주	8장	벡터의 연산 1	벡터의 연산(덧셈, 뺄셈, 곱셈(내적))에 대해서 배웁니다.
10주	9장	벡터의 연산 2	벡터의 연산(덧셈, 뺄셈, 곱셈(내적))을 복습하고, 곱셈(외적)과 직교벡터를 이해합니다. 데이터사이언스에서 벡터의 활용을 살펴봅니다.
11주	10장	확률	데이터사이언스에서의 확률의 필요성을 이해하고, 기본용어를 배웁니다. 독립시행의 확률, 조건부 확률을 익힙니다.
12주	11장	베이지안확률	아직 일어나지 않았거나 불확실한 사건에 대한 확률을 구하는데 효과적인 베이지안 확률을 이해하고, 다양한 예제를 통해서 배웁니다.
13주	12장	통계	기초 통계를 배웁니다. 확률변수와 확률분포들을 살펴봅니다.
14주	13장	통계적 추정과 검정	통계적 추정과 검정방법을 익혀서 통계에서의 성능 평가 방법을 배웁니다.
15주	14장	데이터사이언스에서의 성능 평가	데이터사이언스(머신러닝, 딥러닝)에서의 성능 평가를 배웁니다.
16주	기말고사		

데이터사이언스를 공부한다는 말의 의미에는 빅데이터 분석, 머신러닝, 딥러닝 실행법을 익히는 것뿐만 아니라, 원리를 배운다는 의미도 포함합니다. 그래서 데이터사이언티스트가 되기 위한 첫걸음은 데이터를 이해하고 데이터와 문제와의 관계 및 원리를 이해하는 것입니다. 원리를 이해하기 위해 필요한 지식 중 한 가지가 수학입니다.

데이터사이언스를 위한 수학은 막연하게 어려워 보일 수 있습니다. 그러나, 실제로는 고등학교 수준의 수학만으로도 충분합니다. 'why?'라는 질문을 던지면서 수학의 계산 방법보다는 수학적 배경, 원리를 이해하는 것이 중요합니다.

< 첫째 마당 >

데이터사이언스에서의 수학

| 1장 |

데이터사이언스 시작하기

학습 목표

데이터사이언스의 방법론을 익히는데 필요한 수학의 기본 개념과 원리를 배웁니다.

1 〉 데이터사이언스란?

데이터사이언스는 도메인과 같은 관련 분야의 지식과 통계, 분석, 모델링, 프로그래밍 스킬 등의 융합을 통해 대규모 데이터 속에서 의미를 찾는 것입니다.

데이터의 홍수 속에서 활용할 만한 가치가 있는 데이터를 찾는다는 것은 먼저 데이터를 탐색하고, 모델링을 통해 패턴 및 실제 도움이 되는 정보를 찾은 후, 인사이트를 도출하고, 이를 기반으로 미래의 일까지 예측하는 모든 과정을 포함합니다.

데이터사이언스를 공부하고, 연구하고, 일하는 사람들을 우리는 흔히 '데이터사이언티스트', '데이터과학자'라고 부릅니다. 데이터사이언티스트(데이터 과학자)에게 필요한 지식과 기술을 크게 나누어 보면 다음과 같습니다.

- 대규모 데이터를 수집/처리/가공하는 능력
- 통계 및 머신러닝 관련 지식과 방법을 습득하는 능력
- 통계 및 머신러닝 방법론을 활용하는 능력(코딩 스킬 포함)
- 데이터 분석 결과를 시각화(Visualization)하고 리포트(Report)하는 능력

이 책에서는 데이터사이언티스트에게 필요한 통계 및 머신러닝 방법론을 이해하는데 필요한 수학의 핵심적인 내용만 뽑아서 다룰 예정입니다. 이와 함께 해당 이론이 머신러닝 방법론에서 어떻게 사용하는지도 함께 설명합니다.

1.1 통계와 머신러닝의 차이점

소수에서 다수를 추정하는 통계

통계의 사전적인 의미는 '소수에서 다수를 추정한다.'입니다. 예를 들어 봅시다. 오늘은 대통령 선거일입니다. 국민들은 누가 대통령으로 당선되었는지 결과가 궁금한데, 개표가 끝나려면 내일 새벽까지 기다려야 한다고 합니다.

국민들의 궁금증을 해소하기 위해, 언론사들은 투표 당일에 투표를 마치고 나온 유권자를 상대로 어느 후보를 선택했는지 묻는 출구조사를 통해 당선자를 예측합니다.

선거에서 결과를 예측하는 출구조사라는 방식이 우리가 공부하려는 통계의 예라고 할 수 있습니다.

현실적으로 선거를 마친 국민 모두를 출구조사하기는 쉽지 않습니다. 이에 따라, 선거인 가운데 일부를 추출해서 출구조사를 합니다. 출구조사 결과를 기반으로 국민 전체의 결과를 예측하여 국민들의 궁금증을 해결하려는 것입니다.

물론 일부 선거인을 추출해 조사하는 것이기 때문에, 출구조사 결과가 실제 투표 결과와 일치하지 않을 수도 있습니다.

그래서 출구 조사와 투표 결과의 오차를 줄이기 위해 지역, 연령, 성비 등을 고려하여 표본(일부 선거인)을 공정하게 추출해야 합니다.

이와 같이 대규모의 데이터에서 의미있고 실제 결과치에 가깝게 예측하기 위해서 소수의 데이터를 활용하여 대푯값을 찾는 일련의 과정을 통계라고 합니다.

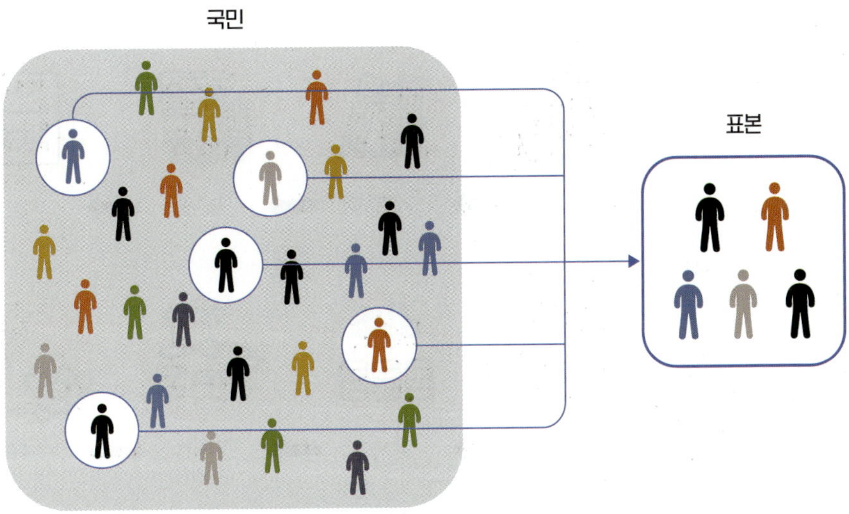

그림 1-1. 투표를 시행한 모든 선거인(국민)들 중 일부(표본, 샘플)를 추출

과거의 데이터로부터 미래를 예측하는 머신러닝

머신러닝이 통계와 다른 가장 큰 차이는 "과거의 데이터로부터 앞으로의 일을 예측한다"는 것입니다.

시험 공부를 할 때 기출문제를 많이 풀어보면 비슷한 유형의 새로운 문제가 나와도 당황하지 않고 풀 수 있는 것처럼, 머신러닝의 원리도 시험 공부의 원리와 비슷합니다. 컴퓨터가 과거의 데이터를 살펴보고 학습해서 새로 만나는 데이터에 대한 문제해결을 위한 규칙(알고리즘)이나 풀이 방법(모델)을 찾아냅니다. 이전의 학습 경험으로 아직 경험하지 못한 새로운 문제도 풀어내는 일련의 과정이 머신러닝입니다.

그림 1-2는 머신러닝을 학생의 공부 과정과 비교한 것입니다. 시험을 잘 보기 위해서 공부하고 준비하는 과정은 머신러닝의 학습 과정과 매우 비슷합니다. 기계인 컴퓨터도 사람이 공부하는 것과 마찬가지로 새로운 문제의 해결 방법을 찾기 위해 학습의 과정을 겪습니다.

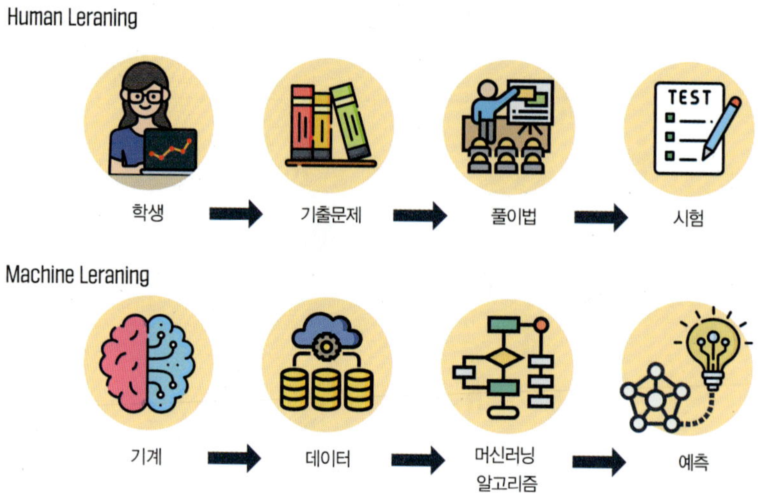

인간 학습과 기계 학습은 유사합니다. 인간이 문제의 풀이법을 익히는 것처럼 머신러닝도 알고리즘을 통해 예측하는 것이죠.

그림 1-2. 인간학습(Human Learning)과 Machine Learning

2 〉 데이터사이언스의 프로세스

데이터사이언스는 대규모 양의 데이터 안에서 풀고자 하는 문제와 관련된 데이터를 수집하고 분석해서 정보를 추출한 뒤 문제의 본질을 이해해서 인사이트를 도출하는 미래의 일까지 예측하는 모든 과정을 포함합니다.

즉, 데이터사이언스란 데이터를 사용하여 과거에 무슨 일이 일어났고 왜 일어났는지, 그리고 현재 당면한 문제가 무엇인지, 또 아직 일어나지 않은 미래에 무슨 일이 일어날지 미리 예상하고 일어날 일에 대비하는 것을 의미합니다.

데이터사이언스의 진행 과정을 간단하게 정리하면 아래와 같습니다.

1. **문제 이해 및 정의**
2. **데이터 이해** : 데이터 준비(수집), 탐색, 변환, 정리 및 준비
3. **모델링** : 방법론(알고리즘, 모델) 생성, 학습 및 선택
4. **모델 테스트** : 튜닝 및 최적화
5. **배포** : 모니터링, 재학습 및 업데이트

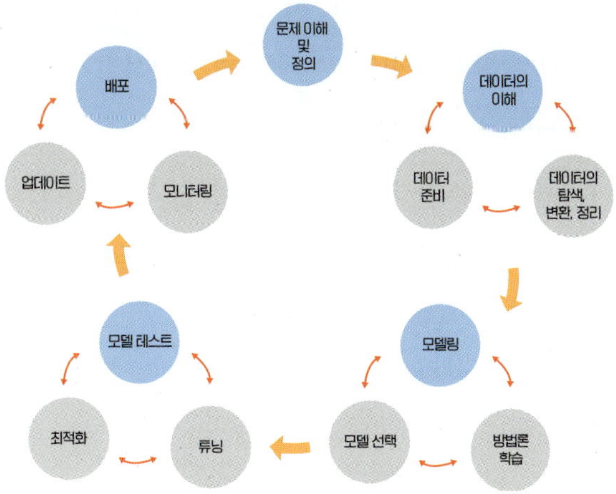

그림 1-3. 데이터사이언스의 프로세스

❶ **문제 이해 및 정의** : 데이터사이언스의 프로세스는 사용자가 풀고자 하는 문제를 정확하게 이해하고 정의하는 것에서부터 시작됩니다.

예를 들어 노화의 원인이 무엇인지 궁금할 수 있는데, 우리는 다음과 같은 질문을 던지고 여기에 맞는 답을 찾는 과정을 통해 노화의 원인을 찾을 수 있습니다.

"노화의 원인이 무엇일까?" → "노화와 관련된 화학물질이 있을까?" → "해당 화학물질은 무엇 때문에 만들어지는가?" → "화학물질과 노화의 관계를 밝히는데 필요한 기술은 무엇인가?"

이렇게 스무고개 하듯 질문하고 하나씩 답을 찾는 과정을 통해 궁금증을 해결할 수 있습니다.

❷ **데이터 이해** : 데이터 준비 및 탐색 과정입니다. 문제가 무엇인지 이해하고 정의하는 과정을 마쳤다면, 해당 문제를 풀기 위해 데이터를 준비하고, 이해하는 과정을 거쳐야 합니다.

A. 문제를 풀기 위해 필요한 데이터가 무엇인지, 필요한 데이터를 모두 사용할 수 있는지에 대해서 확인하는 과정은 매우 중요합니다. 대부분의 경우 문제 해결을 위해 필요한 데이터가 모두 수집되어 있지 않거나, 형식이 제각기 다른 형태로 수집되어 있고 심지어 서로 다른 시스템에 저장되어 있는 경우도 있습니다. 이럴 경우 데이터 사이언티스트는 실무자, 엔지니어, IT 담당자와 협업하여 데이터를 구하고, 서로 다른 데이터를 통합해야 합니다.

B. 데이터 수집 후, 준비된 데이터를 탐색합니다. 그래프 및 시각화를 통해 패턴, 상관관계, 이상치 등을 살펴봄으로써 데이터를 더 정확하고 깊게 이해할 수 있습니다.

C. 데이터 탐색을 통해, 문제를 푸는데 필요한 데이터를 추출하고 변환하여 데이터셋을 만듭니다. 이때 만들어진 데이터셋은 테이블 형태로 표현할 수 있는데, 테이블은 샘플(sample)이라고 하는 행(row)과 독립변수(x),

특성(features), 속성(attributes)이라고 표현하는 열(column)로 구성됩니다.

아래의 표 1-1는 노화원인 예측을 위한 데이터셋을 나타냅니다. 노화의 원인이 될 수 있는 화학성분을 열(column)에 표현하고, 실험 대상인 사람을 행(row)으로 표현한 것입니다.

표 1-1. 데이터셋

열 : 독립변수/특성/속성

행 : 샘플

	성별	나이	성분 1	성분 2	성분 3	성분 4			성분 50
person 1									
person 2									
person 3									
person 4									
person 100									

❸ **모델링** : 머신러닝으로 수집된 데이터에 문제 해결을 위한 여러 알고리즘 및 방법론을 학습시키고 적용한 후, 적절한 알고리즘을 선택하는 과정입니다.

위의 표 1-1 데이터셋을 이용해 노화의 원인을 찾는 방법론(알고리즘, 모델)을 적용해 보고, 최적의 방법론을 선택하는 것입니다. 아래와 같은 함수로 표현할 수도 있습니다.

$$y = f(x)$$

$\boldsymbol{x}$는 독립변수, 특성, 속성, 컬럼, $\boldsymbol{y}$는 나이에 따른 노화정도, $\boldsymbol{f}$는 머신러닝, 딥러닝 알고리즘

머신러닝 모델링을 이해하는 또 다른 예로 초등학교에서 수학을 배울 때 사용한 깔때기를 비유로 들 수 있습니다.

문제 해결을 위해서 모은 데이터를 입력변수 x라고 가정하고, 컴퓨터 역할의 깔대기 안에서 학습을 반복해 최적의 방법 f를 만드는 것이 모델링 과정이라고 이해할 수 있습니다. 아래 그림처럼 최적의 방법 f를 이용해 최적의 결과 y를 도출합니다.

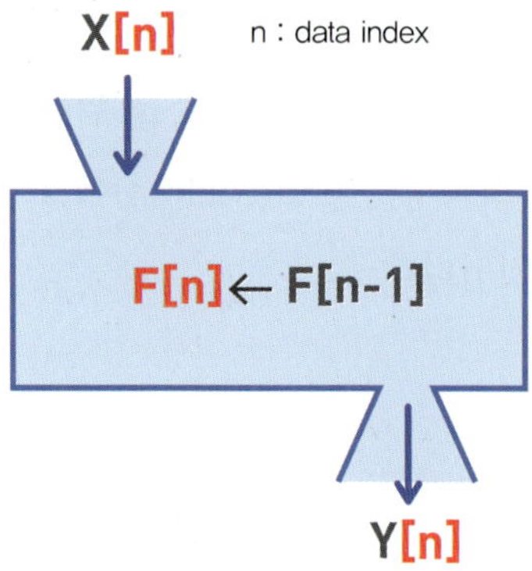

그림 1-4. 모델링(함수 f)의 작동방식

❹ **모델 테스트** : 선택된 방법론(알고리즘, 모델)의 정확도를 테스트하고 반복적인 조정(튜닝)을 통해 최적화하는 것입니다. 최적화 방법은 알고리즘(방법론, 모델)을 발전시키는 것(①)과 데이터를 보완하는 방법(②)의 두 가지가 있습니다.

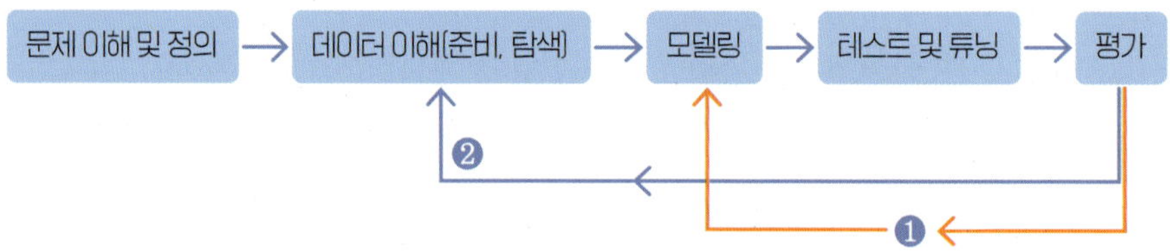

그림 1-5. 모델 테스트를 통한 최적화 방법

❺ **배포** : 튜닝 후 최적화된 모델은 실제 사용자가 사용할 수 있도록 배포되는데, 이때, 주기적으로 모델을 모니터링하면서, 새롭게 만들어진 데이터와 함께 재학습하고 이를 반영하여 모델을 지속적으로 업데이트합니다.

위의 1~5까지의 과정을 '데이터사이언스 파이프라인'이라고 합니다. 문제를 이해하고, 필요한 데이터를 수집하여 탐색 및 변환해 해당 데이터를 기반으로 모델링을 수행하면 문제를 풀 수 있는 모델, 알고리즘을 만들어 낼 수 있습니다.

모델은 반복적인 튜닝을 거쳐 최적의 형태로 사용자에게 배포되며, 사용자가 사용하면서 만들어지는 새로운 데이터를 기반으로 다시 재학습되어 업데이트됩니다.

BASIC MATHEMATIC

3 〉 프로그래밍과 머신러닝의 차이점

프로그래밍은 소트프웨어를 만들기 위한 일련의 과정입니다. 프로그램, 프로그래밍, 머신러닝, 소프트웨어 등 비슷한 의미의 말이 함께 많이 쓰여서 헷갈릴 수 있습니다.

사전적인 정의로 프로그램은 문제 해결을 위해 컴퓨터에게 주어지는 처리 방법과 순서를 기술한 일련의 명령문 집합체, 소프트웨어는 프로그램과 프로그램 개발, 운용, 유지 보수에 필요한 관련 정보 일체라고 구분할 수 있습니다.

그렇다면 프로그래밍과 머신러닝의 차이점은 무엇일까요? 차이점의 쉬운 이해를 돕기 위해 예를 들어 보겠습니다.

대학교 입시에서 합격자 발표 프로그램이 필요합니다. 합격자 발표 프로그램의 프로그래밍은 지원자가 원서(데이터)를 제출하면 합격과 불합격(결과)을 구별하는데 초점을 맞춘 것이고, 머신러닝은 합격과 불합격을 구분하는 규칙을 만드는 것을 의미합니다. 그림 1-6을 참고하세요. 작년에 합격했던 지원자의 데이터 안에서 규칙을 발견하고, 해당 규칙을 보완하여 업데이트해서 최적의 합격 규칙을 만드는데 초점을 맞춥니다.

규칙을 이용하여, 합격자 발표 프로그램이라는 생산 작업의 결과물 소프트웨어로 이번 년도의 지원자 합격 여부를 구할 수 있는데, 여기서 머신러닝의 역할은 기존 데이터를 이용해 아직 일어나지 않은 미지의 일까지 예측하는 방법을 만드는 것이라고 이해할 수 있습니다.

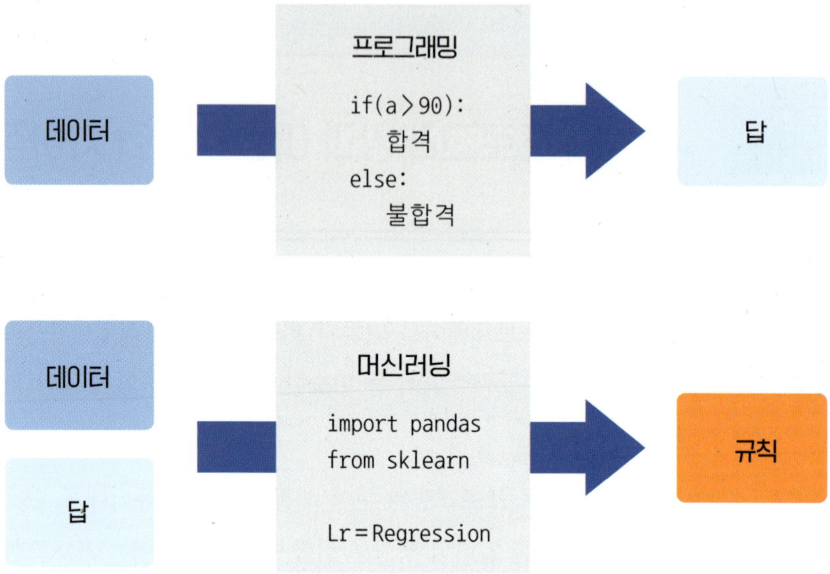

그림 1-6. 프로그래밍 vs 머신러닝

그림 1-6과 같이 머신러닝을 간단히 표현하면 많은 데이터에서 규칙을 찾는 것입니다.

우리는 머신러닝을 이용해 많은 문제를 해결할 수 있습니다.

매년 대학교 입학처에서는 신입생이 입학하기 전, 학교 적응 여부를 예측하기 위해 고민합니다. 만약, 최근 몇 년 동안 입학한 학생들의 적응 여부를 정리해 놓은 데이터가 있다면, 머신러닝을 통해서 데이터를 분석해 패턴 및 규칙을 찾아 올해의 신입생이 입학한 이후에 학교에 얼마나 적응할 수 있는지 쉽게 예측할 수 있을 것입니다.

4 〉 데이터사이언스를 위한 준비물

이제 머신러닝에 대한 개념을 이해했으니 데이터사이언스를 본격적으로 시작하기 위한 준비물을 살펴봅시다.

❶ **데이터 준비하기** : 데이터사이언스를 하기 위한 재료인 데이터를 준비합니다. 문제 해결을 위한 데이터가 필요합니다.

❷ **방법론(알고리즘) 이해하기** : 다양한 방법론(알고리즘)에 대해 배워서 알아두어야 합니다.

❸ **프로그래밍 환경 만들기** : 데이터를 준비하고 방법론을 공부했으면 프로그래밍할 수 있는 환경이 필요합니다. 컴퓨터에 필요한 프로그래밍 환경을 설치하거나 웹에서 구글 코랩(Google Colab)을 이용하는 두 가지 방법이 있습니다.

4.1 주피터 노트북을 활용한 프로그래밍 환경 만들기

데이터사이언스에서 주로 사용하는 언어는 파이썬입니다. 그러나 파이썬만 단독으로 설치하는 것보다 데이터 과학 및 머신러닝에 필요한 라이브러리가 포함된 통합 패키지인 아나콘다(Anaconda)를 설치하면 보다 쉽고 편리하게 데이터사이언스를 위한 프로그래밍 환경을 만들 수 있습니다. 아나콘다에는 파이썬과 함께 머신러닝에 필요한 다양한 패키지들(pandas, scipy, jupyter, numpy)이 포함되어 있습니다.

아나콘다를 설치하는 과정은 다음과 같습니다.

❶ 아나콘다 홈페이지(www.anaconda.com)에 접속하고 메뉴에서 'Products' → 'Anaconda Distribution'을 선택합니다.

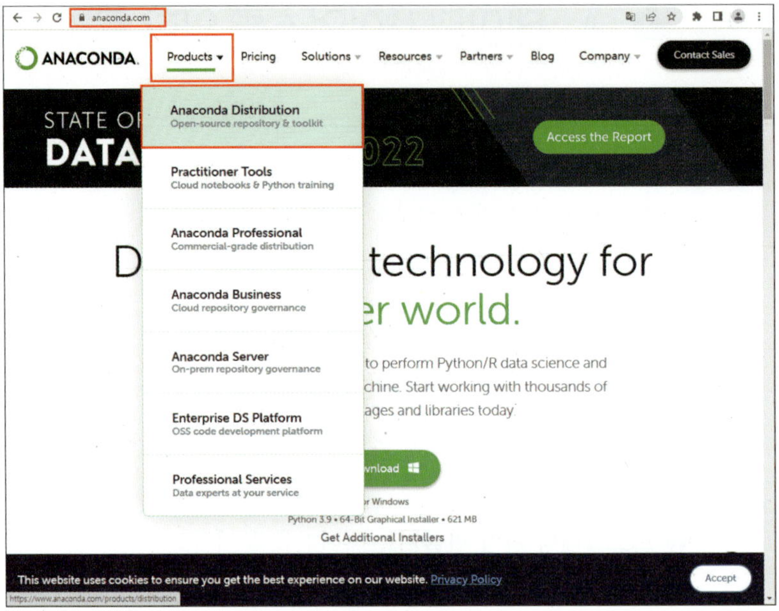

❷ 스크롤바를 아래로 드래그하여 화면을 내립니다. 자신의 OS 환경에 맞는 인스톨러의 파이썬 3.0 이상의 버전을 선택해 다운로드합니다.

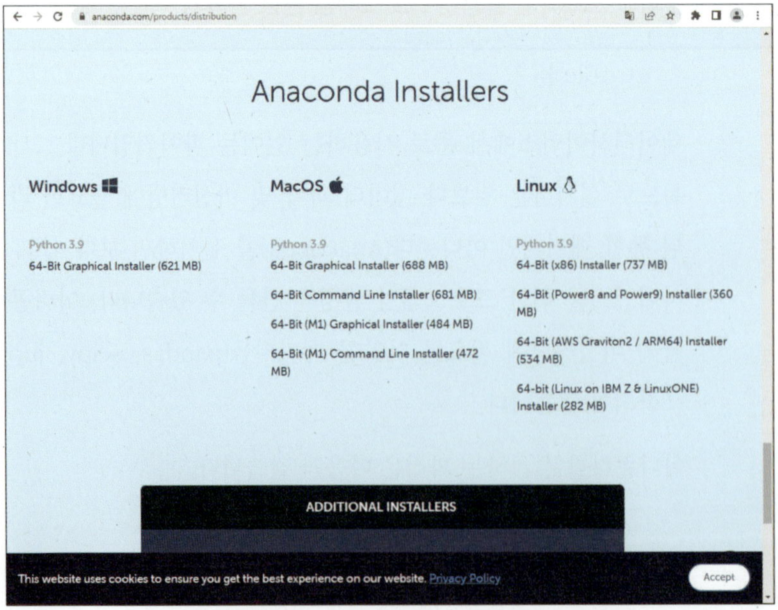

❸ 다운로드한 후 실행합니다. 대부분 'NEXT' 버튼을 클릭하면서 진행합니다.

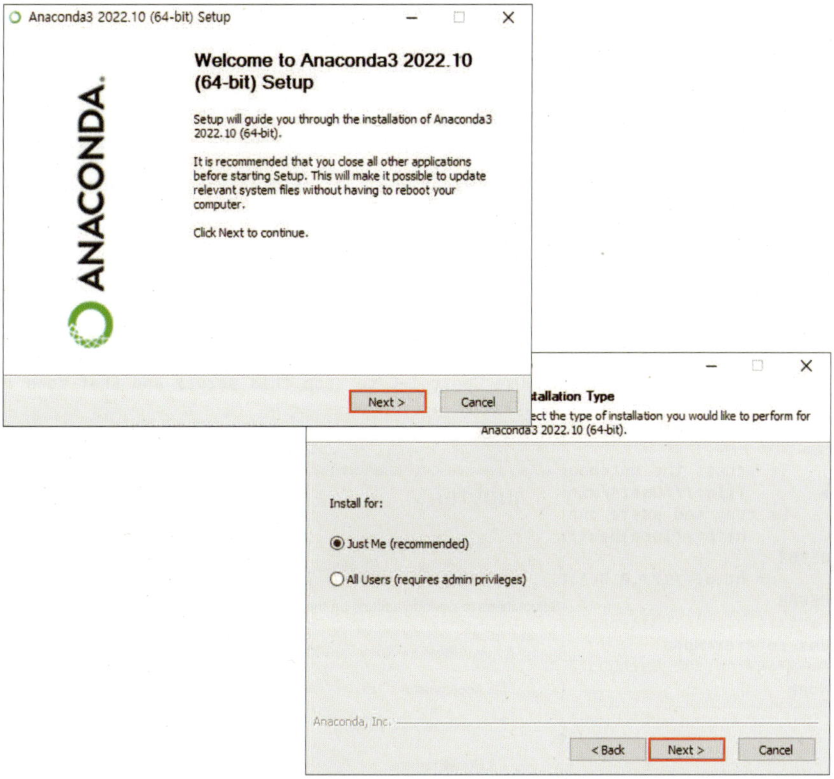

❹ Advanced Options에서 'Add Aanaconda to my PATH environment variable'을 체크 표시한 다음 'Install' 버튼을 클릭하고 진행합니다.

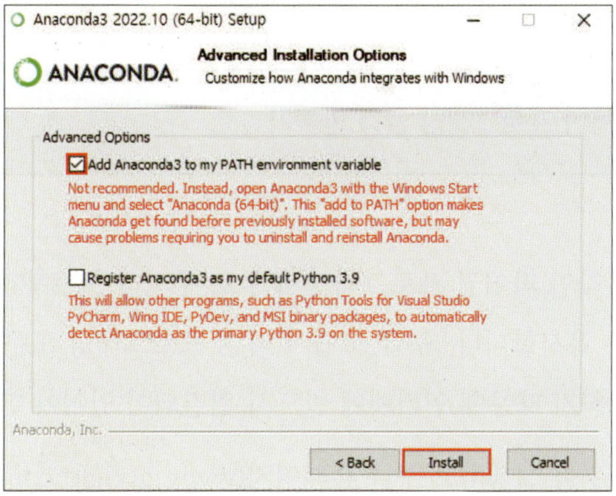

⑤ 설치를 마친 후 프로그램을 실행하여 jupyter notebook과 python이 제대로 설치되었는지 확인합니다. 윈도우의 시작 버튼 → 모든 앱 → 터미널을 열어서 아래와 같은 화면이 보이면 제대로 설치한 것입니다.

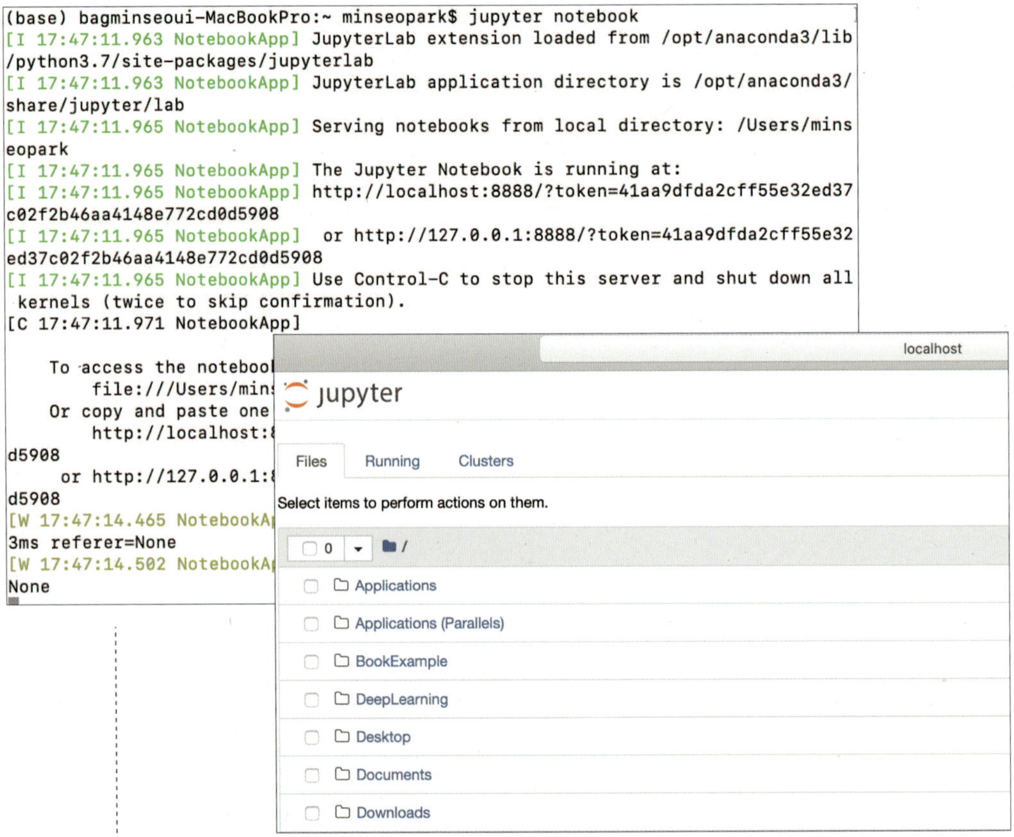

4.2 구글 코랩을 활용한 프로그래밍 환경 만들기

구글 코랩은 온라인 파이썬 프로그래밍 도구로 주피터 노트북과 기능, 구조, 사용 방법이 매우 유사합니다. 구글 코랩이 다른 프로그래밍 도구와 다른 점은 구글 서버를 사용하기 때문에 인터넷에 반드시 연결되어 있어야 한다는 것입니다.

❶ 크롬 브라우저를 실행하고 구글 홈페이지(www.google.com)에 접속합니다. 오른쪽 위에 있는 '로그인' 버튼을 클릭하여 로그인합니다. 만일, 구글 계정이

없다면 먼저 회원가입을 합니다. '로그인' 버튼이 보이지 않는다면 구글 검색창에서 '로그인'을 검색합니다. 검색결과에서 '로그인 – Google 계정'을 클릭하여 로그인해도 됩니다.

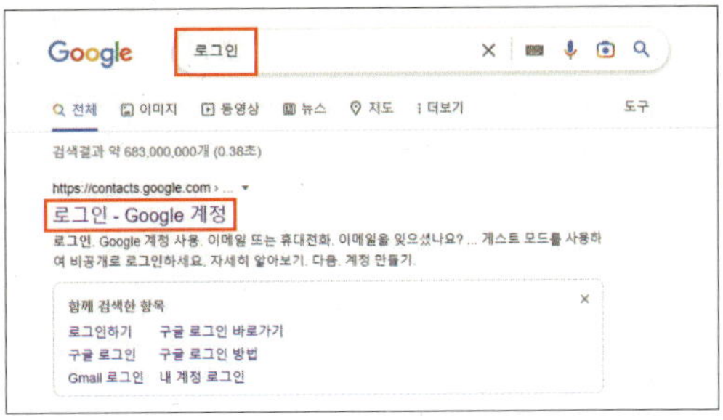

❷ 로그인 후, 구글 검색창에 'colab'을 검색하고 'Colab – Google'을 클릭합니다.

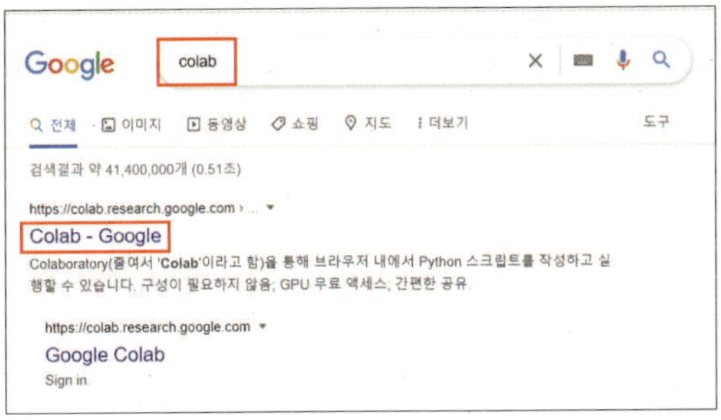

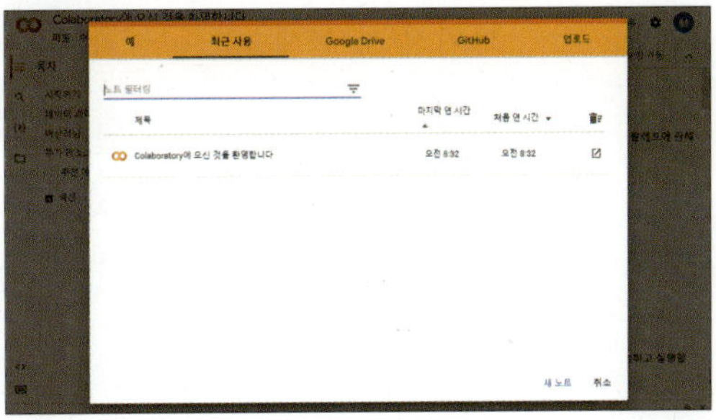

❸ '새노트'를 클릭하거나 메뉴에서 '파일' → '새노트'를 실행하여 프로그래밍을 시작합니다.

5 〉 데이터사이언스를 위한 수학의 필요성

데이터사이언스를 공부한다는 말의 의미에는 빅데이터 분석, 머신러닝, 딥러닝 실행법을 익히는 것 뿐만 아니라, 원리를 배운다는 의미도 포함됩니다.

그래서 데이터사이언티스트가 되기 위한 첫걸음은 데이터를 이해하고 데이터와 문제와의 관계 및 원리를 이해하는 것입니다. 원리를 이해하기 위해 필요한 지식 중 한 가지가 수학입니다. 데이터사이언스를 위한 수학은 막연하게 어려워 보이지만, 실제로는 고등학교 수준의 수학만으로도 충분합니다.

이 책에서는 데이터사이언스에 필요한 수학을 'why?'라는 질문을 던지면서 수학의 계산 방법보다는 수학적 배경, 원리에 초점을 맞추어서 설명합니다. 향후, 머신러닝, 딥러닝을 배울 때 나오는 수학의 원리를 미리 익히는 시간이 될 것입니다.

일상생활에서 일어나는 모든 문제는 y=f(x)로 바꾸어서 생각할 수 있습니다. 일어난 문제(y)와 문제 발생 요인(x)으로 구분할 수 있을 것입니다. 모든 문제는 원인을 정확히 알아야 해결책을 찾을 수 있는데, 문제를 발생시킨 요인과 문제의 관계가 f입니다.

결국 데이터사이언스는 f를 찾는 것이라고 할 수 있죠. f는 function의 약자로, 규칙, 머신러닝, 함수, 수식을 찾는 것이라고 의미를 바꾸어 생각할 수 있습니다.

당뇨병 진단을 받는 경우를 예로 들어 봅시다. 당뇨병(y)에는 여러 가지 원인(x), 즉 수면, 운동, 체중, 식이 등과의 관련성을 살펴봐야 합니다. y와 x의 관련성을 밝히는 과정이 f를 찾는 과정이고, 데이터사이언티스트는 f를 찾는 일을 수행합니다. 이것을 수식으로 표현하면 아래 그림 1-7과 같습니다. 이와 같이 f를 찾으려면 수학의 원리를 알아야 하고, 우리는 지금부터 f를 찾기 위한 수학의 원리를 배울 것입니다.

그림 1-7. y=f(x), 데이터사이언스 수학의 원리

수학에서 흔히 말하는 함수란 무엇일까요? 함수는 두 개의 집합(X와 Y) 사이의 관계를 의미합니다. 다시 말해, X와 Y 안의 원소들의 관계나 규칙을 만드는 것이라고 할 수 있습니다.

예를 들어, 일상생활과 만성질환 발생의 연관성을 알아보고 싶다고 할 때, 핸드폰 등의 디지털 기기로 수집한 수면, 운동, 체중, 식이 등의 디지털화된 일상생활의 정보를 기업체나 병원에서 분석하여 당뇨, 비만, 고혈압 등의 만성질환과 연관되어 있는지 찾는 작업을 할 수 있습니다. 이때, 일상생활에서 얻은 데이터와 만성질환이라는 두 집합(X,Y) 사이의 관계를 함수로 나타낼 수 있습니다.

- X = {수면데이터, 운동데이터, 체중, 식이데이터}
- Y = {당뇨, 비만, 고혈압}

수면데이터(X_1), 운동데이터(X_2), 체중데이터(X_3), 식이데이터(X_4)는 X의 원소이며, 당뇨(Y_1), 비만(Y_2), 고혈압(Y_3)은 Y의 원소입니다. 함수는 X의 원소가 변하는 것에 따라 Y 원소의 값이 어떤 규칙으로 변하는지 나타낼 수 있는데, 이를 수식으로 표현하면 다음과 같습니다.

$$Y = f(X),\ f : \text{function}$$

< 둘째 마당 >

데이터사이언스에서의 기초 함수

| 2장 |

기초 함수

학습 목표

데이터사이언스에서 문제해결을 위한 기초 함수의 기본개념과 원리를 배웁니다.

1 〉 1차 함수

데이터사이언스는 정확한 의사결정을 내릴 수 있도록 많은 입력 데이터를 바탕으로 결과를 도출하고, 이를 기반으로 입력과 출력 사이의 관계(함수)를 찾는 것입니다. 즉 입력과 출력 사이의 규칙을 찾는 것이라고도 할 수 있습니다.
"x가 변함에 따라 y가 얼마나 많이 변하는가?"를 알아보는 것입니다.

$$y=ax+b \ (a \neq 0)$$

위의 1차 함수는 x와 y의 관계를 1차식으로 표현한 것입니다. x가 일차인 형태이며, x가 1차 함수로 남으려면 a는 0이 아니어야 합니다.

1차 함수에서 x와 y의 관계를 표현하는 값이 기울기(a)와 절편(b)입니다. 기울기 a는 x가 변함에 따른 y의 변화율, 변화 속도 등을 의미하고, b는 y의 값(출력값)이 미리 이동하는 개념입니다. 그래프에서 아래 왼쪽 그림과 같이 보통 0에서 출발하는데, 절편 b의 값만큼 미리 이동한(그림 2-1 오른쪽 그림, y축에서 0에서 2만큼 이동) 곳에서 시작한다고 이해할 수 있습니다. 요약하면, 기울기는 직선이 기울어진 정도를 말하며, 절편은 좌표 평면상의 직선이 x축과 만나는 점의 x좌표 및 y축과 만나는 점의 y좌표를 통틀어 이르는 말입니다.

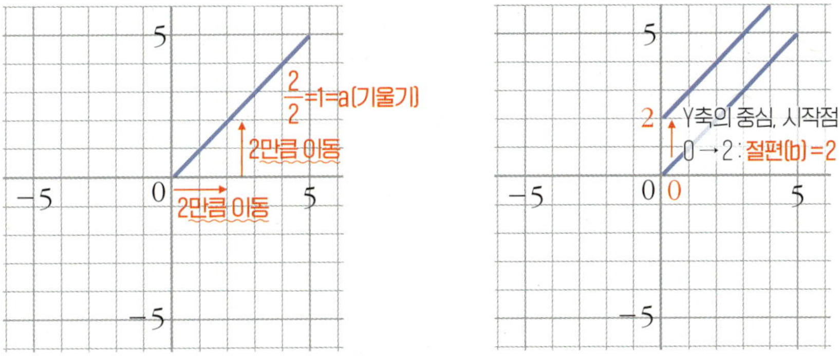

그림 2-1. 1차 함수 : 기울기와 절편

연습 문제

연습 01 **다음 중 1차 함수인 것을 모두 고르세요.**

① $y = +1$ ② $y=7$ ③ $y=x+7$ ④ $xy=7$

〈풀이〉

① 분수 함수로 x가 −1차식이므로 1차 함수가 아닙니다.

② x의 계수가 없으므로 상수 함수입니다(계수는 $y=ax$에서 a를 의미합니다).

❸ 1차 함수입니다.

④ $y=\frac{7}{x}$ 이므로 분수 함수입니다.

1.1 1차 함수에서 기울기와 절편의 의미

이제 우리는 1차 함수 식 $y=ax+b$ $(a \neq 0)$에서 a는 기울기, b는 절편을 의미한다는 것을 이해할 수 있습니다.

기울기는 기울어진 정도 또는 변화율을 의미하는데, x가 변함에 따라 y가 변하는 정도를 다음과 같이 나타냅니다.

$$\text{기울기}(a) = \frac{y\text{증가량}}{x\text{증가량}}$$

즉, 기울기(a)가 클수록, 해당 x는 y에 더 큰 영향력을 미친다고 해석할 수 있습니다.

그림 2-2에는 x가 1변할 때, y_1가 1이 변하는 함수(f_1 : 파랑색 그래프)와 x가 1 변할 때, y_2가 2 변하는 함수(f_2 : 빨강색 그래프)가 있다고 가정해 보면, 함수 f_2가 f_1 보다 y에 2배 더 큰 영향력을 준다는 의미라고 볼 수 있습니다.

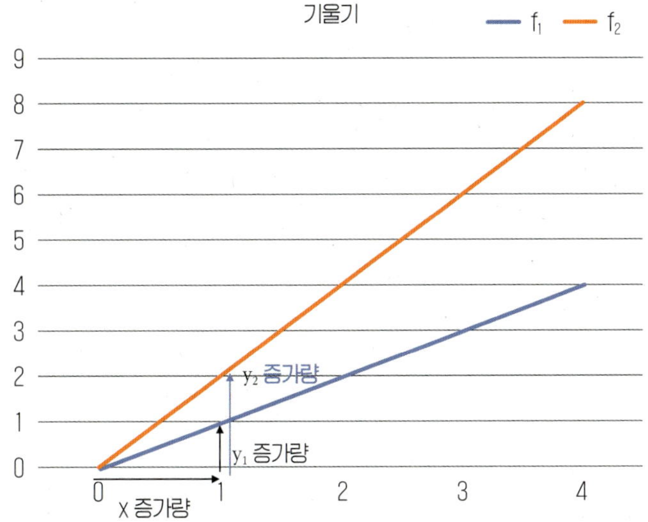

그림 2-2. 1차 함수 그래프 : 기울기

기울기를 x의 증가량에 대한 y의 증가량의 비중이라고 할 때, 다음의 수식으로 표현해 볼 수 있습니다.

$$기울기 = \frac{y증가량}{x증가량} = \frac{y_2-y_1}{x_2-x_1}$$

이번에는 그림 2-3처럼 다른 방향의 직선에 대한 기울기를 구해 봅시다. x 증가량은 '점 Q의 x좌표 − 점 P의 x좌표'가 되고, y 증가량은 '점 Q의 y좌표 − 점 P의 y좌표'가 되며, 아래 수식으로 표현할 수 있습니다. 이번에는 기울기가 음수가 될 것입니다. 이것은 x가 커질수록, y가 작아지는 관계를 갖는다는 의미입니다.

$$기울기 = \frac{y증가량}{x증가량} = \frac{점\ Q의\ y좌표 - 점\ p의\ y좌표}{점\ Q의\ x좌표 - 점\ p의\ x좌표} = \frac{y_2-y_1}{x_2-x_1}$$

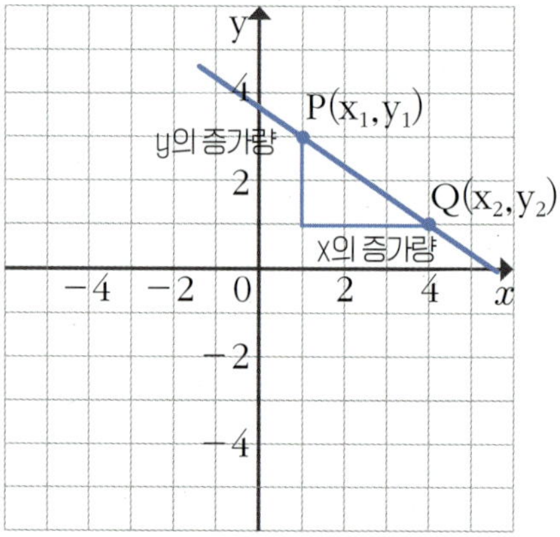

그림 2-3. 기울기 구하기

잠깐만요

데이터사이언스를 공부한다는 것은 문제 해결을 위한 솔루션(f:함수)을 찾는 것과 같습니다. 수학적으로 풀이해 보면, 어떤 문제가 일어났을 때(y) 나타나는 현상이 일어나게 된 문제, 배경, 원인(x_s)이 주어지면, y에 대한 x의 f를 찾는 것이죠.

- $f_1(x)=2x_1+3$이라고 할 때, 기울기는 2입니다.
- $f_2(x)=6x_2+3$이라고 할 때, 기울기는 6입니다.

$f_1(x)$와 $f_2(x)$ 가운데 $f_2(x)$ 기울기가 더 크다는 것은 x_1 변수가 f_1의 값을 찾을 때보다, x_2 변수가 f_2의 값을 찾을 때 더 큰 영향력을 주는 변수라는 의미입니다.

절편은 그래프가 축과 만나는 지점을 의미합니다. 이를 다르게 표현하면, 그래프를 "y축으로 평행이동시킨다."는 의미이기도 합니다.

- y=ax 그래프를 y축으로 b만큼 평행이동하면, y=ax+b입니다. 또 다른 의미로는 x=0일 때, y=b로 y축과 만나는 값이 b라는 의미입니다.
- y=ax 그래프를 y축으로 −b만큼 평행이동하면, y=ax−b입니다. 또 다른 의미로는 x=0일 때, y=−b로 y축과 만나는 값이 −b라는 의미입니다.

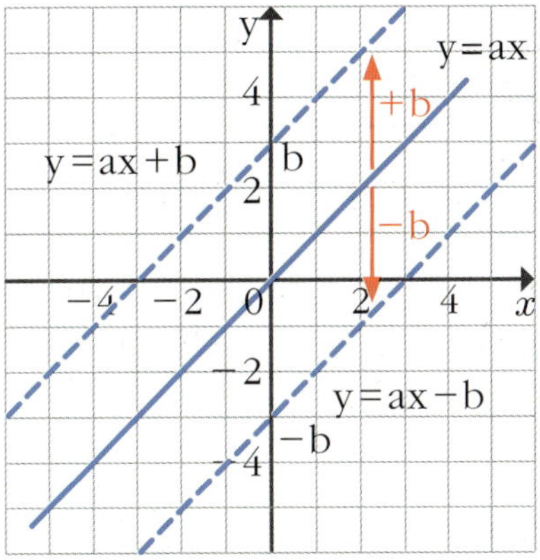

그림 2-4. 1차 함수 그래프 : 절편

연습 문제

연습 01

1차 함수를 만들어 보세요.

① 기울기가 2이고, y 절편이 7인 1차 함수를 구하세요.

② 기울기가 2이고 점(2,7)을 지나는 1차 함수를 구하세요.

〈풀이〉

① $y=ax+b$에서 기울기 a에 2를 대입하고 y 절편(7)을 대입하면, $y=2x+7$입니다.

② $y=ax+b$에서 기울기 $a=2$를 대입하면, 다음과 같이 식을 표현할 수 있습니다.

$y=2x+k$(k는 상수)

$y=2x+k$ 수식에, (2,7)을 대입합니다. $7=2\times2+k$이므로, $k=3$이 됩니다.

따라서, 1차 함수는 $y=2x+3$이 됩니다.

잠깐만요

y=ax 그래프를 조금 더 살펴보면 다음과 같은 특징이 있습니다.

- (0,0)을 지납니다.
- 만약, a>0인 양의 정수라면, a가 커질수록 그래프의 기울기가 커지고, y축에 가까워집니다.

a	1	2	3
y	1x	2x	3x

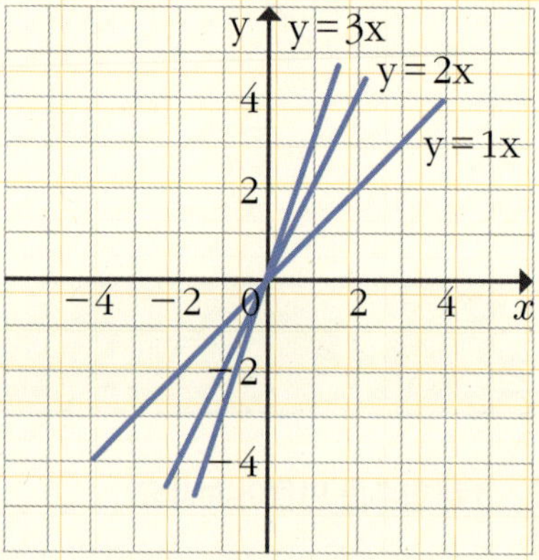

그림 2-5. y=ax, a>0

- a<0인 음의 정수라면, a가 작아질수록 기울기가 작아지고, y축에 가까워집니다.

a	−1	−2	−3
y	−1x	−2x	−3x

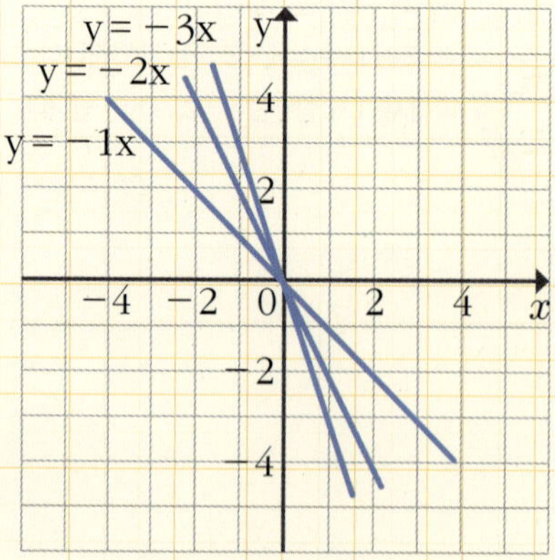

그림 2-6. y=ax, a<0

2 〉 2차 함수

2차 함수란, y가 x에 관한 이차식으로 표현되는 경우를 의미합니다.

$$y = ax^2 \ (a \neq 0)$$

그래프로 표현하면, 다음과 같이 포물선 모양이 그려집니다.

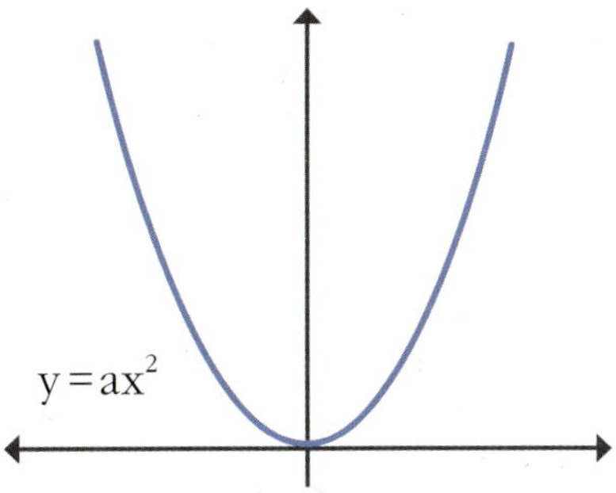

그림 2-7. a>0 일 때 2차 함수

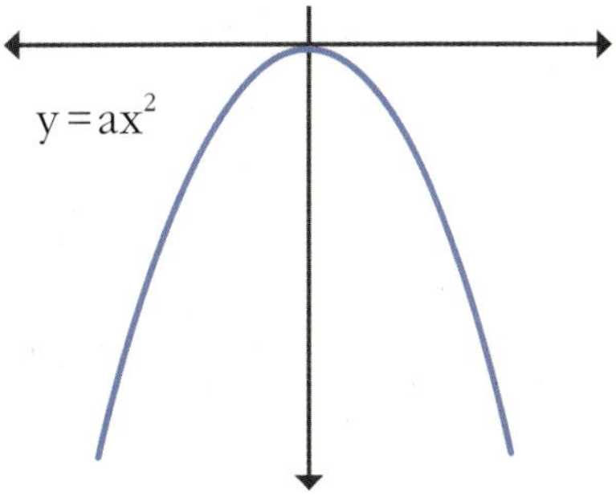

그림 2-8. a<0 일 때 2차 함수

연습 문제

연습 01 **다음 중 2차 함수인 것을 모두 고르세요.**

① $y = 7x + 1$　② $y = 7x^3 + 2x^2 + 2$

③ $y = 7x^2 + 7$　④ $y = 7x^2 + x + 2$

〈풀이〉

① 우변 x의 최고차항의 차수가 1이기 때문에 1차 함수입니다. 2차 함수가 아닙니다.

② 우변 x의 최고차항의 차수가 3이기 때문에 3차 함수입니다. 2차 함수가 아닙니다.

❸ 우변 x의 최고차항의 차수가 2입니다. 2차 함수입니다.

❹ 우변 x의 최고차항의 차수가 2입니다. 2차 함수입니다.

2.1 최솟값과 최댓값의 원리를 통해 최적화 이해하기

2차 함수에서 2차항의 계수가 0보다 클 때는, 아래로 볼록한 그래프가 그려지며, 최솟값을 구할 수 있습니다. 반대로 2차항의 계수(그래프의볼록과 오목 모양을 결정)가 0보다 작을 때는 위로 볼록한 그래프가 그려지고 최댓값을 구할 수 있습니다. 그 외의 값은 수렴되지 않기 때문에, 보통 2차 함수는 최솟값과 최댓값을 구하는 목적으로 사용합니다.

$y=ax^2$ $(a>0)$의 그래프를 그려봅시다. a가 0보다 크기 때문에, 그림 2-9처럼 아래로 볼록한 그래프가 그려지고 최솟값은 (0,0)입니다. 그래프를 x축 방향으로 p만큼, y축 방향으로 q만큼 평행이동시켜보면, (p,q)를 꼭지점으로 하는 포물선이 그려지고, 포물선의 맨 아래에 위치한 점 (p,q)가 최솟값이 됩니다.

이와 같이 2차항의 계수가 0보다 큰 2차 함수에서 해를 구한다는 것은 함수 그래프에서 최솟값을 찾는 것이라고 생각할 수 있습니다.

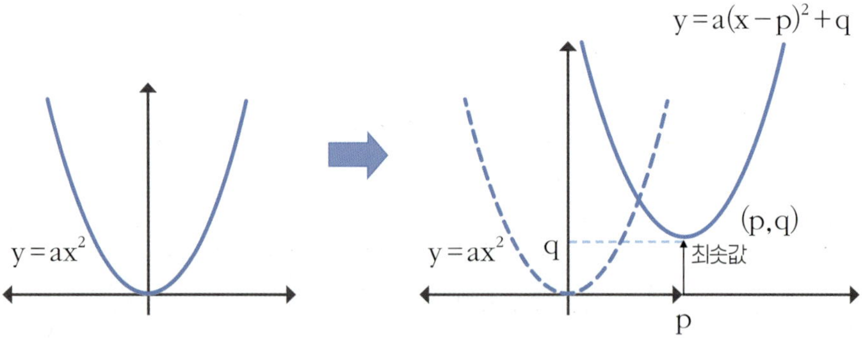

그림 2-9. 2차 함수 그래프의 평행이동과 최솟값 이해하기

연습 문제

연습 01

2차 함수 $y=2(x-2)^2+4$를 그래프로 표현하고, 최솟값을 구하세요.

〈풀이〉

1. $y=2X^2$에서 계수가 2이므로 양수입니다. 아래로 볼록한 그래프를 그립니다.
2. $y=2X^2$ 에서 x축으로 2만큼 이동하고, y축으로 4만큼 평행이동합니다.
3. 그래프에서 꼭지점 값이 최솟값이 되므로 점 (2,4)가 최솟값이 됩니다. 최솟값은 4가 됩니다.

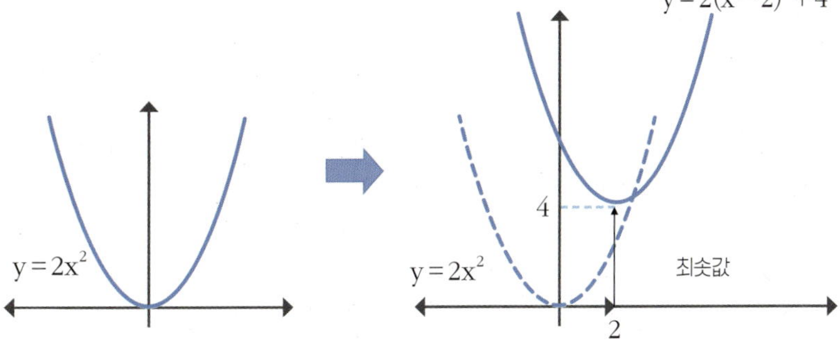

그림 2-10. $y=2(x-2)^2+4$의 최솟값 구하기

이와 같은 최솟값의 원리가 데이터사이언스에 어떻게 사용되는 것일까요?

데이터사이언스는 인공지능 안의 한 영역으로서, 데이터를 기반으로 의사결정을 할 수 있도록 돕는 학문입니다. 데이터 기반의 의사 결정을 위한 인공지능의 방법으로 머신러닝과 딥러닝이 많이 사용되고 있으며, 머신러닝과 딥러닝은 "최적의 해"를 구하는 방법론 중 하나입니다.

위의 내용을 2차 함수로 바꾸어 생각해 봅시다. 앞서 2차항의 계수가 0보다 클 때, 2차 함수의 최적의 해를 구하는 것은 최솟값을 구하는 것이라고 했는데, 그림 2-9처럼, 아래로 볼록한 그래프의 경우, 최솟값 이외의 값은 양의 방향으로 무한대로 뻗어나갑니다.

다르게 표현하면 최솟값을 구하는 것은 기울기가 0인 점을 찾는 것이라고 볼 수 있습니다. 그림 2-11에서 보듯이, 각 접점에서의 기울기는, 최솟값인 점 p로 갈

수록, 기울기가 점점 0에 가까워 지고 있음을 볼 수 있습니다. 즉, 기울기가 0인 값을 찾게 되면, 2차 함수의 최솟값을 찾을 수 있고, 해당 최솟값은 2차 함수의 최적의 해를 의미합니다. 이를 머신러닝과 딥러닝에 적용해 보면, 머신러닝과 딥러닝의 최적의 해를 구하는 모델이 2차 함수일 경우, "최적의 해=최솟값"이 될 것입니다.

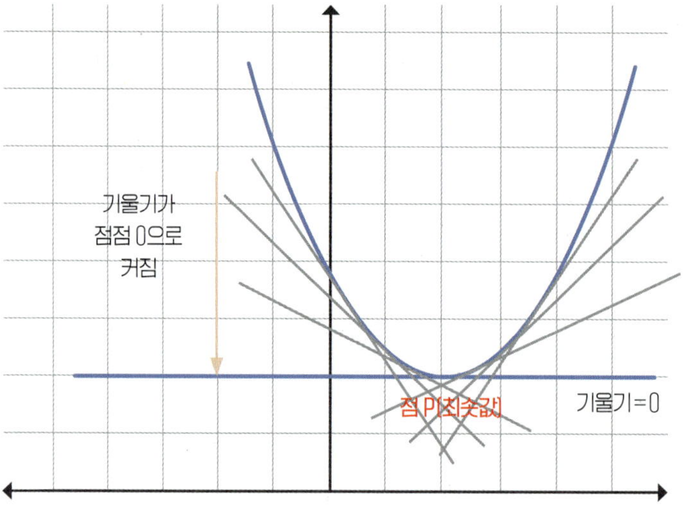

그림 2-11. 기울기와 최솟값의 관계

3 〉 지수 함수

지수는 어떤 수나 문자를 거듭제곱한 것을 표시하는 방법입니다. 밑과 지수로 표현하며, a를 밑이라고 하고, x을 지수라고 할 때, a를 x번 반복해서 곱한다는 뜻입니다.

$$y = a^{x}$$

← 진수 (x)

↑ 밑 (a)

단, $(a \neq 1, a > 0)$ 조건을 만족해야 하며, 다음의 특징을 갖습니다.

- 만약 a=1 이면 $y=1^x$으로 y는 1이 됩니다. y=1은 지수 함수가 아닙니다.
- a가 0보다 작으면 허수이기 때문에, 지수 함수가 아닙니다.

잠깐만요

허수(imaginery number)는 문자 그대로 '실수'의 반대되는 개념으로 '가짜의 수', '상상의 수'를 의미합니다. 음수를 제곱하거나 양수를 제곱하면 모두 양수가 나오는데, $x^2=-1$의 x처럼 제곱해서 음수가 되는 수를 허수라고 합니나.

밑 a는 $a>1$ 이거나 $0<a<1$이어야 하며, 이를 그래프로 표현하면 다음과 같습니다.

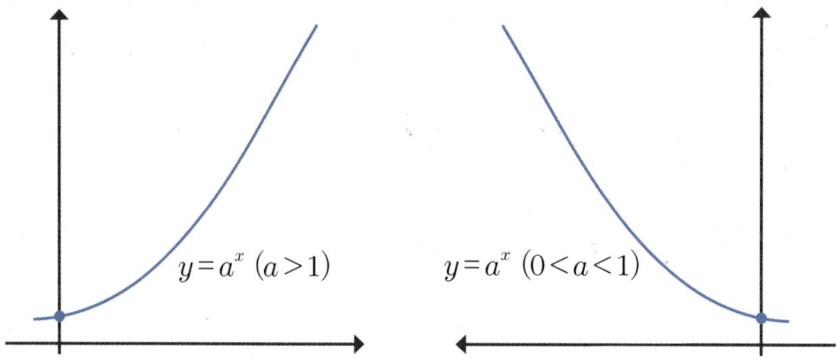

그림 2-12. 지수 함수 그래프

$y=a^x$에 $a=2$라고 가정하고, x에 실제값을 대입해 보면 다음과 같은 특징을 갖습니다.

표 2-1. x(지수)에 따른 y 값 변화

x	…	−3	−2	−1	0	1	2	3
y=ax	…	$\frac{1}{8}$	$\frac{1}{4}$	$\frac{1}{2}$	1	2	4	8

- $a=2$, $a>0$일 때, 지수(x)가 커지면 y 값도 커지고, 지수(x)가 작아지면 y 값도 작아집니다.
- 지수(x)가 무한대로 작아지면, y 값은 0에 가까워지지만 0보다는 큽니다.

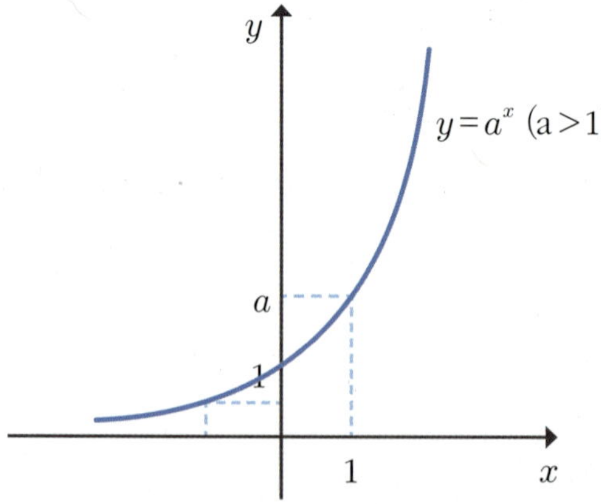

그림 2-13. $y=a^x$, $a>0$일 때 그래프

$y=a^x$, $0<a<1$인 $a=\dfrac{1}{2}$ 경우를 가정해서 실제값을 대입해 보겠습니다.

표 2-2. x(지수)에 따른 y 값 변화

x	…	−3	−2	−1	0	1	2	3	
y=ax	…	8	4	2	1	$\frac{1}{2}$	$\frac{1}{4}$	$\frac{1}{8}$	

- $a=\dfrac{1}{2}$, $0<a<1$ 일 때, 지수(x)가 작아질수록 y 값이 커지고, 지수(x)가 커질수록 y 값은 작아집니다.
- 지수(x)가 무한대로 커져도 y 값은 0에 가까워지지만, 0보다는 큽니다.

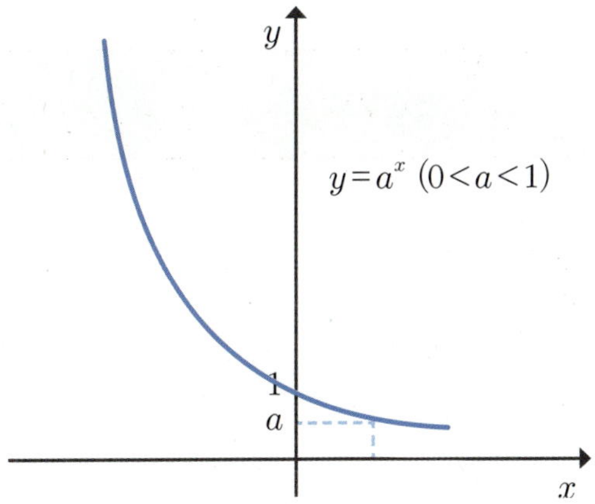

그림 2-14. $y=a^x$, $0<a<1$일 때 그래프

지수 함수의 특징을 요약해서 정리하면 다음과 같습니다.

- 지수에 미지수 x가 있는 함수, 즉 변수 x가 지수 자리에 있는 경우에 지수 함수라고 합니다.
- $f(x)=a^x(a>0,\ a\neq 1)$
- 밑(a)의 값이 중요한데, 밑의 값이 갖는 특징은 다음과 같습니다.
  - 밑이 1이면 지수 함수가 아닙니다.
  - 밑이 0보다 작으면 허수를 포함합니다. 지수 함수가 아닙니다.
  - 밑의 값은 a>0 이거나 0<a<1이어야 합니다.
- 지수 함수를 그래프로 표현하면, 밑에 따라 (a>0 vs. 0<a<1) 두 지수 함수는 y축에 대칭입니다.

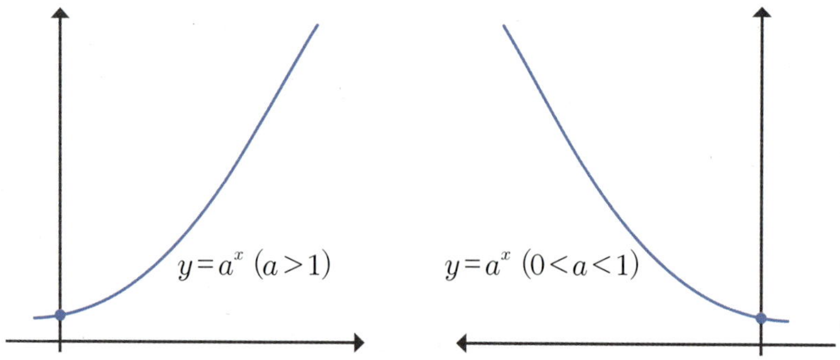

그림 2-15. 지수 함수 그래프

연습 문제

연습 01 **다음 중 지수 함수가 아닌 것을 모두 고르세요.**

① $y=x^2$ ② $y=x$

③ $y=2^x$ ④ $y=1^x$

〈풀이〉

❶ 지수에 문자, 즉, 미지수가 있어야 합니다.

❷ 지수에 문자, 즉 미지수가 있어야 합니다.

③ 지수 함수입니다.

❹ 밑의 값은 $a>0$이거나 $0<a<1$이어야 합니다. 1이면 안됩니다.

파이썬으로 지수 함수 표현하기

파이썬을 사용해서 지수 함수를 표현할 수 있습니다. 파이썬의 math 라이브러리를 사용해서 수식을 쉽게 불러오고 연산할 수 있습니다.

```
import math

#2의 제곱
pow = math.pow(2,2)
print("pow 결과:",pow)

pow 결과 : 4.0


#2의 제곱근
sqrt = math.sqrt(2)
print("sqrt 결과: ", sqrt)

sqrt 결과 : 1.4142135623730951


#e의 2제곱
exp = math.exp(2)
print("exp 결과: ", exp)

exp 결과 : 7.38905609893065
```

3.1 지수 함수의 이동

평행이동

지수 함수 $y=a^x(a>1)$를 (p,q)만큼 평행이동시켜 봅니다. 평행이동이기 때문에 모양은 바뀌지 않고 위치만 이동됩니다.

❶ x축으로 p만큼 이동합니다.

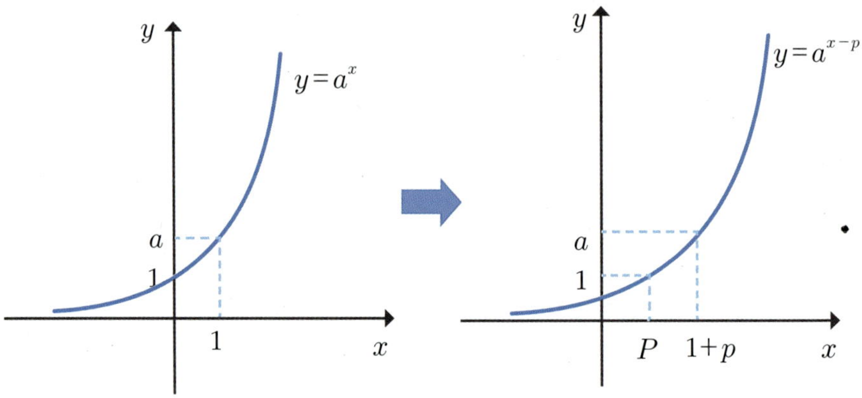

❷ y축으로 q만큼 이동합니다.

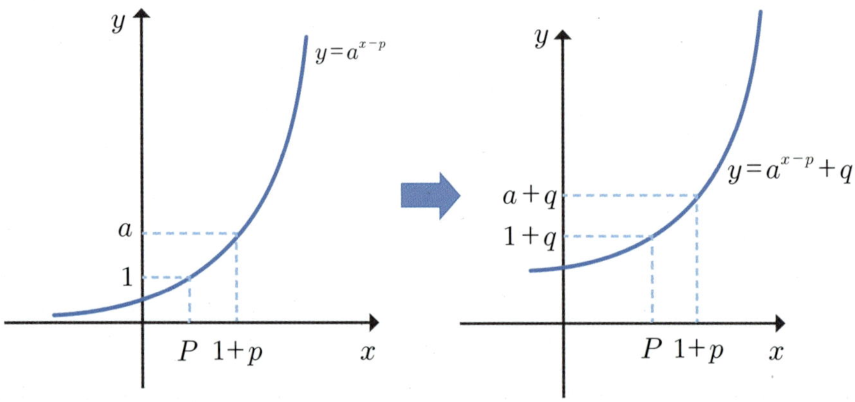

다음과 같이 x 대신 x−p, y 대신 y−q를 대체해서 평행이동을 수식으로 표현할 수 있습니다.

$$y - q = a^{x-p}(a>1)$$

대칭이동

지수 함수 y=a^x(a > 1)를 x축, y축, 원점을 기준으로 대칭이동시켜 봅시다.

❶ x축 대칭으로 이동하면 다음과 같고 수식은 y 대신 −y로 대체해 표현합니다.

$$-y = a^x \quad \rightarrow \quad y = -a^x$$

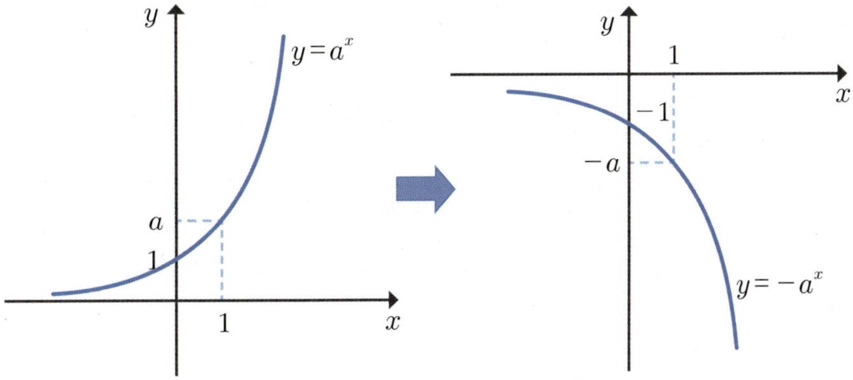

❷ y축을 대칭으로 이동시켜 봅시다. x대신 −x로 대체해 수식으로 표현할 수 있습니다.

$$y = a^{-x}$$

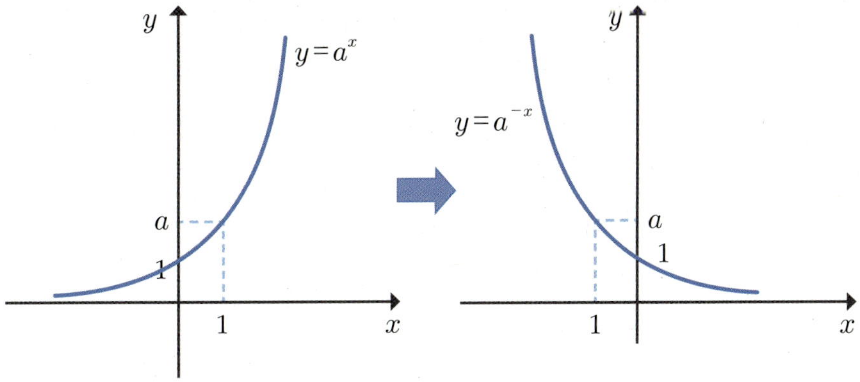

❸ 원점을 기준으로 그래프를 대칭이동시켜 봅시다. 원점 대칭 이동은 x축과 y축을 함께 이동하는 것이라고 할 수 있으며, $y=a^x$를 x축으로 대칭시킨 다음, y축으로 다시 한번 대칭이동시킵니다. 이를 수식으로 표현하면, 다음과 같습니다.

$$y = -a^x \rightarrow y = -a^{-x}$$

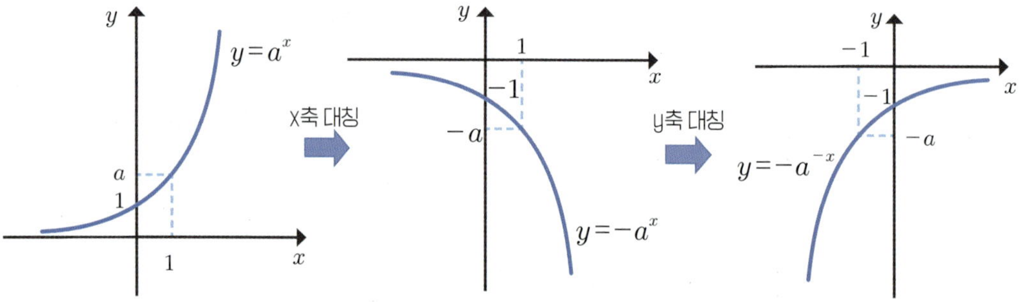

연습 문제

연습 01

① $y=2^x$ 그래프를 그리세요.

② $y=2^x$를 x축으로 3만큼, y축으로 2만큼 평행이동한 그래프를 그리세요.

③ $y=2^x$를 원점 대칭 그래프를 그리세요.

〈풀이〉

① $y=2^x$ 그래프를 그리세요.

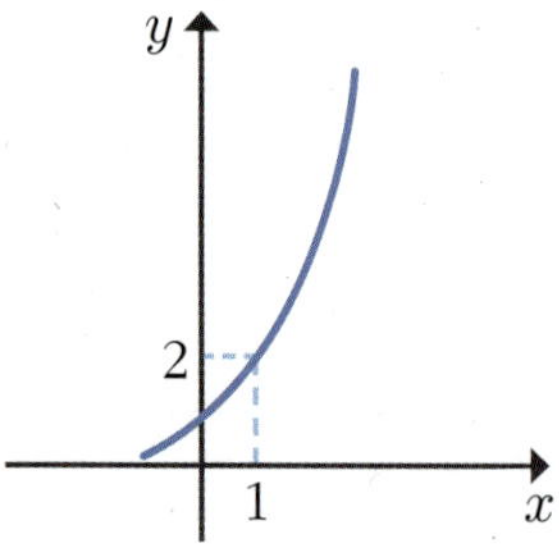

② $y=2^x$를 x축으로 3만큼, y축으로 2만큼 평행이동한 그래프를 그리세요.

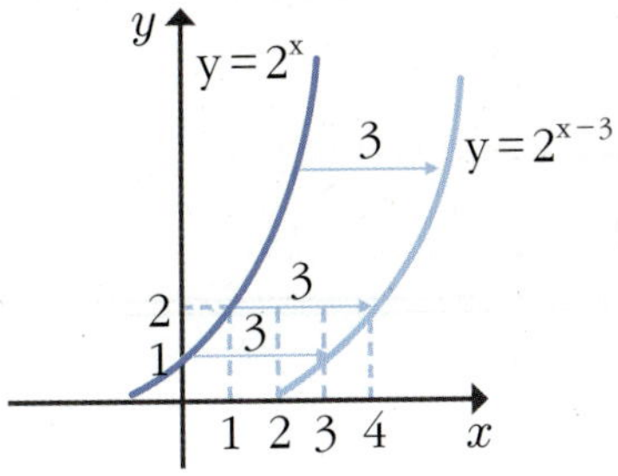

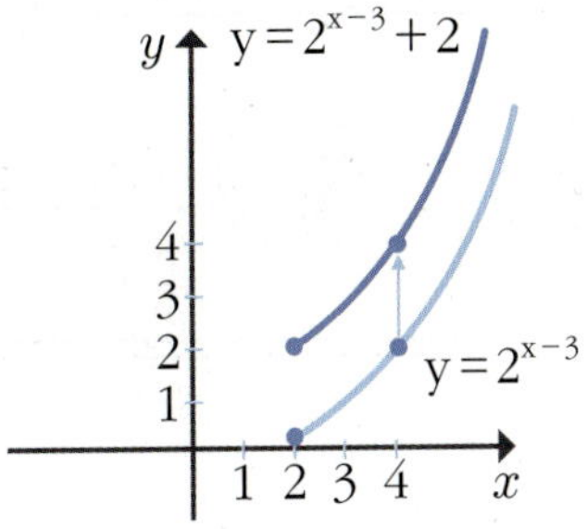

③ $y=2^x$를 원점 대칭 그래프로 그리세요.

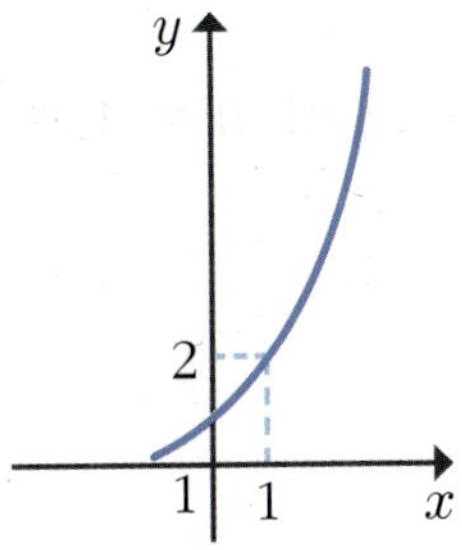

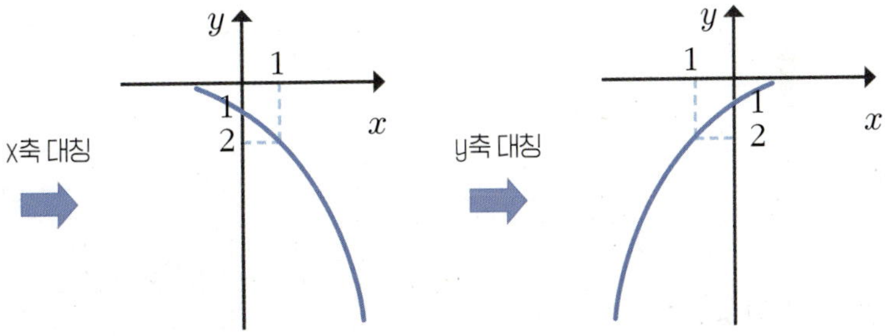

4 〉 로그 함수

로그 함수는 진수에 미지수 x가 있는 함수를 의미하며, 밑 a는 0보다 큰 양수이면서 1이 아니어야 합니다.

진수

$$y = f(x) = \log_a x \ (x>0,\ a \neq 1, a > 0)$$

밑

파이썬으로 로그 함수 표현하기

파이썬을 사용해서 로그 함수를 호출할 수 있습니다. 연산을 돕는 math 라이브러리를 사용하면 로그 연산을 쉽게 할 수 있습니다.

```
import math

#밑이 2, 지수가 4인 로그 함수입니다.
#math 라이브러리 안에 log 함수를 불러옵니다.
math.log(4,2)

2.0
```

로그 함수와 지수 함수와의 관계

로그 함수와 지수 함수는 서로 역함수 관계를 가집니다. 로그 함수를 지수 함수로 설명할 수 있습니다. a를 x 만큼 거듭제곱한 값이 y라고 할 때, 지수 함수는 다음과 같이 표현합니다.

$$y=a^x$$

이때 우리는 a, y는 알고 있고, x를 모를 때, x를 구하는 방법으로 로그 함수와 지수 함수가 역함수 관계를 가지고 있다는 것을 이용해 값을 구할 수 있습니다.

$$a^x = y$$

$$log_a y = f(x)$$

x와 y를 대각선으로 바꿉니다. x를 y로 바꾸고, y를 x로 바꾸고 앞에 log를 붙입니다.

지수 함수와 로그 함수는 역함수 관계를 가지므로 두 함수는 y=x에 대칭이며, 그래프로 표현하면 다음과 같습니다.

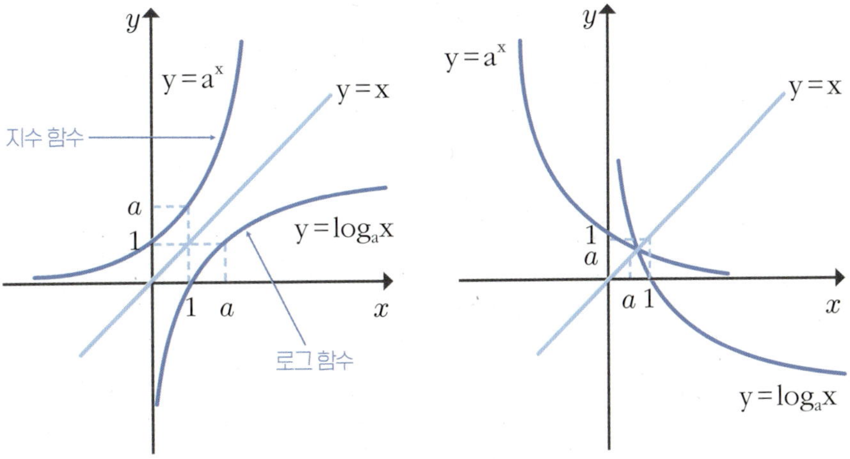

❶ $a > 1$일 때 $y = \log_a x$　　❷ $0 < a < 1$일 때 $y = \log_a x$

4.1 로그 함수의 이동

평행이동

로그 함수 $y=\log_a x (a>1)$를 (p,q)만큼 평행이동시켜 봅시다. 평행이동이기에,

모양은 바뀌지 않고 위치만 이동합니다. $0<a<1$의 경우에도 같은 원리로 이동합니다.

❶ x축으로 p만큼 이동합니다.

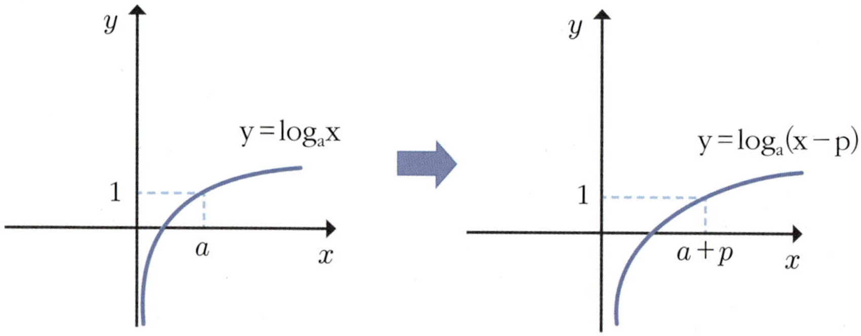

❷ y축으로 q만큼 이동합니다.

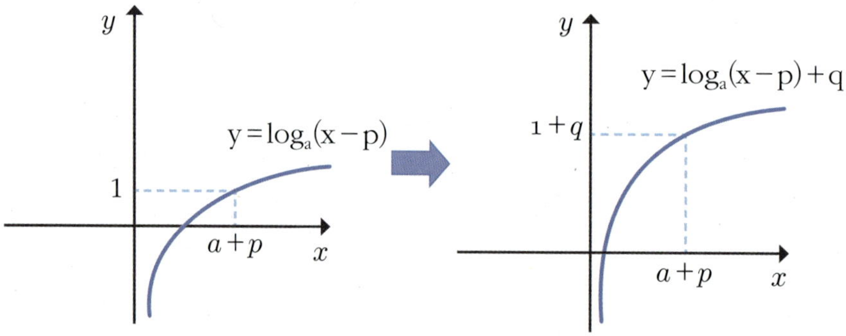

x대신, x−p, y 대신 y−q를 대체해서 다음과 같이 수식으로 표현할 수 있습니다.

$$y - q = \log_a(x - p)$$
$$y = \log_a(x - p) + q$$

대칭이동

로그 함수 $y=\log_a x(a>1)$를 x축, y축 대칭을 이용하여 원점대칭 그래프를 만들어 봅시다.

❶ x축으로 대칭이동 합니다. y 대신 −y가 대체됩니다.

$$-y = \log_a x \quad \rightarrow \quad -\log_a x$$

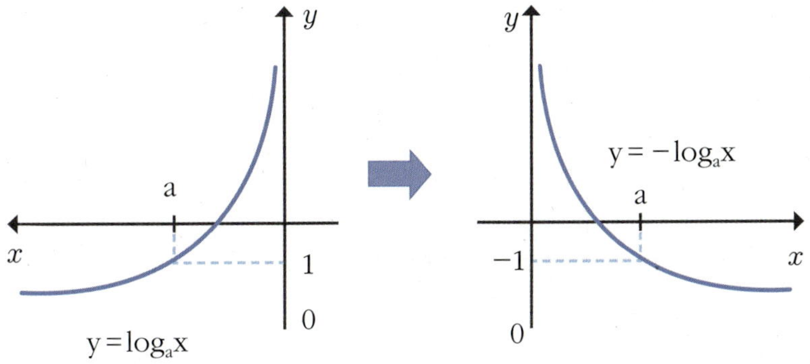

❷ y축으로 대칭이동 합니다. 다음과 같이 x 대신 −x를 넣으면, 원점대칭 그래프를 만들 수 있습니다.

$$y = -\log_a x \quad \rightarrow \quad -\log_a(-x)$$

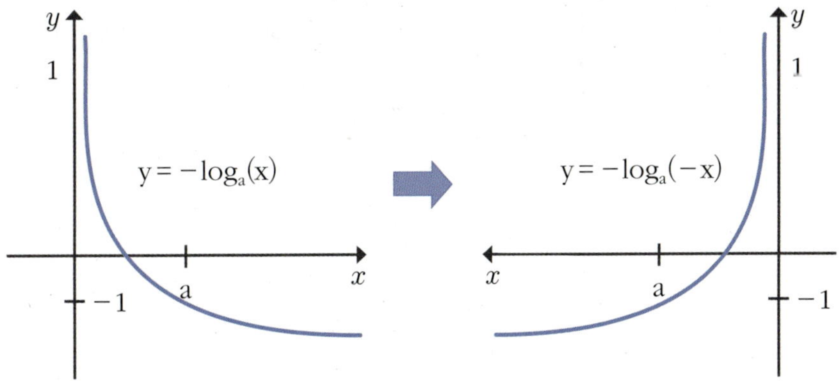

연습 문제

연습 01

① $y=\log_2 x$ 그래프를 그리세요.

② $y=\log_2 x$를 x축으로 3만큼, y축으로 2만큼 평행이동한 그래프를 그리세요.

③ $y=\log_2 x$를 원점대칭 그래프를 그리세요.

〈풀이〉

① $y=\log_2 x$ 그래프를 그리세요.

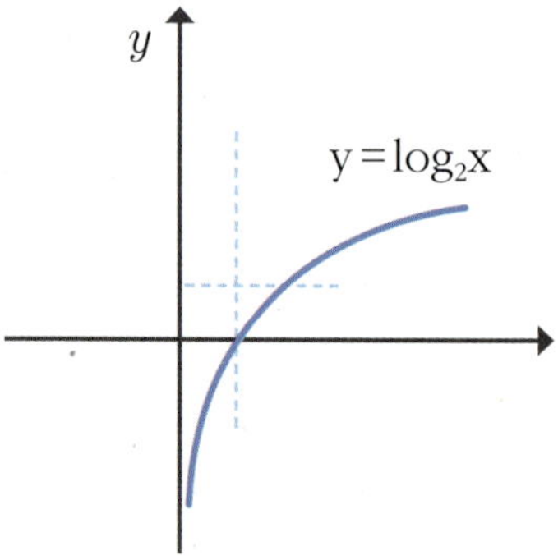

② $y=\log_2 x$를 x축으로 3만큼, y축으로 2만큼 평행이동한 그래프를 그리세요.

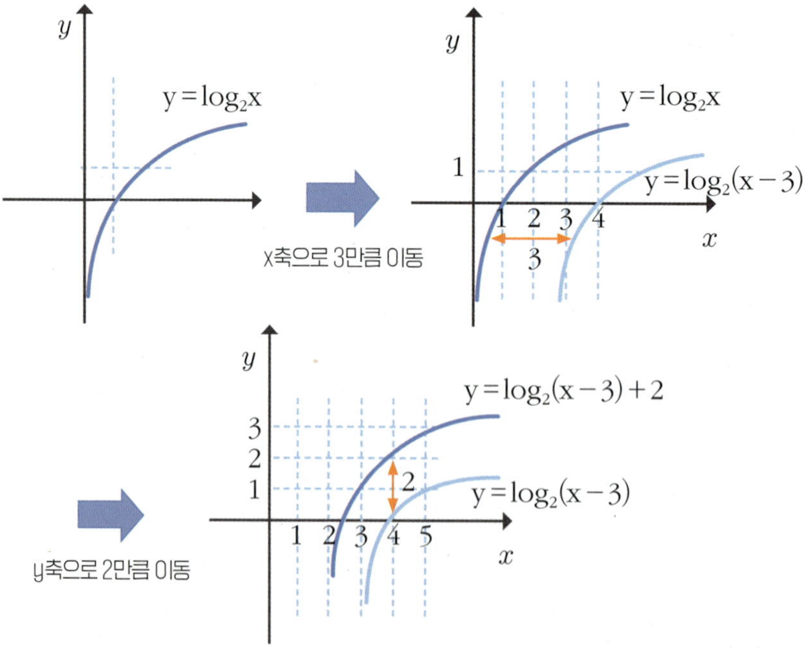

③ $y=\log_2 x$를 원점대칭 이동시킨 그래프를 그리세요.

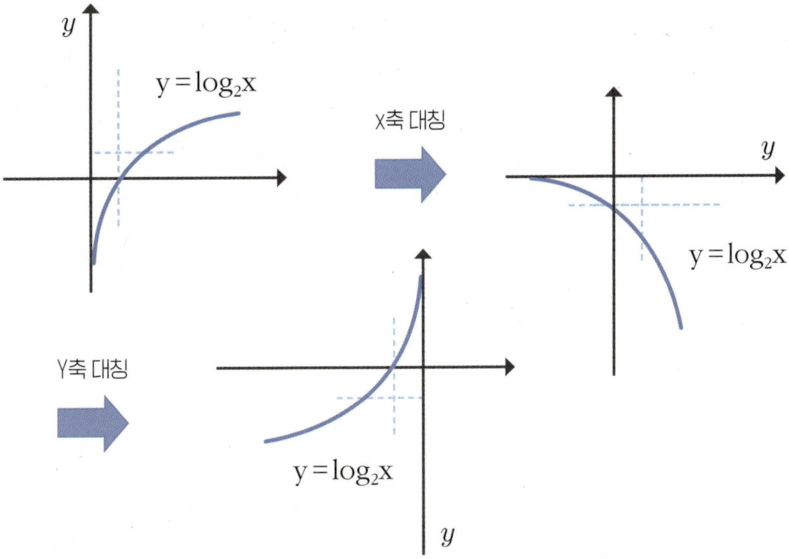

잠깐만요

지수 함수와 로그 함수는 데이터사이언스에 있어서 매우 중요한 함수입니다. 반드시 원리를 이해하고 그래프를 그려 보세요.

지수 함수와 로그 함수는 머신러닝(Machine Learning) 학습 시, 로지스틱(Logistic) 함수를 만들 때 사용하며, 특히, 딥러닝(Deep Learning)의 오차역전파(back propagation)에서 오차를 줄이는 함수에 응용적용됩니다. 로지스틱 함수는 0과 1로 구분하는 이진 분류에서 사용하는 함수 중 한 개로, 3장의 시그모이드 함수를 설명할 때 자세히 설명하도록 하겠습니다.

딥러닝 이론을 배울 때 자주 등장하는 오차역전파는 쉽게 말해서 오차를 줄이기 위해서 거꾸로 한번 더 학습하는 과정을 의미합니다. 예를 들어 설명해 보겠습니다.

우리가 시험 공부를 한다고 가정해 봅시다. 시험을 잘 치르기 위해 출제 범위를 처음부터 쭉 공부한 후, 다시 한번 거꾸로 검토하며, 빠진 부분은 없는지, 모르는 부분은 없는지, 제대로 이해하지 못한 내용을 보완하며 점검할 것입니다. 즉, 거꾸로 리뷰하면서 오답노트를 만들어 틀린 부분을 확인하는 원리와 비슷한 것이 바로 오차역전파입니다. 입력층에서 연산 과정을 거쳐 출력층에 도달했을 때, 우리는 예측값과 실제값과의 차이를 확인하게 됩니다. 이때 실제값과 예측값과의 차이를 오차라고 하며, 오차를 줄이기 위해 출력층에서 입력층으로 거꾸로 연산을 하는 것을 오차역전파라고 합니다. 더 정확한 모델을 만들기 위해 학습하고 다시 한번 거꾸로 학습해 가는 과정을 의미합니다.

| 3장 |

시그모이드 함수

학습 목표

딥러닝에 활용되는 시그모이드 함수에 대해 배웁니다.

시그모이드 함수는 딥러닝에서 활용되는 대표적인 함수 가운데 하나입니다.

우리는 한번에 처리하기 어려운 문제를 풀 때 스무고개를 하듯이 질문과 답을 반복하면서 단계별로 복잡한 문제를 하나씩 풀어갑니다. 딥러닝의 원리 또한 이와 비슷합니다.

딥러닝은 입력값(x)를 받은 후, 출력값(y) 연산을 하기 위해 내부에서 무수히 많은 반복 과정을 되풀이하는데, 문제 해결을 위한 딥러닝을 구조적으로 살펴보면 입력층, 은닉층, 출력층으로 구성되어 있습니다. 입력값이 입력층을 통해 들어온 다음, 무수히 많은 은닉층의 연산을 통과해 출력층과 만나는 구조입니다.

은닉층의 각 층을 레이어(layer)라고 부르고, 이전 레이어의 출력이 다음 레이어의 입력이 되며, 각 레이어는 입력값에 대한 연산을 한 후, 출력값을 내보내게 됩니다. 이때 출력 값으로 어떤 값을 내보낼지 결정하는데 사용하는 함수를 활성화 함수(activation function)라고 합니다.

활성화 함수는 딥러닝의 발전과 함께, 여러 형태로 발전하고 있으며, 이 가운데 대표적인 함수가 시그모이드 함수인 것입니다.

시그모이드 함수는 0과 1사이의 값으로 나타내며, 0과 1은 앞서 언급한 스무고개에서 각 고개의 질문에 해당하는 답으로 "예", "아니오"의 대답으로 바꿔서 이해해도 좋습니다. "예", "아니오"의 대답이 축적되어서 스무고개의 정답을 유추해 가듯이 딥러닝도 각 레이어의 결괏값을 시그모이드 함수의 연산 결과를 활용하여 0과 1로 유추하고, 그 결괏값이 모여 최종 출력값(y)를 도출합니다.

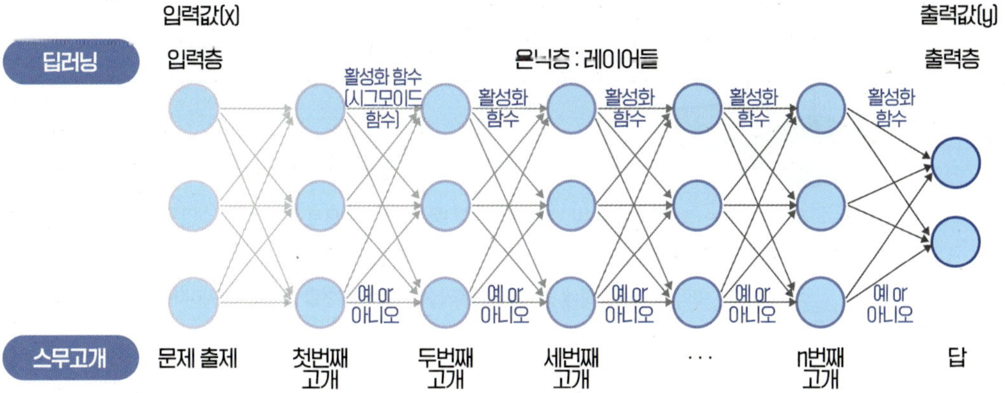

그림 3-1. 딥러닝에서 시그모이드 함수 사용 예

1 〉 시그모이드 함수의 정의

시그모이드 함수는 지수 함수에서 밑의 값이 자연 상수 e인 함수를 분모에 사용하는 함수를 의미합니다. 이를 그래프로 표현하면 's'자 그래프가 그려지는 함수입니다.

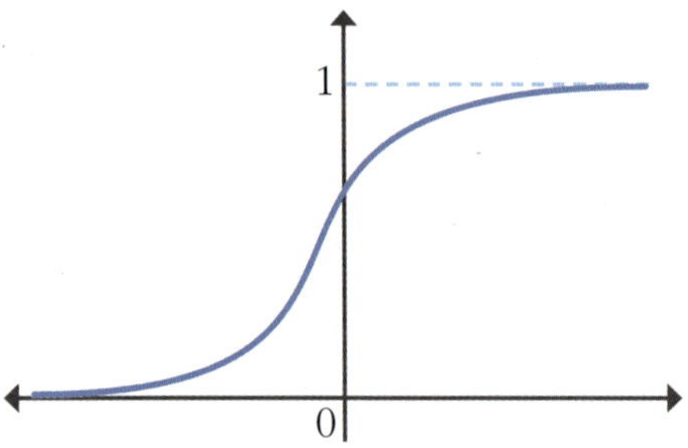

그림 3-2. 시그모이드 함수의 그래프

x가 큰 값을 가지면 y는 1에 가까워지고, x가 작은 값을 가지면 y는 0에 가까워집니다. S자 형태로 그려지는 이 함수의 속성은 0 또는 1, 두 개의 값 가운데 하나를 고를 때 유용하게 쓰입니다. 참과 거짓, 합격과 불합격과 같은 문제를 풀 때 유용하게 쓰일 수 있습니다.

시그모이드 함수를 식으로 표현하면 다음과 같습니다.

$$y = \frac{1}{1+e^{-x}} \quad (1)$$

잠깐만요

자연상수 e는 '자연 로그의 밑', '오일러의 수' 등 여러 이름으로 불리는데, 수많은 자연현상에서 원주율, 파이(π)를 발견한 것처럼, 자연현상 및 경제현상에서 자주 발견되는 상수가 바로 자연상수입니다. 수학에서 중요하게 사용되는 무리수(분수로 표현할 수 없는 수)이며, 그 값은 대략 2.718281828…입니다.

2 〉 시그모이드 함수의 활용

로지스틱 회귀 분석(1)

현재 A대학교에 지원을 하고 결과를 기다리는 학생이 있다고 가정해 봅시다. A대학교 입학처에서는 일정한 규칙과 연산을 통해 합격자와 불합격자를 구분하는데, 대학교에서 응시자의 됨됨이나 재능을 알아보는 입학전형은 매우 다양하지만, 최종 결괏값은 항상 합격과 불합격으로 구분합니다.

표 3-1은 A 대학교에 지원한 학생들의 점수와 합격여부를 나타내는 표이며, 81점부터 합격이라는 기준으로 입학생을 선발하고 있습니다.

표 3-1. 점수에 따른 합격여부

점수	60	65	70	72	81	85	90	95
합격여부	불합격	불합격	불합격	불합격	합격	합격	합격	합격

합격을 1로 불합격을 0으로 표현하면, 표 3-2처럼 표현할 수 있습니다.

표 3-2. 점수에 따른 합격여부를 0과 1로 표시

점수	60	65	70	72	81	85	90	95
합격여부	0	0	0	0	1	1	1	1

위의 표에 있는 수치를 그래프로 표현하면 직선이 아니라, 0과 1 사이를 구분하는 S자 형태의 선이 만들어집니다. 이와 같이 S자 그래프가 그려지는 함수를 시그모이드 함수라고 할 수 있습니다.

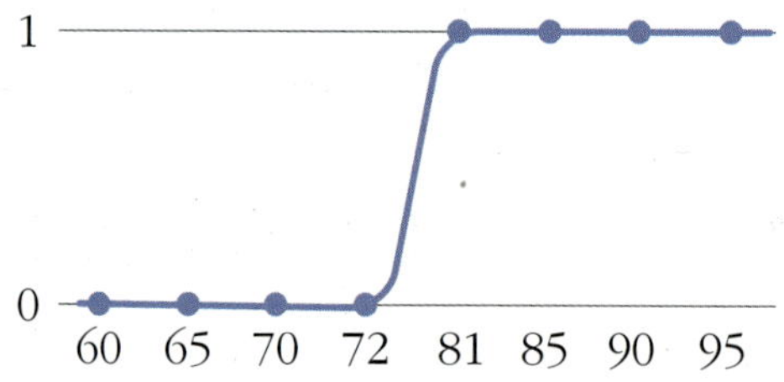

그림 3-3. 점수에 따른 합격과 불합격 점수를 선으로 연결한 그래프

머신러닝에서는 표 3-2와 그림 3-3과 같이 점수를 0과 1의 범주로 구분하여 분석하는 것을 범주형 분석 또는 로지스틱 회귀분석이라고 합니다. 풀어서 설명하면, 종속변수(y)가 0 또는 1의 값(범주형)으로 표현될 경우에 쓰일 수 있는 효과적인 분석 방법입니다. 예를 들어, 고객의 신용도 평가를 통해 특정 고객의 신용도가 우량(1)인지, 불량(0)인지 예측하거나 편의점의 물품 재고를 미리 예측해서 주문(1)을 넣거나 폐기(0)할지 등의 판단에 쓰일 수 있습니다.

로지스틱 회귀 분석(2)

혹시 재판을 참관해 본 적이 있나요? 드라마나 영화를 통해 재판을 간접 경험하기도 하는데, 검사와 변호사는 피고(죄가 있다고 추정되는 사람), 원고(피고에게 피해를 입거나 재판을 신청한 사람), 증인에게 질문을 하고, 이들은 모든 질문에 "예"와 "아니오"로 답을 합니다.

모든 질문에 예, 아니오로만 답하도록 한다면 실제로 모든 일이 예, 아니오로 딱 떨어질 수 없기 때문에, 피고, 원고, 증인은 물론이고 우리도 당황하면서 설명하게 될 것입니다.

판사, 검사, 변호사는 이들에게 지속적으로 "예와 아니오로만 답하세요."라고 요구하는데, 예, 아니오로 답한 결과를 통해서 어떻게 판결을 내리려는 것일까요? 마치 우리가 스무고개를 하듯이, 각 질문에 대한 예와 아니오로 답하는 과정을 통해 검사는 죄와의 연관성을 찾고, 판사는 죄에 대해 판결을 하게 됩니다.

참 vs 거짓

딥러닝의 원리도 재판 과정과 크게 다르지 않습니다. 수많은 레이어의 결괏값의 연산을 연결하여 최종 결과를 도출합니다. 딥러닝 내부의 각 레이어도 참과 거짓 중 하나를 선택해 다음 레이어로 넘기는 과정을 반복하고, 이때 0과 1로만 표현되는 시그모이드 함수를 활용하게 됩니다.

딥러닝을 통해 최적의 예측값을 찾는 과정은 겉으로 드러나지 않는 내부의 수많은 레이어의 참과 거짓 판단 장치를 통해 복잡한 연산을 완성하는 무수한 과정의 연속입니다. 이렇게 참과 거짓 중 하나를 선택해서 결괏값을 도출하는 분석을 로지스틱 회귀(logistic regression)라고 합니다.

3 〉 시그모이드 함수의 원리와 오차

경사도와 좌우 이동

두 분류(0과 1, 참과 거짓)를 그래프로 그리면 그림 3-3과 같이 S자 형태로 표현할 수 있습니다. 이와 같이 S자 그래프가 그려지는 함수를 시그모이드 함수(sigmoid function)라고 하는데, 시그모이드 함수는 머신러닝의 로지스틱 회귀와 딥러닝에서 각 레이어의 결괏값을 결정할 때 쓰이는 활성화 함수에서 사용됩니다.

시그모이드 함수에도 기울기와 절편이 있어 경사도와 좌우 이동으로 표현할 수 있습니다.

1차 함수에서 기울기는 직선의 경사도를 의미하고, 절편은 그래프 모양은 변하지 않으면서 평행이동하는 것을 나타냅니다. 시그모이드 함수의 기울기와 절편 역시, 기울기는 경사도를 의미하고 절편은 좌우이동을 의미합니다.

시그모이드 함수를 수식으로 표현한 수식(1)에서 x(미지수)를 ax+b로 바꾸면 아래와 같습니다.

$$y = \frac{1}{1 + e^{-(ax+b)}} \quad (2)$$

단순하게 ax+b와 y의 관계로 생각할 수 있으며, 1차 함수에서 a는 기울기, 직선의 경사도이므로 a가 커지면 기울기, 경사도가 커집니다.

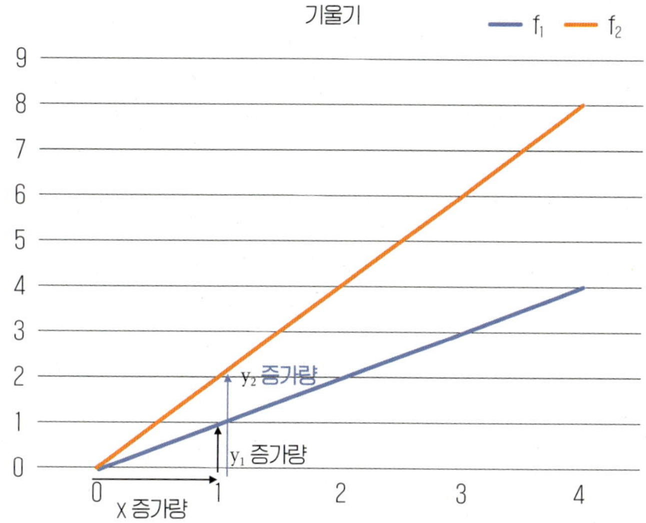

그림 3-4. 1차 함수 그래프 : 기울기 a 값($\frac{y증가량}{x증가량}$)이 커지면 기울기가 커집니다.
파랑 직선(f_1)에서 빨강 직선(f_2)으로 이동합니다.

시그모이드 함수 그래프에도 같은 원리를 적용하여, a가 커지면 경사도, 즉 기울기가 커지는 것을 알 수 있습니다

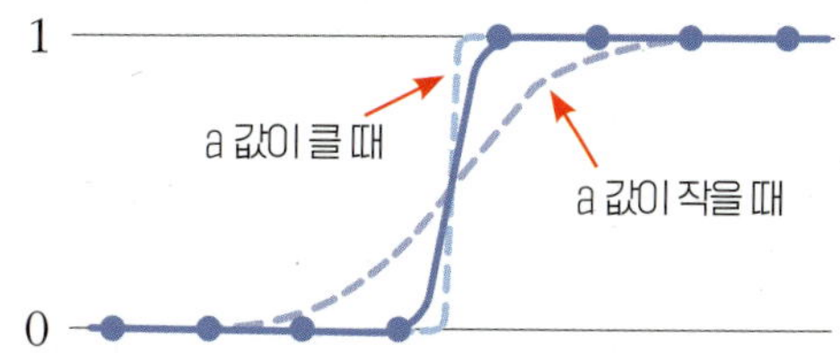

그림 3-5. a 값이 커지면 경사도가 커지고, a 값이 작아지면 경사도가 작아집니다.

이제, b의 의미를 살펴보면, 1차 함수에서 b는 y축으로 평행이동하는 것이므로 b가 커지면 y축 위로 이동하고, b가 작아지면 y축에서 아래로 이동합니다.

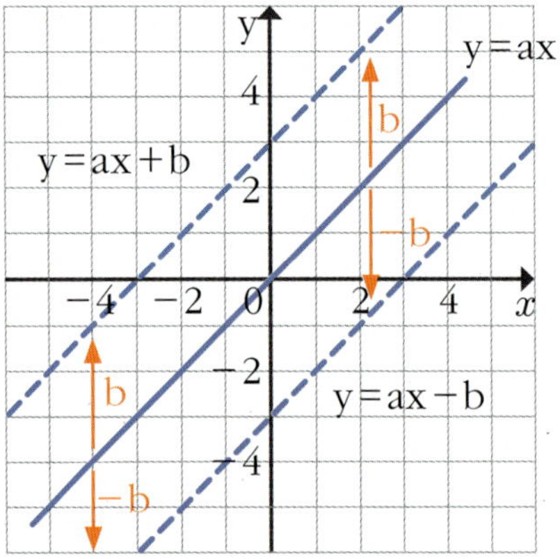

그림 3-6. 1차 함수 그래프 : 절편 b에 따른 평행이동

시그모이드 함수에서도 b가 커지면 왼쪽, b가 작아지면 오른쪽으로 이동합니다. 보통의 경우 값이 커지면 오른쪽으로 이동하고, 작아지면 왼쪽으로 이동하는데, 시그모이드 함수에서는 왜 반대 방향으로 이동할까요? 다음 식(2)에 답이 있습니다.

$$y = \frac{1}{1 + e^{-(ax+b)}} \quad (2)$$

분모에 있는 자연로그 e의 지수에 −가 있는 것을 확인할 수 있습니다. −(ax+b)을 풀어 쓰면 −ax−b고, b가 클수록, −b가 되므로 값이 작아져 시그모이드 함수는 b가 커질수록 왼쪽으로 이동하게 되는 것입니다.

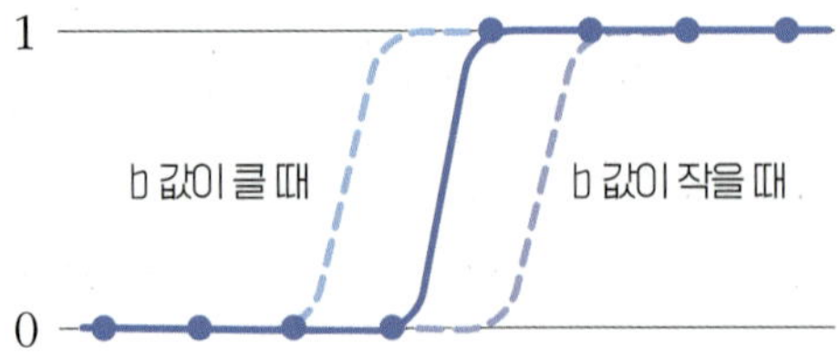

그림 3-7. b 값이 커지면 왼쪽으로 이동하고, b 값이 작아지면 오른쪽으로 이동합니다.

경사도와 좌우 이동에 따른 오차

그림 3-8은 경사도 오차와의 관계를 보여 주는 그래프입니다.

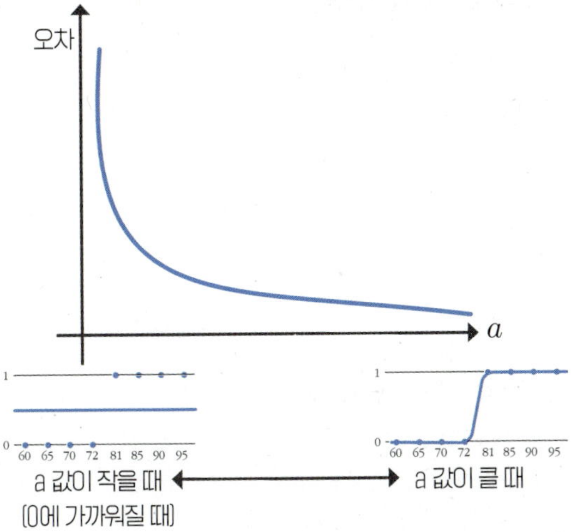

그림 3-8. (a값의 변화 == 경사도의 변화)와 오차의 관계

a가 커지면 아래 그림 3-8 그래프의 경사도가 커지는데, a가 0에 가까워지면, x축(그림 3-8에서 a는 경사도에 해당)과 평행한 직선을 그리는 상수 함수가 됩니다. 상수 함수는 경사도가 0인 것을 의미하기 때문에, 경사도가 0이 되면, 시그모이드 함수 그래프를 나타내는 S자와 거리가 멀어져 y축의 값(그림 3-8에서 오차에 해당)이 커지게 됩니다. 거꾸로 a가 커지면 오차가 줄어드는데, 그렇다고 오차가 0이 되지는 않습니다.

그럼 왜 a 값이 커지면 오차는 줄어들지만, 오차가 0이 되지는 않을까요?

우리는 오차라는 표현을 일기예보나 선거결과 등 미래의 일을 예측할 때 사용합니다. 예측값과 실제값이 차이를 나타낼 때 사용합니다. 실생활에서는 100%의 정확도라는 것이 거의 없을 것입니다. 수많은 자연 및 사회현상의 계산을 통해서 패턴을 발견하는 수학에서도 정확도가 100%에 가까워질 수는 있지만, 오차(100%-정확도[%])가 존재하는 한 오차값이 0이 될 수는 없는 것입니다. 이것이 오차가 0이 되지 않는 이유입니다.

수식(2)에서 b는 그래프의 좌우 이동을 의미한다고 했는데, 그래프가 가운데로 이동할수록 오차가 작아지고, 좌우로 이동할수록 오차는 커지게 됩니다. b와 오차와의 관계를 그래프로 나타내면, 아래 2차 함수처럼 아래로 볼록한 형태의 그래프가 됩니다.

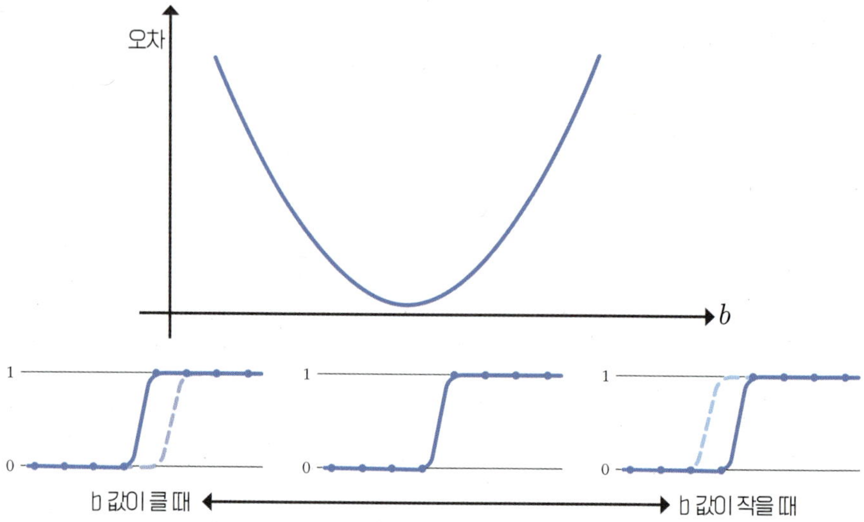

그림 3-9. (b 값의 변화 == 좌우 이동)과 오차의 관계

오차를 줄이는 방법

오차를 줄인다는 의미는 예측값과 실제값의 차이를 줄인다는 것입니다. 이것을 다른 말로 바꾸면 시그모이드 함수식(2)에서 최적의 a와 b를 구하는 것이라고도 할 수 있습니다.

$$y = \frac{1}{1 + e^{-(ax+b)}} \quad (2)$$

임의의 수 a와 b를 구한 후, 오차가 작아지는 방향으로 a와 b를 이동해 보겠습니다. a를 이동하면 그래프의 경사도가 변할 것이고, b를 이동하면 그래프 모양은 변하지 않지만, 위치가 좌우로 변할 것입니다. 오차를 줄이기 위해서 a와 b를 옮기려면 어떻게 해야 할까요?

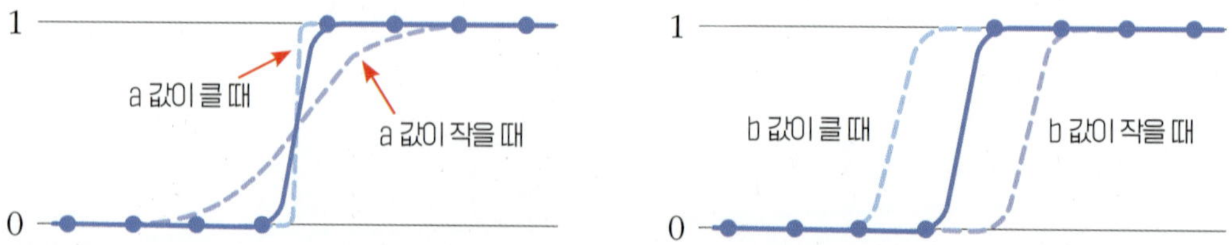

그림 3-10. 시그모이드 함수에서 a 와 b 변화의 의미

그래프로 살펴보기에 앞서, 시그모이드 함수의 특징을 정리하면 다음과 같습니다.

> 1. 시그모이드 함수는 0과 1사이에서 움직이는 함수입니다.
> 2. 실제값이 1일 때, 예측값이 0에 가까워지면 오차가 커집니다.
>   실제값이 0일 때, 예측값이 1에 가까워지면 오차가 커집니다.

위의 특징을 수학식으로 만들 수 있도록 해 주는 함수가 〈2장〉에서 배운 $y=-\log_a(x)$의 로그 함수입니다.

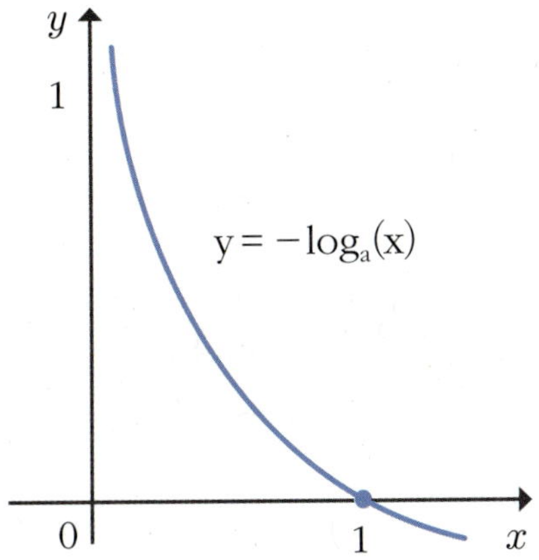

그림 3-11. 로그 함수 $-\log_a(x)$

시그모이드 함수의 특징을 로그 함수에 대입해서 오차를 표현해 보면, 그림 3-12와 같이 오차값에 대한 변화를 그래프로 확인할 수 있습니다. 곡선(1)은 실제값이 1일 때의 오차 곡선이고, 곡선(2)는 실제값이 0일 때의 오차 곡선을 나타냅니다. 그림 3-11의 로그 함수 그래프와 비슷한 형태라는 것을 알 수 있습니다.

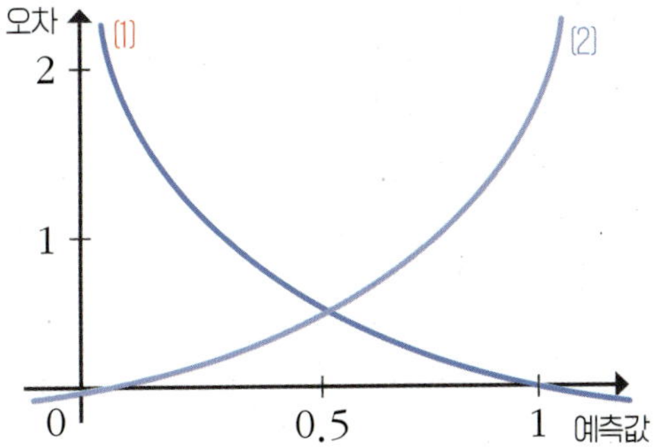

그림 3-12. 시그모이드 함수의 오차 그래프

곡선(1)은 로그 함수 그래프(그림 3-11)와 같습니다. (1)을 식으로 나타내면 -log P라고 쓸 수 있고, 여기서 P(Prediction)는 예측값을 의미합니다. (2)는 P=0.5에 대해서 곡선(1)과 대칭하는 형태의 그래프로, − log(1−P)라고 표현할 수 있습니다.

위의 수식에 실제값을 대입해서 그래프의 형태를 살펴보겠습니다.

- 곡선(1)의 -log P 그래프는 실제값이 1일 때를 의미합니다.
  - 예측값 P가 1이면 log 1=0이 됩니다. 수식인 -log P=-log 1도 0이 됩니다.
  - 거꾸로, P(예측값)가 0에 가까우면 실제값이 1이기 때문에 오차가 커지게 됩니다. 로그 함수 그래프(그림 3-11)를 살펴보면, x가 0에 가까울수록 y가 커지는 것을 알 수 있습니다.
  - (1)의 그래프는 로그 함수 그래프(그림 3-11)와 같은데, 예측값 P가 0에 가까울 수록 실제값 1과의 차이가 커지므로, 오차도 커지게 됩니다.
- 이번에는 곡선(2)를 살펴봅시다. 곡선(2)는 실제값이 0일 때를 의미합니다.
  - P(예측값)가 1이면 그래프의 값은 무한대로 커지는 것을 알 수 있습니다.
  - 반대로, P(예측값)가 0이면, 실제값이 0이므로 오차값이 0으로 줄어드는 알 수 있습니다.
  - 이를 수식으로 표현하면 -log(1-P)로 표현할 수 있습니다.
  - -log(1-P)에 P=0을 넣으면 -log 1=-0=0이 되어, 실제값이 0일 때, 예측값이 0이면 오차가 0입니다.
  - -log(1-P)에 P(예측값)=1을 넣으면, log(1-1)=log 0이 되고, log 0 : -∞(마이너스 무한대)입니다. 따라서 실제값이 0일 때, 예측값(P)이 1이면 오차가 무한대로 커지는 그래프가 만들어집니다.

그림 3-12의 두 개 곡선을 한 개의 식으로 표현하면 다음과 같습니다.

$$-\{y \log P + (1-y)\log(1-P)\},\ y\text{는 실제값, } P\text{는 예측값} \quad (3)$$

잠깐만요

딥러닝에서 활성화 함수를 사용할 때 시그모이드 함수의 중요성을 쉽게 느낄 수 있는데, 로그 함수는 딥러닝의 결괏값을 결정짓는 시그모이드 함수의 오차를 줄일 때 쓰인다는 것을 꼭 알아두세요.

파이썬으로 시그모이드 함수 만들기

파이썬을 사용해서 시그모이드 함수(sigmoid fuction)을 한번 만들어 보겠습니다. 파이썬에서 수치 연산에 사용되는 numpy 라이브러리와 시각화를 위해 그래프를 쉽게 그려 주는 matplotlib 라이브러리를 이용합니다.

```
import numpy as np
#numeric python의 줄임말로, 수학, 통계 연산에 사용되는 라이브러입니다.
import matplotlib.pyplot as plt
#파이썬에서 데이터를 차트나 플롯(plot)로 그려주는 라이브러리입니다. 다양한 그래프
를 쉽게 그릴 수 있습니다.

#def는 define의 약자로 함수를 정의할 때 사용합니다.
#def를 사용해서 sigmoid 함수를 정의합니다.
def sigmoid(x):
    return 1/ (1+np.exp(-x))

x = np.arange(-5.0, 5.0, 0.1)
y = sigmoid(x)
plt.plot(x, y)
plt.ylim(-0.1, 1.1)
plt.show()
```

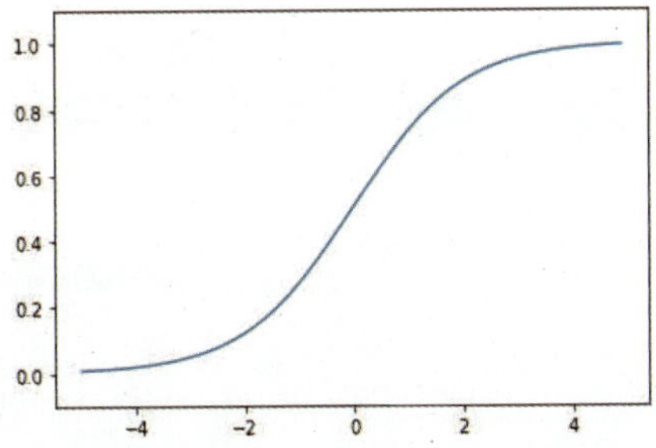

#$y=\frac{1}{1+e^{-x}}$ (1)를 파이썬 코드로 바꿔서 표현하면 다음과 같습니다.

```
def sigmoid(x):
  return 1 / (1 +np.exp(-x))
```

이와 같이 수치 연산에 사용하는 numpy 라이브러리를 사용하면 복잡한 수식도 파이썬에서 코드로 쉽게 표현할 수 있습니다.

미분함수는 데이터사이언스에서 실제값과 예측값의 차이, 즉 오차를 줄여 최적의 해를 구하는데 쓰입니다.

미분함수는 수학에서 주로 기울기를 구하는 데 사용합니다. 기울기는 함수의 변화량을 의미하는데, '최적의 모델을 만든다는 것은 다른 여러 변수에 의해서도 더 이상 변하지 않는다.'를 의미하고, '더이상 변하지 않는다.'는 의미는 '기울기=0'과 같으며, '기울기=0'은 "미분=0"과 같습니다.

< 셋째 마당 >

데이터사이언스에서의 미분함수

| 4장 |

미분함수

학습 목표

데이터사이언스에서 최적의 해를 찾는데 활용되는 미분함수에 대해서 배웁니다.

BASIC MATHEMATIC

1 〉 데이터사이언스에서 중요한 수학 개념

미분함수를 시작하기 전에, 데이터사이언스에서 중요한 수학의 개념들을 살펴보겠습니다.

데이터사이언티스트가 데이터를 분석하고 모델링하여 최적의 해를 찾는 일을 하기 위해서는 선형대수학, 확률/통계, 미분 등의 수학적 지식이 필요합니다.

선형대수학은 벡터공간과 선형변환을 다루는 영역으로 대량의 데이터를 다루는 데 기본이 되는 분야입니다. 벡터공간, 선형변환과 같이 낯선 용어의 등장에 걱정할 수도 있지만 우리는 〈6장〉과 〈7장〉을 공부하면서 하나씩 이해할 수 있을 것입니다. 컴퓨터는 모든 데이터를 숫자로 바꾸어서 이해하고 연산합니다. 따라서, 데이터사이언스에서 주로 배우는 머신러닝 역시 대량의 데이터를 숫자로 바꾼 다음, 이를 연산해서 미래의 일을 예측하는 방법을 공부하는 것이라고 할 수 있습니다. 그리고 이때, 데이터가 숫자로 변환된 후, 다시 크기와 방향성을 갖는 벡터라는 것으로 바꾸어서 연산을 하게 됩니다. 벡터 연산과 같이 복잡할 수 있는 수식 계산을 컴퓨터가 이해할 수 있는 코드 형태로 바꿀 수 있도록 도와주는 것이 선형대수학입니다.

확률/통계는 무엇일까요?

우리는 보통 어떤 일이 일어날 가능성을 예측할 때, 과거의 경험 및 현상을 바탕으로 판단합니다. 과거의 경험 및 현상을 분석하여 정리한 것을 통계라고 한다면, 이것을 기반으로 일어날 가능성을 수치로 표현하는 것이 확률입니다. 확률과 통계는 아직 일어나지 않은 미래의 일을 예측하는 머신러닝을 수행하는데 필요한 수학 지식 가운데 하나입니다.

미분함수 역시 데이터사이언스에서 중요한 내용을 다루는 핵심 수학 개념입니다. 우리가 데이터사이언스를 공부하는 이유는 실제 일어나는 일과 머신러닝을 통해 예측한 결과의 오차를 줄이는 것이라고 할 수 있는데, 여기서 머신러닝은 입력 데이터에 대한 출력값을 받아서, 두 값 사이의 최적의 관계식을 찾기 위한 반복학습을 수행합니다.

이때 실제값과 예측값의 차이, 즉 오차가 최소가 되도록 하는 것이 최적의 식이라고 할 수 있으며, 오차가 최소가 되는 '최적의 모델을 만든다는 것은' 다른 어떤 변수에 의해서도 더 이상 변하지 않는 지점을 찾는다.'는 의미로 바꾸어 해석할 수 있습니다.

'더 이상 변하지 않는다'는 것은 기울기=0으로 표현할 수 있는데, 기울기는 함수에서 변화량을 의미하기 때문에 기울기=0은 변화량이 0이라는 의미를 나타내며, '더 이상 변하지 않는다'는 뜻을 갖습니다. 여기서 기울기=0은 미분=0을 의미합니다. 따라서 미분함수는 데이터사이언스에서 가장 핵심인 오차의 최솟값을 구하는 것, 즉 최적의 해를 구하는 과정에 사용합니다.

BASIC MATHEMATIC

2 〉 딥러닝의 작동원리와 미분함수

미분함수를 자세히 알아보기 전에, 딥러닝의 작동원리에 대해 살펴보겠습니다.

딥러닝은 머신러닝의 한 분야로, 입력층을 통해 입력을 받아서 연속된 은닉층의 학습을 통해 해를 구한 다음, 출력층으로 내보내는 것입니다. 딥러닝의 딥(deep)은 단어 그대로 '깊다'는 것을 의미하며, 최적의 해를 구하는 모델을 만드는데 얼마나 많은 은닉층을 사용했는지가 해당 모델의 깊이가 되고, 그 은닉층의 깊이가 깊다라고 표현합니다.

딥러닝의 작동 방식을 아래 그림과 함께 조금 더 자세히 살펴보면, 일단 은닉층을 겹겹이 쌓아 올려서 모델을 만들고, 입력층에서 입력받은 데이터가 수많은 은닉층을 통과한 다음, 출력층이라는 곳에서 해를 구하는데, 이때 구한 해가 실제값과 같은지 비교합니다. 실제값과의 차이를 오차라고 하고, 오차를 줄이기 위해 거꾸로 다시 한번 출력층에서 출발하여 은닉층을 거치면서 학습 때 사용했던 변수를 조절하며 오차를 줄이는 과정을 다시 한 번 수행합니다. 이 과정을 오차 역전파(back propagation)라고 하는데, 그림 4-1에서 파란색을 의미합니다.

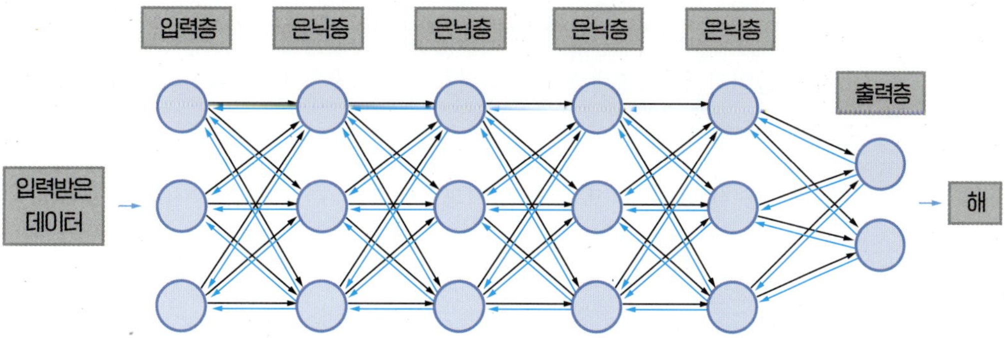

그림 4-1. 딥러닝의 작동원리

각 층(입력층, 은닉층)에서는 가중치와 편향에 기반한 함수에 입력값을 넣어 결괏값을 도출합니다. 기초 함수 용어로 가중치를 기울기, 편향은 y 절편으로 표현할 수 있으며, 각 은닉층에서 가중치와 편향을 잘 선택해서 다음 층으로 전달해야 출력층에서 최적의 해를 구할 수 있습니다. 즉, 딥러닝은 최적의 해를 구하기 위해 수많은 은닉층에서 사용되는 가중치와 편향을 찾아가는 과정입니다.

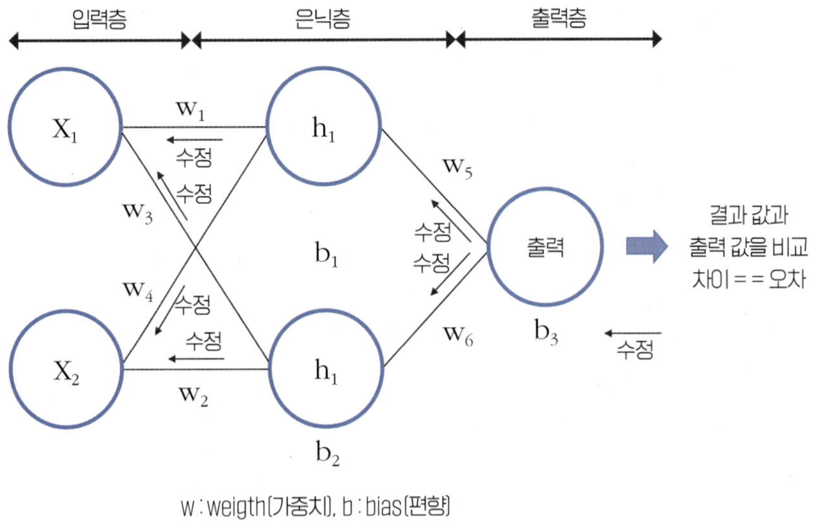

그림 4-2. 딥러닝의 작동원리 : 가중치(w)와 편향(b)을 동작원리

위의 그림 4-2에서 보듯이, 각 층의 입력에 가중치와 편향을 반영하여 다음 층으로 값을 전달하고, 이 과정을 반복하면서 출력층에 출력값을 전달합니다. 출력값과 실제 결괏값을 비교하면서 발생하는 두 개 값의 차이를 오차라고 하며, 오차를 줄이기 위해 출력층에서 입력층으로 거꾸로 다시 실행하면서 가중치와 편향을 조정합니다.

지금부터는 각 층에서의 연산을 살펴보겠습니다. 각 층은 가중치와 편향의 합으로 이루어지며, 이 합을 가중합이라 합니다.

$$y=aw_1+b_1,$$

y : 가중합, w_1 : 가중치, b_1 : 편향을 의미하며, 수학에서 w_1은 기울기, b_1은 y 절편의 역할을 합니다.

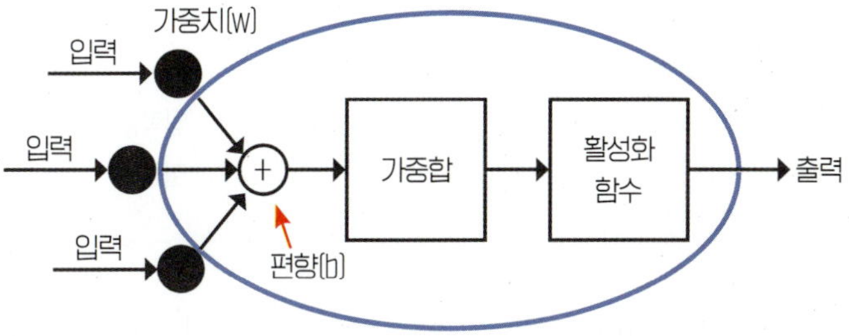

그림 4-3. 각 층에서의 동작원리 : 가중치와 편향의 합

가중합을 통해 나온 결과를 0과 1로 바꾸어서 다음 층으로 보내게 되는데, 이때 0과 1로 판단하는 함수가 활성화 함수(activation function)입니다.

예를 들어, 판사가 재판을 진행할 때, 검사와 변호인의 질문을 듣고, 피고가 죄를 지었는지(1) 아닌지(0)를 판단합니다. 여기서 판단하는 역할을 하는 것이 딥러닝에서 활성화 함수이며, 이때 사용하는 함수가 시그모이드 함수입니다. 아래 그림 4-4처럼 시그모이드 함수는 0 또는 1의 값을 가지는 함수입니다. 자세한 내용은 〈3장〉을 참고하세요.

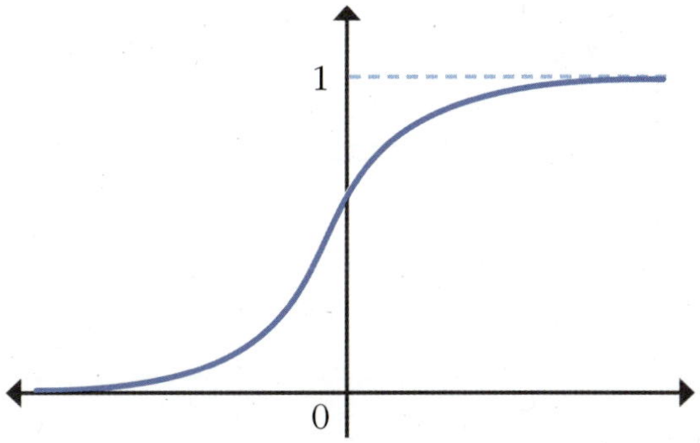

그림 4-4. 활성화 함수(시그모이드 함수 예)

지금까지 딥러닝의 작동원리를 살펴보았습니다. 미분은 딥러닝의 작동원리 가운데 최적의 해를 찾기 위해 가중치를 최적화할 때 쓰입니다. 가중치를 1차 함수 용어로 바꾸어 표현하면 기울기라고 했는데, 기울기의 최적을 찾으려면 기울기가 더 이상 변하지 않는 값을 구해야 하는 것입니다.

딥러닝과 1차 함수의 비교

- **딥러닝** : $y = w_1x + b_1$, y : 가중합, w_1 : 가중치, x : 입력값, b_1 : 편향
- **1차 함수** : $y = ax + b$, a : 기울기, x : 입력값, b : y절편

기울기가 더이상 변하지 않는 값, 즉 기울기=0인 값은 미분=0인 값이므로 최적의 해를 찾고 가중치를 최적화해야되고, 이를 위해 미분이 사용됩니다.

잠깐만요

오차역전파

오차역전파에 대한 이해를 돕기 위해 예를 들어 설명해 보겠습니다. 우리가 시험 공부를 한다고 가정해 봅시다.

시험을 잘 치르기 위해 출제 범위를 처음부터 쭉 공부하고 다시 한번 검토하며 빠진 부분은 없는지, 제대로 이해하고 있는지, 내용을 보완하며 점검할 것입니다. 다시 거꾸로 리뷰하고 오답노트를 만들어 다시 학습하는 원리와 비슷한 것이 바로 오차역전파입니다. 오차역전파는 입력층에서 연산 과정을 거쳐 출력층에 도달해 답을 구한 후, 오차를 줄이기 위한 방법으로 역계산하는 방식입니다.

3 〉 미분함수

미분이란

미분함수는 오차의 최솟값을 구해서, 최적의 해를 구하는 과정에서 사용하는 것이라고 설명했습니다.

미분함수를 이해하기 위해 다음의 2차 함수 가운데 2차항 계수가 0보다 클 때, 최솟값을 구하는 경우를 살펴봅시다.

그림 4-5는 $y = x^2$입니다. x에 a를 대입하면 y 값은 a^2이 됩니다. a가 왼쪽으로 이동하면, a의 변화에 따라 y 값도 변합니다.

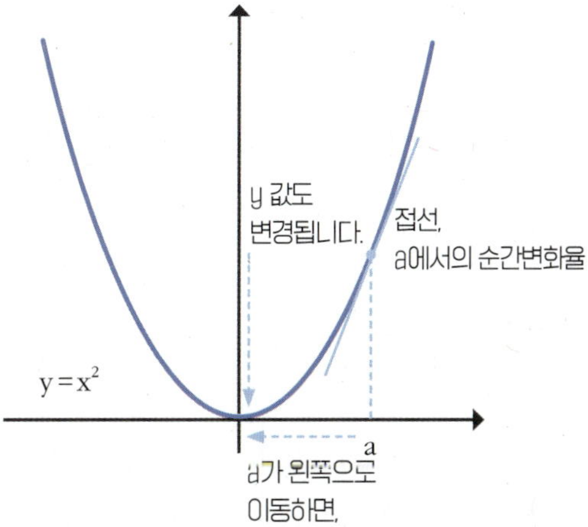

그림 4-5. a의 변화에 따른 y 값의 변화, 접선=순간변화율=기울기

a 값 변화량이 0에 가까울 만큼 미세하게 움직인다고 가정해 봅시다. 이때 y 값도 a 값의 변화에 따라 아주 미세하게 움직일 것입니다.

아마도 우리는 거의 변화를 느끼지 못하고 변화를 측정하기도 힘들겠지만 이런 미세한 변화율을 순간적으로 변한다는 의미로 순간변화율이라고 하고, 방향으로 나타낼 수 있기 때문에 움직이는 방향으로 직선을 그릴 수 있을 것입니다. 이때 직선을 해당 점에서의 접선이라고 하며, 기울기를 의미합니다.

미분을 구한다는 것은 순간변화율을 구한다는 의미이고, 어느 순간에 어떤 변화가 일어나고 있는지를 숫자로 나타낸 것을 미분계수, 미분값이라고 합니다. 미분계수는 어느 순간에서의 순간변화율=기울기를 의미합니다.

f(x)라는 함수가 있고, f(x)가 그림 4-5의 2차 함수 그래프라고 가정해 보면, 다음과 같이 표현할 수 있습니다.

- f(x)의 한점 a는 (a, f(a))로 표현할 수 있습니다.
- 점 a에서의 기울기는 점 a에서의 미분값이라고 하고, f'(a)라고 표현합니다.

f'(a) = 점 a에서의 미분값
= 점 a에서의 미분계수
= 점 a에서의 순간변화율
= 점 a에서의 기울기

미분과 순간변화율

미분은 한 점에서의 순간변화율입니다. 순간변화율을 그래프로 나타내면 다음과 같습니다

❶ 아래의 그림 4-6은 f(x)의 두 점 A, B를 (a,f(a)), (b,f(b))로 표현한 것입니다.

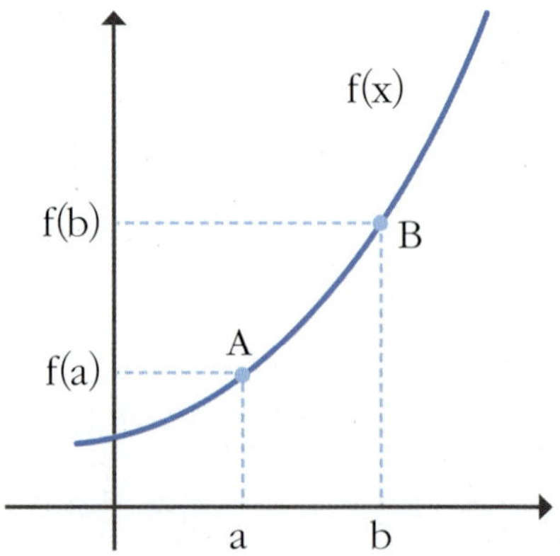

그림 4-6. f(x)에서 두 점 A(a,f(a)), B(b,(f(b))

❷ 두 점 A와 B를 이어서 하나의 직선을 만들면, 두 점 A와 B를 지나는 직선의 기울기가 그려집니다. 이때 변화량을 델타(Δ)로 표현하며, b−a는 Δx, f(b)−f(a)는 Δy로 나타낼 수 있습니다.

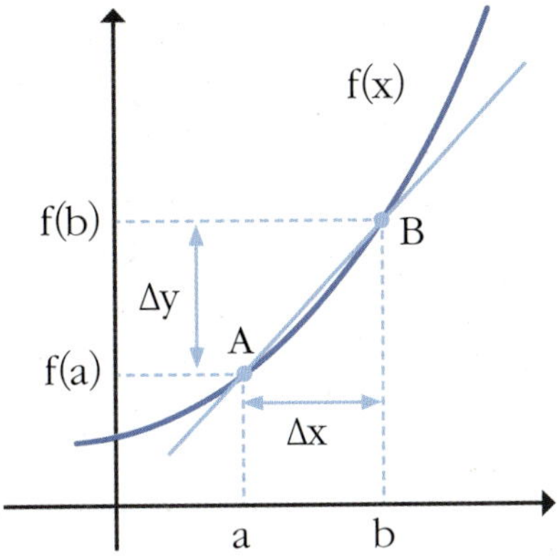

그림 4-7. A와 B를 지나는 직선의 기울기와 변화량

❸ A와 B 두 점 사이의 기울기를 평균변화율이라고 합니다.

평균변화율은 x의 변화량에 따른 y의 변화량을 의미합니다. x 값의 증가량은 b − a이고, y 값의 증가량은 f(b) − f(a)입니다. 이를 다시 Δ를 써서 표현하면 x 값의 증가량은 Δx, y 값의 증가량은 f(a + Δx) − f(a)로 나타낼 수 있는데, 직선의 기울기는 $\frac{y\text{ 값의 증가량}}{x\text{ 값의 증가량}}$이기 때문에 A와 B를 지나는 직선의 기울기는 다음과 같이 표현할 수 있습니다.

$$\text{직선 AB의 기울기} = \frac{y\text{ 값의 증가량}}{x\text{ 값의 증가량}} = \frac{f(b) - f(a)}{b-a} = \frac{f(a+\Delta x) - f(a)}{\Delta x}$$

❹ 직선 AB의 기울기를 A와 B 두 점 사이의 변화율이기 때문에 평균변화율이라고 하는데, 변화량이 거의 없이 미세하게 움직이는 경우, 즉 변화량이 0에 가까우면, Δx → 0만큼 미세하게 변할 때의 평균변화율을 순간변화율이라고 하고, 다음과 같이 표현할 수 있습니다.

$$\lim_{\triangle x \to 0} \frac{f(a+\triangle x)-f(a)}{\triangle x}$$

- $\lim_{\triangle x \to 0}$는 'x의 증가량이 0에 가까울 만큼 작을 때'라는 뜻입니다.
- 기울기는 $\frac{y \text{ 값의 증가량}}{x \text{ 값의 증가량}}$이므로 순간 기울기는 $\lim_{\triangle x \to 0} \frac{y \text{ 값의 증가량}}{x \text{ 값의 증가량}}$으로 표현되며, 이것은 $\lim_{\triangle x \to 0} \frac{\triangle y}{\triangle x} = \frac{dy}{dx}$ 라고도 쓸 수 있습니다.
- "함수 f(x)를 미분하라"는 것을 f '(x)로 표기하는데, 함수 f(x)를 미분하는 공식을 알기 쉽게 정리하면 다음과 같습니다.

❶ 함수 f(x)를 x로 미분하라는 것은

❷ x의 변화량이 0에 가까울 만큼 작을 때

❸ y의 변화량을

$$f'(x) = \lim_{\triangle x \to 0} \frac{f(a+\triangle x)-f(a)}{\triangle x}$$

❹ x의 변화량으로 나누어 순간 기울기를 구하라는 뜻!

f'(a) = 점 a에서의 미분 값

= 점 a에서의 미분계수

= 점 a에서의 순간변화율

= 점 a에서의 기울기

= 함수 f(x)를 미분하라

❺ 순간변화율은 a의 변화량(Δ)이 0에 가깝게 변했을 때를 나타내므로 순간변화율의 동작을 그림으로 표현하면 아래 그림과 같이 점점 더 a에 가깝게 되어 결국 x=a라는 한점에서 접선의 기울기가 됩니다.

$$\lim_{\triangle x \to 0} \frac{f(a+\triangle x)-f(a)}{\triangle x} = f'(a)$$

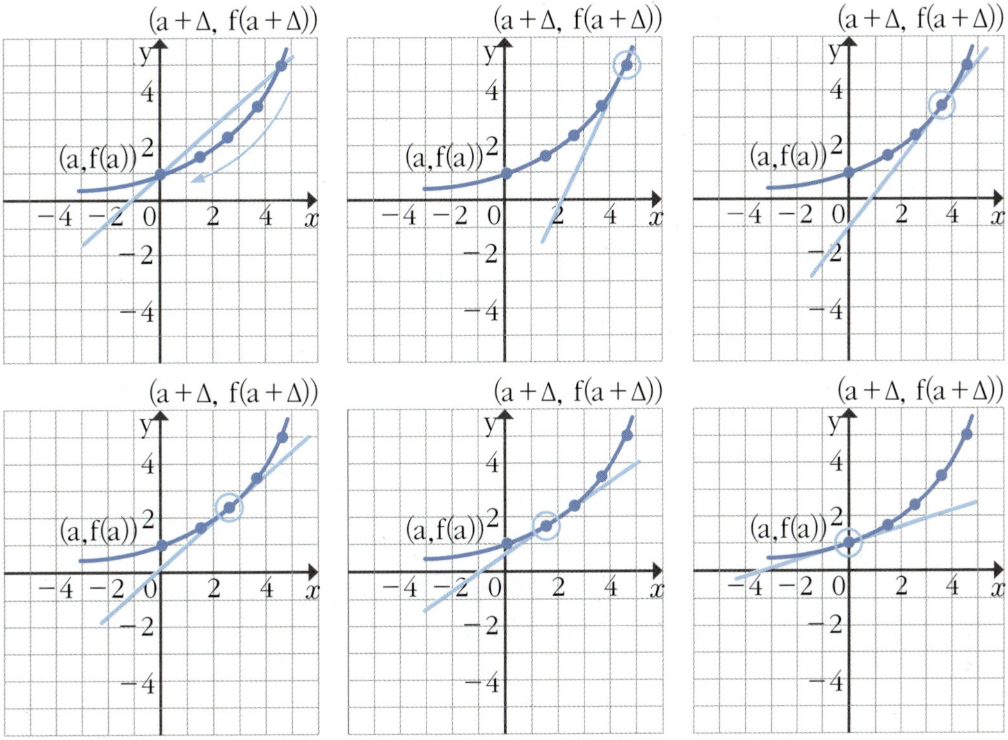

그림 4-8. 순간변화율의 동작 원리

미분은 찰나의 순간에 대한 변화율인 순간변화율을 구하는 것입니다. 그렇다면 순간변화율을 어떻게 구할 수 있는지 평균변화율과 순간변화율을 다항식에 적용해 봅시다.

평균변화율을 다항식에 적용하기

순간변화율을 구하기 이전에 평균변화율 먼저 수식으로 표현해 봅시다.

평균변화율은 두 점 A와 B를 이어 직선을 만들면, 두 점 A와 B를 지나는 직선의 기울기를 의미하며, 이때 변화량을 델타(Δ)로 표현합니다.

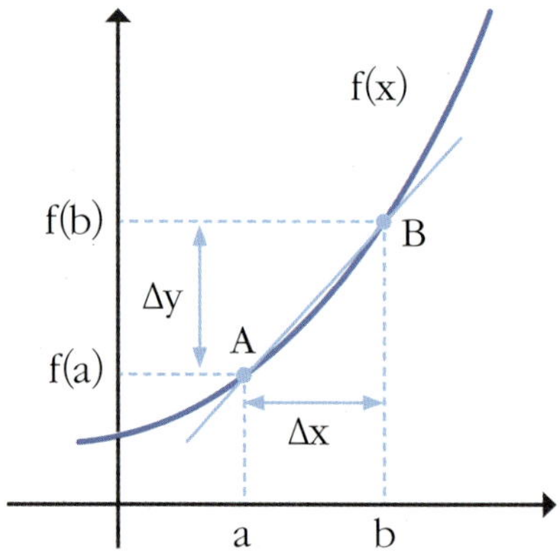

그림 4-9. A와 B를 지나는 직선의 기울기와 변화량

A와 B 두 점 사이의 기울기를 평균변화율이라고 하고, x의 변화량에 따른 y의 변화량을 의미합니다. x 값의 증가량은 Δx(=b−a)이고, y 값의 증가량은 Δy(=f(b)−f(a))이라고 할 때, 수식으로 표현하면 다음과 같습니다.

$$\text{평균변화량} = \text{두 점 사이의 기울기} = \frac{y\text{의 증가량}}{x\text{의 증가량}} = \frac{\Delta y}{\Delta x} = \frac{f(b) - f(a)}{b-a}$$
$$= \frac{f(a+\Delta x) - f(a)}{\Delta x}$$

연습 문제

연습 01 **$f(x) = x^2$이고, x가 1에서 4로 증가했을 때의 평균변화율을 구하세요.**

〈풀이〉

1. x의 증가량 (Δx)=4−1=3
2. y의 증가량 (Δy)=4^2-1^2=15
3. 평균 변화율은 $=\frac{\Delta y}{\Delta x}=\frac{f(4)-f(1)}{4-1}=\frac{16-1}{3}=\frac{15}{3}=5$
4. 평균 변화율은 5 입니다.

파이썬으로 평균변화율 구하기

수식의 기호 사용을 용이하게 하는 symbols 라이브러리를 사용하여 평균변화율을 구하는 파이썬 코드를 만들 수 있습니다.

```
#sympy()는 symbolic mathematics를 위한 python 라이브러리입니다.
#sympy()의 symbols를 이용해 x를 기호변수로 바꿀 수 있습니다.
from sympy import symbols

#def를 사용해서 평균변화율을 함수로 정의합니다.
def average(a,b):
    m=max(a,b) #변화량을 구하기 위해서 두 수 중 큰 수를 변수 m에 넣습니다.
    n=min(a,b) #변화량을 구하기 위해서 두 수 중 작은 수를 변수 n에 넣습니다.
    x=symbols('x') #x를 기호변수로 바꾸어 줍니다.

    fx = x ** 2

    fb=fx.subs(x,m) #fx.subs(변수, 대입값)을 의미합니다. x에 m을 넣어준 것을 fb로 정의합
                    니다.
    fa=fx.subs(x,n) #fx.subs(변수, 대입값)을 의미합니다. x에 n을 넣어준 것을 fa로 정의합
                    니다.

    #평균변화를 공식에 대입해서 결과를 구합니다. 분자에 f(x)의 변화값, 분모에 x의 변화값
     을 넣습니다.
    result=(fb-fa)/(b-a)
    return result

print(average(1,4))

5
```

연습 문제

연습 01 **$f(x) = x^2$이고, x가 1에서 k로 증가했을 때 평균변화율은 10입니다. 이때 k값을 구하세요.**

〈풀이〉

1. 평균 변화율은 $=\frac{\Delta y}{\Delta x}=\frac{f(k)-f(1)}{k-1}=\frac{k^2-1}{k-1}=\frac{(k-1)(k+1)}{k-1}=k+1=10$
2. K=9 입니다.

잠깐만요

수학에서 증가량은 Δ로 표현합니다.

x의 증가량은 Δx, y 증가량은 Δy로 표현하며, x가 7만큼 증가했으면, Δx=7로 표현합니다.

순간변화율을 다항식에 적용하기

순간변화율은 변화율이 굉장히 작아서, 변화가 없다고 느껴질 만큼의 변화율을 의미한다고 했습니다. 즉 변화율이 아주 미세해서, 마치 변화량이 0인 것처럼 말이죠.

순간변화율을 수식으로 표현하면 다음과 같이 나타낼 수 있습니다.

$$\lim_{x\to 0}\frac{y\text{의 증가량(변화량)}}{x\text{의 증가량(변화량)}}=\lim_{x\to 0}\frac{\Delta y}{\Delta x}$$

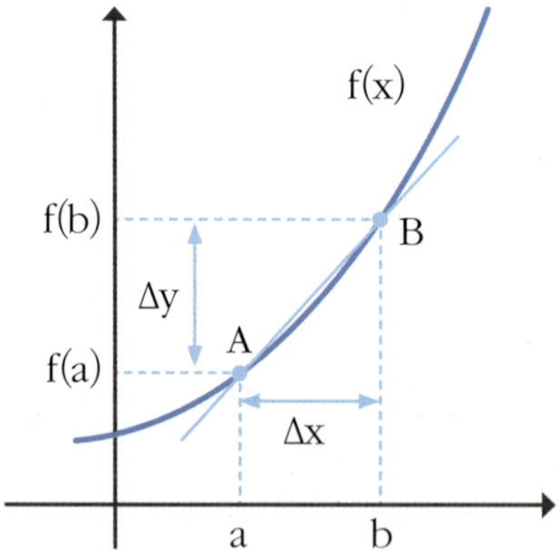

그림 4-10. 순간변화율은 $\lim_{\Delta x\to 0}\frac{\Delta y}{\Delta x}=\lim_{b\to a}\frac{f(b)-f(a)}{b-a}=\lim_{x\to 0}\frac{f(a+x)-f(a)}{x}$ 일 때를 의미합니다.

Δx → 0으로 가까워진다는 것은 b가 a로 이동된다는 의미입니다. 점A에서의 순간변화율을 구한다는 것은 점 A 에서의 접선의 기울기를 구하는 것으로 순간변화율을 미분계수라고도 합니다. 미분계수를 수학 기호로 표현하면 다음과 같습니다.

$$f'(a)$$

수학에서 미분함수를 도함수라고도 하는데, Δx를 h로 표현할 때가 많습니다. f'(a)를 Δx 와 h를 사용해서 표현하면, 다음과 같습니다.

$$f'(a) = \lim_{\Delta x \to 0} \frac{\Delta y}{\Delta x} = \frac{f(a+x)-f(a)}{x} = \lim_{h \to 0} \frac{f(a+h)-f(a)}{h}$$

다시 배운 내용을 정리하면, f(x)의 한점 a는 (a, f(a))로 표현할 수 있으며, 점 a에서의 기울기는 점 a에서의 미분값이라고 하고, f'(a)라고도 표현합니다.

f'(a) = 점 a에서의 미분값
= 점 a에서의 미분계수
= 점 a에서의 순간변화율
= 점 a에서의 기울기

연습 문제 □

연습 01 **$f(x)=x^2$이고, x가 1에서 3으로 증가했을 때 평균변화율과 x=k에서의 순간변화율이 같을 때, k값을 구하세요.**

〈풀이〉

1. 평균변화율은 $=\frac{\Delta y}{\Delta x}=\frac{f(3)-f(1)}{3-1}=\frac{9-1}{2}=\frac{8}{2}=4$
2. 평균변화율은 4입니다.
3. x=k에서의 순간변화율은 f'(k) = 2k = 4 (미분 공식 참고)
4. k=2입니다.

〈또 다른 풀이〉

1. 평균변화율은 $=\frac{\Delta y}{\Delta x}=\frac{f(3)-f(1)}{3-1}=\frac{9-1}{2}=\frac{8}{2}=4$
2. 평균변화율은 4입니다.

3. 순간변화율 $f'(k) = \lim_{h \to 0} \frac{f(k+h) - f(k)}{h} = \lim_{h \to 0} \frac{(k+h)^2 - k^2}{h} =$

$\lim_{h \to 0} \frac{(k^2 + 2kh + h^2) - k^2}{h} = \lim_{h \to 0} \frac{2kh - h^2}{h} \lim_{h \to 0} \frac{h(2k+h)}{h} = 2k+h=4,$

$h \to 0$ 이므로, 2k=4

4. k=2입니다.

잠깐만요

미분의 기본 공식을 정리하면 다음과 같습니다.

1 | $f(x)=x$일 때 $f'(x)=1$

2 | $f(x)=a$에서 a가 상수일 때 $f'(x)=0$

3 | $f(x)=ax$에서 a가 상수일 때 $f'(x)=a$

4 | $f(x)=x^a$에서 a가 자연수일 때 $f'(x)=ax^{a-1}$

5 | $f(g(x))$에서 $f(x)$와 $g(x)$가 미분 가능할 때 $\{f(g(x))\}'=f'(g(x)) \times g'(x)$

파이썬으로 평균변화율 구하기

미분연산을 돕는 Derivative 라이브러리를 사용하면 평균변화율을 파이썬 코드로 구할 수 있습니다.

```
#sympy()은 symbolic mathematics를 위한 python 라이브러리입니다.
#sympy()의 symbols를 이용해 x를 기호변수로 바꿀 수 있습니다.
#sympy()의 Derivate를 이용해 미분계수, 미분값을 쉽게 구할 수 있습니다.
from sympy import symbols, Derivative

x=symbols('x') #x를 기호 변수로 바꾸어 줍니다.
fx= x ** 2
#f'(x): fprime 이라는 변수를 만듭니다. 이 변수에는 Derivative에서 사용해서 미분할 수 있
는 함수를 넣습니다.
fprime=Derivative(fx, x).doit() #x에 대해서 미분합니다.
y=fprime.subs({x:2}) #x에 2를 대입합니다. 2에서의 미분 값을 구합니다.

print("x=2에서의 순간변화율(미분계수, 미분값)은", y, "입니다")

x=2에서의 순간변화율(미분계수, 미분값)은 4입니다.
```

잠깐만요

미분함수의 다양한 표기법

미분함수를 다른 말로 도함수라고 합니다. 도함수는 함수f(x)를 미분하여 얻은 함수f′(x)를 의미합니다.

f′(x)는 '함수 f(x)를 x에 대해 미분한다'는 의미이자, x에 대한 미분값, 미분계수, 순간변화율이라고도 하며, 수학기호로 다음과 같이 다양하게 표현할 수 있습니다.

$$y',\ f'(x),\ \frac{\partial y}{\partial x}\ \frac{d}{dx}f(x)$$

모두 같은 의미를 나타내며, d는 변화량이 아주 작은, 즉 변화량이 0에 가깝다는 표현입니다.

편미분

'편미분, 이거 어려운 거 아냐?'라고 걱정할 수도 있는데, 지금까지 우리가 배운 $f(x)=x^2$의 독립변수가 x 한 개였다면 여러 개의 변수가 있다고 가정했을 때 어떤 변수를 기준으로 미분해야 할지, 미분의 기준을 정해주는 것이 편미분입니다.

$f(x)=x^2$와 같이 독립변수가 x 한 개일 때, 식을 미분한다고 하면, 변수가 하나이기 때문에 변수 x에 대해서 미분하면 되지만, $f(x, y)= x^2 +yx+2$ 함수에 대해서 f(x,y)를 미분하라고 하면, 어떤 변수로 미분을 해야 하는지 미리 정하고 그 외의 변수는 모두 상수로 취급해야 합니다. 이때 사용하는 것이 편미분입니다.

$f(x, y)=x^2+yx+2$에서 먼저 x에 관해서만 미분하는 경우를 가정해 봅시다.

x이외의 변수는 모두 상수로 취급해야 하는데, 이를 수식으로 바꾸면, "함수 f를 x에 관해서 편미분을 하라"는, "$\frac{\partial f}{\partial x}$"로 표현할 수 있습니다.

$f(x,y)= x^2 +yx+2$를 x에 관해 편미분하면 아래와 같습니다.

$$\frac{\partial f}{\partial x} = 2x + y$$

- x^2를 미분하면 미분의 기본 공식 4에 의해서 2x(p.88 참조)
- yx를 미분하면 미분의 기본 공식 3(p.88 참조)에 의해서 y(x에 대해서 편미분하므로, x 이외의 모든 변수는 상수 취급하여 y는 상수로 취급)만 남습니다.
- 상수를 미분하면 0입니다(미분의 기본 공식 2(f(x)=a에서 a가 상수일 때 f'(x) = 0) 참조).

연습 문제

연습 01 **f(x,y)=x^2 +yx+2를 y에 대해서 편미분하세요.**

〈풀이〉

1. y만 변수로 취급하고 나머지는 모두 상수가 됩니다. 미분의 기본 공식 2에 의해서 x^2은 상수이므로 상수 함수를 미분하면 0이 됩니다.
2. yx를 y에 대해서 미분하면, 미분의 기본 공식 3에 의해서 x가 됩니다.
3. 2는 상수이므로 미분의 기본 공식 2에 의해서 0이 됩니다.
4. 최종적으로 $\frac{\partial y}{\partial x} = x$이라는 결과가 나옵니다.

| 5장 |

미분의 응용

학습 목표

미분의 법칙을 비롯하여 딥러닝의 최적화를 위해 사용되는 오차역전파에 대하여 알아봅니다.

1 미분 법칙

미분을 다룰 때 필요한 기본 공식과 미분 법칙을 다시 한번 정리하고 넘어가겠습니다.

미분의 기본 공식은 다음과 같습니다.

❶ $f(x)=x$일 때, $f'(x)=1$

❷ $f(x)=a$에서 a가 상수일 때, $f'(x)=0$

❸ $f(x)=ax$에서 a가 상수일 때, $f'(x)=a$

❹ $f(x)=x^a$에서 a가 자연수일 때, $f'(x)=ax^{a-1}$

❺ $f(g(x))$에서 $f(x)$와 $g(x)$가 미분 가능할 때, $\{f(g(x))\}'=f'(g(x)) \times g'(x)$

잠깐만요

미분함수의 다양한 표기법도 다시 한 번 짚어 보겠습니다.
미분함수를 다른 말로 도함수라고 하고, 함수 $f(x)$를 미분하여 얻은 함수 $f'(x)$를 의미합니다.

다르게 표현하면, $f'(x)$는 '함수 $f(x)$를 x에 대해 미분한다.'는 의미이자, x에 대한 미분값, 미분계수, 순간변화율을 의미합니다. 다음과 같이 다양한 수학 기호로 표현할 수도 있으며, 모두 같은 의미입니다.

$$y',\ f'(x),\ \frac{\partial y}{\partial x}\ \frac{d}{dx}f(x)$$

미분의 법칙은 다음과 같습니다.

❶ **합법칙** : $f(x)$와 $g(x)$가 모두 미분 가능하면, 합에 닫혀 있습니다.

$$\frac{d}{dx}[f(x)+g(x)] = \frac{d}{dx}f(x) + \frac{d}{dx}g(x)$$

❷ **차법칙** : f(x)와 g(x)가 모두 미분가능하면, 차에 닫혀 있습니다.

$$\frac{d}{dx}[f(x)-g(x)] = \frac{d}{dx}f(x) - \frac{d}{dx}g(x)$$

❸ **곱(Product)법칙** : f(x)와 g(x)가 모두 미분가능하면, f(x)×g(x)의 미분함수(도함수)는 f'(x)×g(x)와 f(x)×g'(x)의 합과 같습니다.

$$\frac{d}{dx}[f(x)\,g(x)] = \frac{d}{dx}f'(x)g(x) + \frac{d}{dx}f(x)g'(x)$$

❹ **몫(quotient)법칙** : f(x)와 g(x)가 모두 미분가능하면, f(x)를 g(x)로 나누어 얻은 함수의 미분함수(도함수)는 다음과 같습니다.

$$\frac{d}{dx}\left[\frac{f(x)}{g(x)}\right] = \frac{[g(x)f'(x)] - [f(x)g'(x)]}{[g(x)]^2} = \frac{f'g - g'f}{g^2}$$

❺ **연쇄(chain)법칙** : f(x)와 g(x)가 모두 미분가능하면, 두 함수를 합성하여 얻은 합성함수(composition of two functions) F = f · g을 미분하는 방법입니다. F는 미분가능하고, 도함수 F'(x) = f'(g(x))g'(x)와 같이 나타낼 수 있습니다.

연쇄법칙 풀이 과정을 서술하면 다음과 같습니다.

1. 합성 함수 F(x)=f·g=f(g(x))를 정의합니다.
2. f'(x)를 구합니다. → f'(g(x))를 구합니다.
3. g'(x)를 구합니다.
4. F'(x)를 구합니다. F'(x)=f'(g(x))g'(x)입니다.

위의 풀이 과정을 식으로 살펴봅시다. y는 u의 함수이고, u는 x의 함수입니다. 즉, y = f(u), u = g(x)로 표현할 수 있습니다.

$$\frac{dy}{dx} = \frac{dy}{du}\frac{du}{dx}$$

$$\frac{d}{dx}f(u) = \frac{d}{du}f(u)\frac{d}{dx}g(x)$$

$$\frac{d}{dx}f(g(x)) = f'(u)g'(x)$$

$$\frac{d}{dx}f(g(x)) = f'(g(x))g'(x)$$

예를 들어 $y = (2x^3 - 5)^2$ 일 때, y의 미분함수(도함수)를 구하면 y는 u의 함수이고, u는 x의 함수이므로 y = f(u), u = g(x)로 표현할 수 있고, $u = 2x^3 - 5$, $y = u^2$의 합성 함수로 나타낼 수 있습니다. 이를 연쇄법칙을 적용하여 미분하면 다음과 같습니다.

$$\frac{dy}{dx} = \frac{dy}{du}\frac{du}{dx} = f'(u)g'(x) = 2u^{2-1}((3*2)x^2) = 2u(6x^2)$$

u=g(x)이므로, u에 g(x)를 대입합니다.

$$\frac{dy}{dx} = \frac{dy}{du}\frac{du}{dx} = f'(u)g'(x) = 2u^{2-1}((3*2)x^2) = 2u(6x^2) = 2(2x^3 - 5)(6x^2) = 24x^5 - 60x^2$$

잠깐만요

연쇄법칙이라는 이름은 각 항에 dy와 dx를 미분할 때 du라고 하는 항이 한쪽은 분모로, 다른 한쪽은 분자로 마치 사슬처럼 이어져 있다고 해서 붙여진 것입니다.

잠깐만요

합성 함수(f·g)는 두 함수 $f : X \to Y$, $g : Y \to Z$가 주어졌을 때, 집합 X의 임의의 원소 x에 대해 f(x)를 대응시키고, 구한 f(x)를 다시 g에 대응($g(f(x))$)시키는 것을 의미합니다.

합성 함수의 동작원리를 그림으로 표현하면 그림5-1과 같습니다.

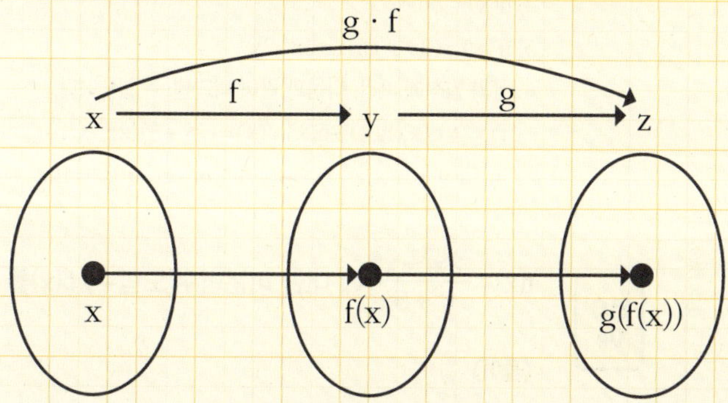

그림 5-1. 합성 함수 동작원리

연습 문제

연습 01 $f(x)=x^2+5x$를 합법칙을 적용해서 미분하세요.

〈풀이〉

1. $f(x)=x^2+5x$
2. $f'(x)=(x^2)'+(5x)'=2x+5$

연습 02 $f(x)=2x^3-x^2$를 차법칙을 적용해서 미분하세요.

〈풀이〉

1. $f(x)=2x^3-x^2$
2. $f'(x)=(2x^3)'-(x^2)'=6x^2-2x$

연습 03

$f(x)=(x^2+5x)(2x^3-x^2)$를 곱법칙을 적용해서 미분하세요.

〈풀이〉

1. $f(x)=g(x)h(x)$
2. $g(x)=x^2+5x$
3. $g'(x)=(x^2)'+(5x)'=2x+5$
4. $h(x)=2x^3-x^2$
5. $h'(x)=(2x^3)'-(x^2)'=6x^2-2x$
6. 곱의 법칙에 따라, 다음과 같이 나타낼 수 있습니다.

$$f'(x)=g(x)'h(x)+g(x)h'(x)=(2x+5)(2x^3-x^2)+(x^2+5x)(6x^2-2x)$$
$$=4x^4+10x^3-2x^3-5x^2+6x^4+30x^3-2x^3-10x^2=10x^4+36x^3-15x^2$$

연습 04

$f(x)=\frac{2x^3-x^2}{x^2+5x}$에 대한 미분함수(도함수) $f'(x)$를 구하세요.

〈풀이〉

$$\frac{d}{dx}[\frac{f(x)}{g(x)}]=\frac{g(x)[f(x)']-f(x)[g(x)']}{[g(x)]^2}=\frac{f'g-g'f}{g^2}$$

$$f'(x)=\frac{(x^2+5x)(6x^2-2x)-(2x^3-x^2)(2x+5)}{(x^2+5x)^2}$$
$$=\frac{(6x^4+30x^3-2x^3-10x^2)-(4x^4-2x^3+10x^3-5x^2)}{(x^2+5x)^2}$$
$$=\frac{2x^4+40x^3-5x^2}{(x^2+5x)^2}$$

연습 05

$y=(2x^2+1)^2$ 일 때, y의 미분함수(도함수)를 구하세요.

〈풀이〉

y는 u의 함수이고, u는 x의 함수이므로 $y=f(u)$, $u=g(x)$로 표현할 수 있습니다. $u=2x^2+1$, $y=u^2$의 합성함수로 나타내며, 연쇄법칙을 적용하여 미분하면 다음과 같습니다.

$$\frac{dy}{dx}=\frac{dy}{du}\frac{du}{dx}=f'(u)g'(x)=2u^{2-1}((2*2)x)=2u(4x)$$

$u=g(x)$이므로, u에 $g(x)$를 대입합니다.

$$\frac{dy}{dx}=\frac{dy}{du}\frac{du}{dx}=f'(u)g'(x)=2u^{2-1}((2*2)x)=2u(4x)=2(2x^2+1)(4x)=16x^3+8x$$

2 〉 딥러닝에서의 오차역전파

딥러닝이 발전하면서, 오차역전파(back propagation)는 중요한 개념이 되었습니다.

딥러닝에서는 최적의 해를 구하기 위해 은닉층을 겹겹이 쌓아 올려서 값을 찾고, 이를 기반으로 최적의 모델을 만든 다음, 출력층에 도달하게 되면, 실제값과 매우 비슷한 최적의 해를 구하게 됩니다. 출력층에서 모델의 정확도를 검증하기 위해, 모델의 학습한 결괏값과 실제값을 비교합니다. 이때 실제값과 학습한 결괏값의 차이를 오차라고 하는데, 오차가 작을수록 좋은 모델입니다.

딥러닝은 오차를 줄이기 위해 출력층에서 입력층으로 거꾸로 다시 한번 연산하는 과정을 거치는데, 이 과정을 오차역전파(back propagation)라고 합니다.

그림 5-2에서 파란색으로 표시된 연산이 오차역전파에 해당합니다.

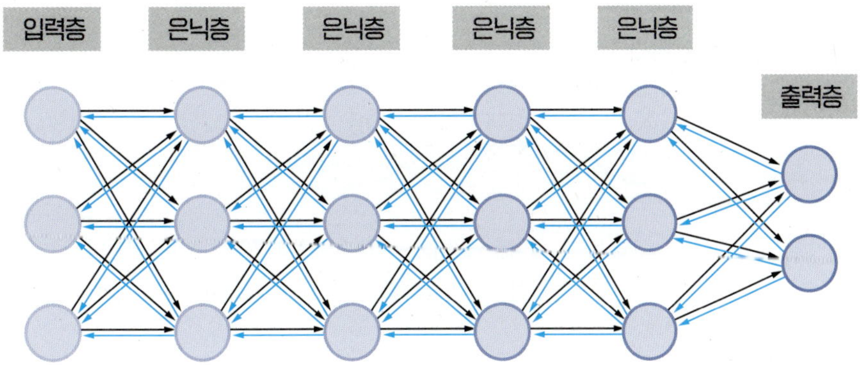

그림 5-2. 딥러닝의 원리 및 오차역전파

오차역전파는 출력층에서 입력층까지 역으로 학습해 나갈 때, 은닉층의 가중치와 편향(바이어스)을 조정하면서 오차를 줄입니다.

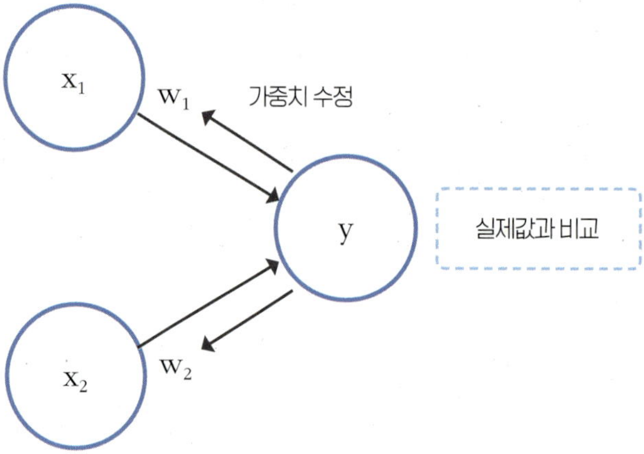

그림 5-3. 입력층과 출력층으로만 구성된 딥러닝에서의 오차역전파 :
출력층의 가중치를 수정해서 오차를 줄입니다.

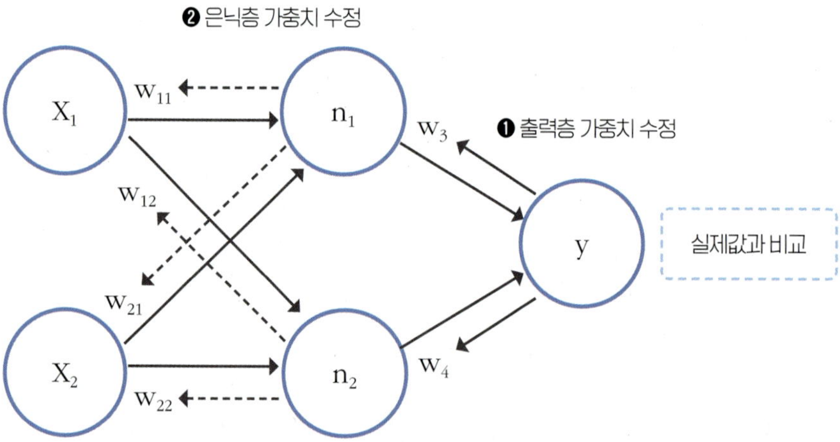

그림 5-4. 입력층-은닉층-출력층으로 이루어진 딥러닝에서의 오차역전파:
출력층의 가중치(❶)과 은닉층의 가중치(❷)를 수정해서 오차를 줄입니다.

오차역전파의 동작 원리를 조금 더 자세히 살펴보면 다음 그림과 같습니다.

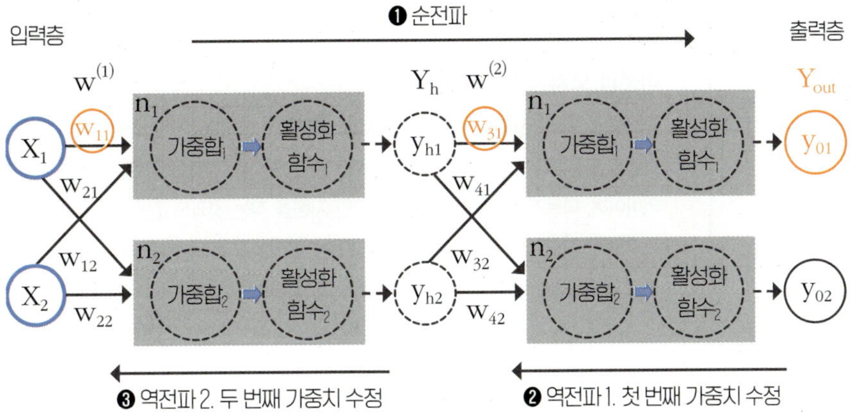

그림 5-5. 딥러닝에서의 오차역전파 동작원리

그림에서 ❶은 입력층에서 1개의 은닉층을 거쳐 출력층으로 학습하는데, 이를 '순전파'라고 합니다.

출력층에 도달하면, 출력층의 결과와 실제값을 비교해 오차를 계산합니다. 오차가 작을 수록 좋은 모델이기 때문에, 해당 오차를 줄이기 위해 그림 5-5는 1개의 은닉층에 대해서 역전파를 수행합니다. 출력층의 가중치를 수정한 ❷와 은닉층의 가중치를 수정한 ❸을 적용합니다.

Y_{out} 중 y_{01}에 대한 역전파를 살펴보겠습니다.

1. **출력층의 가중치 수정** : 첫 번째 가중치 w_{31}을 업데이트합니다. 가중치는 기울기의 의미를 가지고 있기 때문에, 미분을 수행하여 더 이상 변하지 않는 최적의 값이 되도록 조율합니다.
2. **은닉층의 가중치 수정** : 두 번째 가중치 w_{11}을 업데이트합니다. 오차를 줄이기 위해 미분을 수행하여 가중치를 수정합니다.

위의 1과 2 과정을 통해 출력층에서의 결괏값과 실제값에서의 오차를 줄일 수 있는 가중치를 찾습니다. 그림 5-5는 1개의 은닉층만을 고려하였으나, 딥러닝의 경우 깊은 층, 즉 무수히 많은 은닉층을 통해 학습하기 때문에, 각 은닉층에서의 가중치를 수정함으로써 전체 오차를 줄이게 됩니다.

잠깐만요

미분과 오차역전파의 관계

딥러닝은 오차역전파를 통해서 가중치를 수정해서 최적의 가중치를 찾고, 이를 기반으로 최적의 모델을 만듭니다. 최적의 가중치를 구하는 것은 2차 함수에서 최솟값, 최댓값을 구하는 것과 같은 의미이며, 다르게 표현하면 기울기가 0인 지점을 찾는 것과도 같습니다. 기울기가 0이라는 의미는 미분값, 미분계수가 0임을 의미하기도 합니다. 따라서, 오차역전파에서 가중치를 수정할 때 미분의 개념을 활용하여 최적의 가중치를 찾게 됩니다.

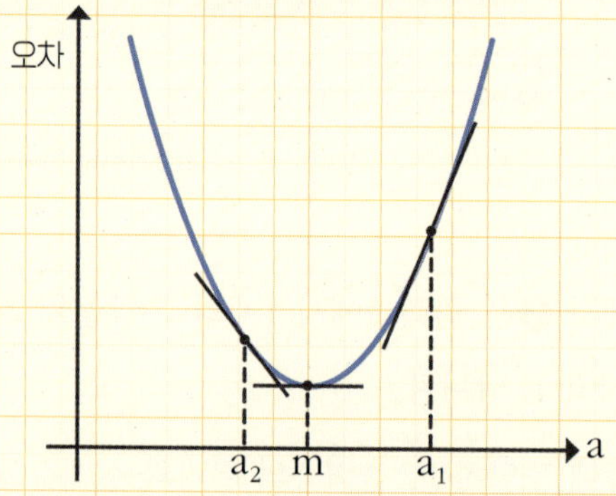

그림 5-6. 2차 함수에서의 최솟값 m은 미분값=미분계수 =기울기=가중치=0인 지점

3 〉 오차역전파의 계산 원리

3.1 계산 그래프

오차역전파의 대표적인 계산 원리인 계산 그래프(computational graph)를 살펴보겠습니다.

계산 그래프는 계산 과정을 보여주는 그래프로, 연산을 정의하는 노드(node)와 데이터가 흘러가는 방향을 나타내는 엣지(edge)로 구성됩니다.

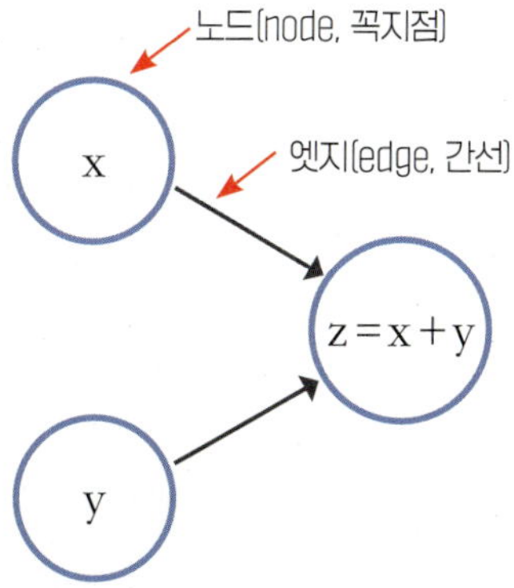

그림 5-7. 계산 그래프 : 노드와 엣지

다음의 몇 가지 예제로 오차역전파의 계산 원리에 대해 살펴보겠습니다.

슈니는 편의점에서 500원짜리 음료수 2개를 구입하려고 합니다. 상품을 살 때 부가세 10%가 붙는다고 할 때, 슈니가 지불해야 하는 금액은 얼마일까요?

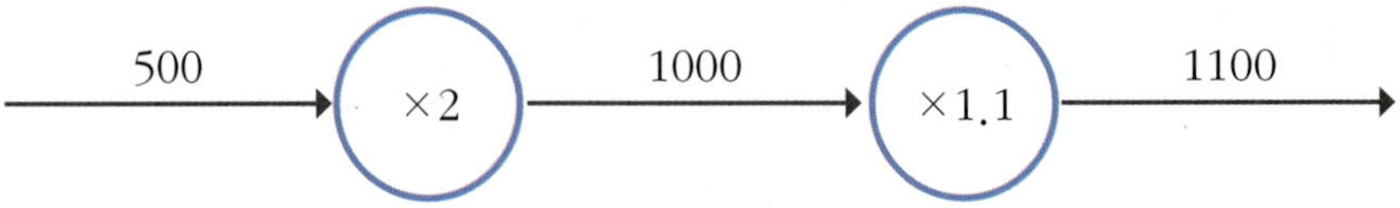

그림 5-8. 계산 그래프(예1)

음료수 500원이 엣지를 통해 '×2'의 연산 노드로 흐르고, 1,000원이 되어서 엣지를 통해 '×1.1'의 부가세 계산을 하는 노드로 흐르면, 최종 지불해야 금액은 1,100원입니다.

이번에는 같은 예시를 노드에 연산자만 사용하는 방식으로 표현해 봅시다.

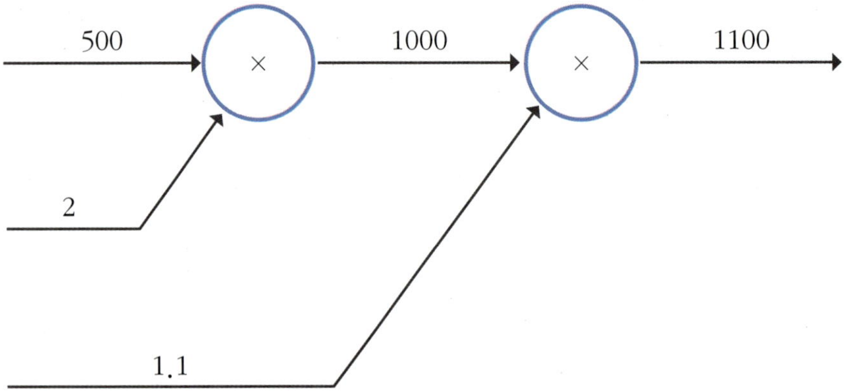

그림 5-9. 계산 그래프(예2)

그림 5-9는 그림 5-8과 같은 내용의 그래프이지만, 노드에 연산자만 표현하였습니다. 이와 같이 노드 안에 연산자('×')만 표현하여 나타낼 수 있는데, 이 경우 개수를 의미하는 '2'와 부가세를 연산하는 '1.1'은 데이터로 엣지를 통해 입력됩니다.

이와 같이 계산 그래프는 왼쪽에서 오른쪽으로 진행하고, 이를 순전파(forward propagation)라고 부릅니다. 반대로 오른쪽에서 왼쪽으로 진행하는 역전파(backward propagation)도 있습니다.

- **순전파** : 왼쪽에서 오른쪽으로 진행하는 그래프를 의미합니다. 다른 말로 표현하면, 출발점에서 종착점으로의 전파를 의미합니다.
- **역전파** : 오른쪽에서 왼쪽으로 진행하는 그래프를 의미하여, 미분을 계산할 때 효율적으로 사용될 수 있습니다.

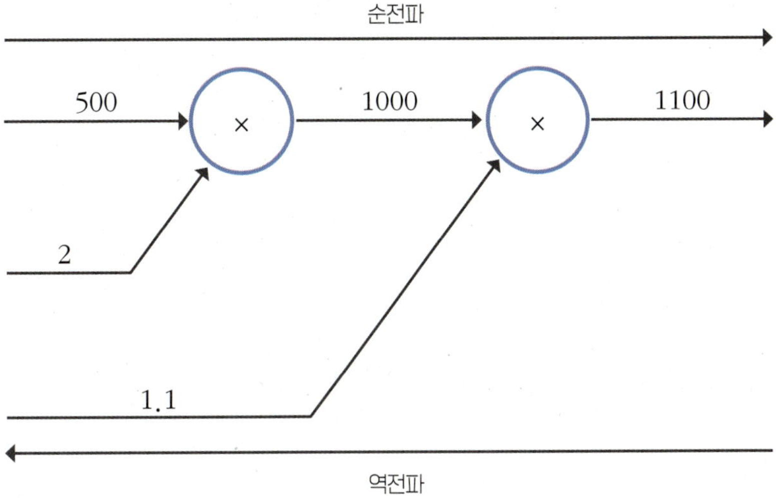

그림 5-10. 계산 그래프 : 순전파와 역전파

계산 그래프로 계산 과정을 보여 주는 것은 다음의 장점이 있습니다.

- 복잡한 계산이라도, 노드와 엣지를 활용하여 연산을 단순화하고 그래프로 시각화를 할 수 있어 계산 과정을 이해하는데 도움이 됩니다.
- 계산 과정을 모두 보관할 수 있고, 이를 통해 이해나 검산을 돕습니다.
- 역전파를 통해 '미분'을 효율적으로 계산할 수 있습니다.

3.2 역전파 계산 원리

이번에는 역전파를 통해 음료수 가격과 최종 지불금액을 계산해 봅시다.

- "음료수 가격이 오르면 지불금액에 어떤 영향을 주는가? y:지불금액, x:음료수 가격"에 해당합니다.

$$\text{음료수 가격에 대한 지불금액의 미분} = \frac{\partial y}{\partial x}$$

- 음료수 가격(x)의 변동에 따른 지불 금액(y)의 변화

x의 변동에 따른 y의 변동
='y=f(x)의 기울기'

y=f(x)의 기울기는 미분에 해당합니다.

역전파는 미분을 통해 구할 수 있습니다.

예제를 통해 배워 봅시다.

슈니는 편의점에서 500원짜리 음료수2개를 샀습니다. 상품을 살 때 부가세 10%가 부가됩니다. 지불해야 하는 금액은 얼마인지 순전파로 구할 수 있습니다.

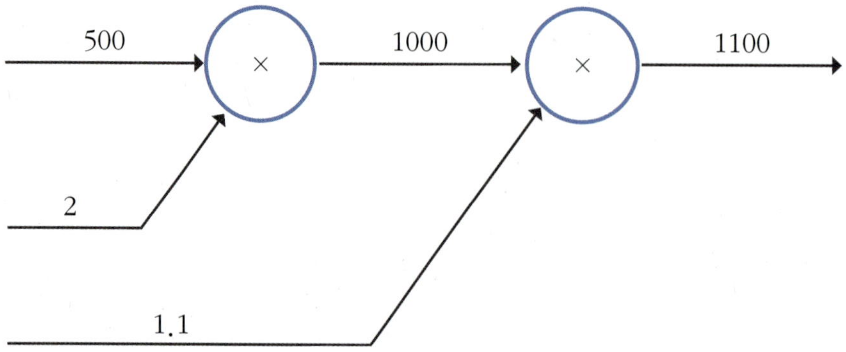

그림 5-11. 순전파로 1,100원을 구합니다.

그림 5-12는 음료수 가격이 오르면 지불금액에 어떤 영향을 미치는지 보여주는 역전파(backward propagation) 계산 그래프입니다. 음료수 가격이 아주 조금 올랐을 때(아주 미세하게 변하는 변화량 = 순간변화율) 미분값의 변화입니다.

오른쪽에서 왼쪽으로 이동하면서 데이터는 1 → 1.1 → 2.2로 변화합니다. 즉, 음료수 가격이 아주 적게 1원 정도 올랐을 때 지불 가격은 2.2원 증가합니다.(계산 원리는 다음 절에서 자세히 설명하겠습니다.)

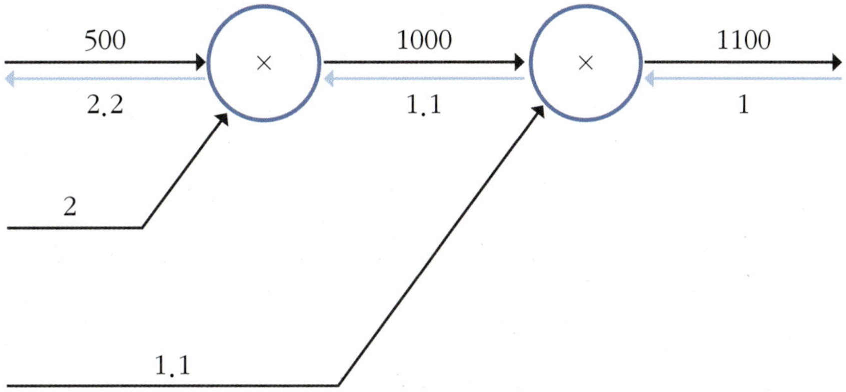

그림 5-12. 역전파

덧셈 노드의 역전파

z=x+y식에 대한 역전파를 살펴보기 전에, 먼저 순전파 계산 그래프를 살펴보면 다음과 같습니다.

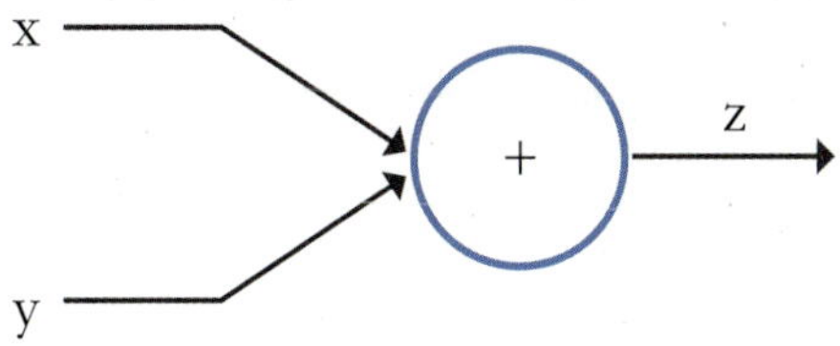

그림 5-13. z=x+y의 순전파 계산 그래프

역전파 계산은 미분을 해야 하므로, z=x+y를 x와 y에 대해서 각각 미분해 보겠습니다.

$$\frac{\partial z}{\partial x} = 1(\text{z를 x에 대한 미분}) \ ❶$$

$$\frac{\partial z}{\partial y} = 1(\text{z를 y에 대한 미분}) \ ❷$$

위의 수식을 그림으로 표현하면 다음 그림과 같습니다.

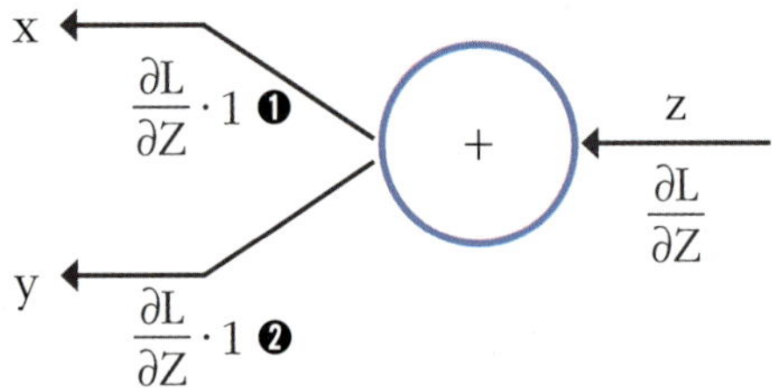

그림 5-14. z=x+y의 역전파 계산 그래프(L은 최종 출력값)

그림 5-14의 그래프는 오른쪽에서 왼쪽으로 이동합니다. 최종 출력값을 z에 대해서 미분한 값($\frac{dl}{dz}$)에 $\frac{\partial z}{\partial x}$의 값1 ❶을 곱합니다. y의 경우에도 최종 출력값을 z에 대해서 미분한 값($\frac{dl}{dz}$)에 $\frac{\partial z}{\partial y}$의 값 1 ❷를 곱합니다. 즉, 최종 출력값 L을 Z에 대해서 미분한 값이 그대로 흘러 옵니다.

연습 문제

연습 01 **z=x+y, x=3, y=6일 때, z=x+y에 대한 순전파 계산 그래프를 그리세요.**

〈풀이〉

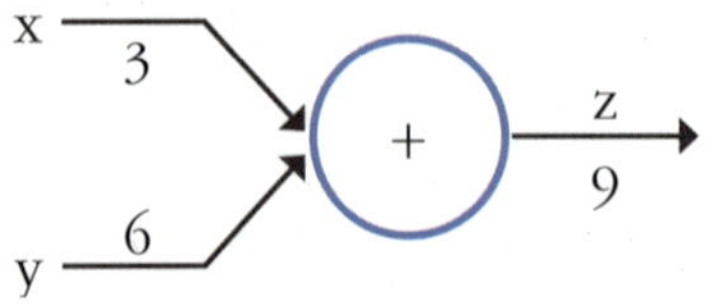

연습 02 **z=x+y에서 최종 출력값으로 1.5이 입력되었다고 할 때, 역전파 계산 그래프를 그리세요.**

〈풀이〉

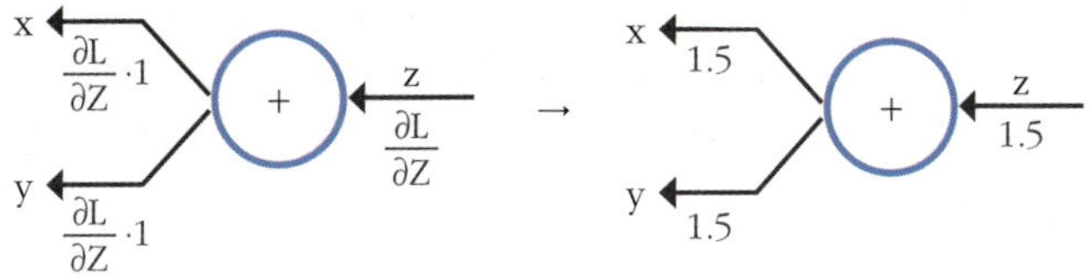

→ 덧셈 노드의 역전파는 최종 출력값 L을 z에 대해서 미분한 값이 그대로 흘러 옵니다.

곱셈 노드의 역전파

z=xy식에 대한 역전파를 살펴보기 전에, 순전파 계산 그래프를 살펴보면 다음과 같습니다.

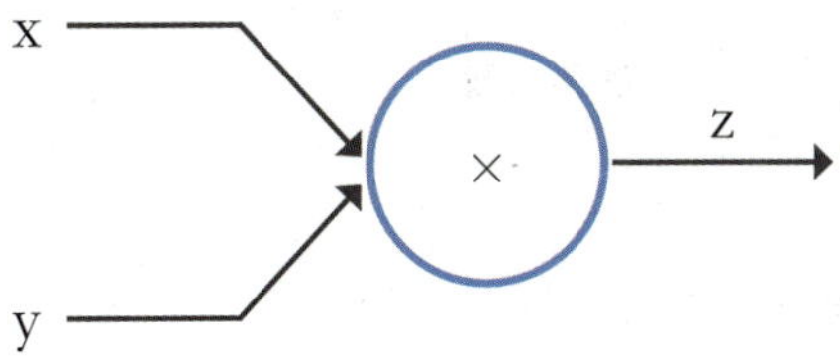

그림 5-15. z=xy의 순전파 계산 그래프

역전파 계산은 미분을 해야 하므로 z=zy를 x와 y에 대해서 각각 미분해 보겠습니다.

$$\frac{dz}{dx} = y\,(z\text{를 } x\text{에 대한 미분})$$ ❶

$$\frac{dz}{dy} = x\,(z\text{를 } y\text{에 대한 미분})$$ ❷

위의 수식을 그림으로 표현하면 다음과 같습니다.

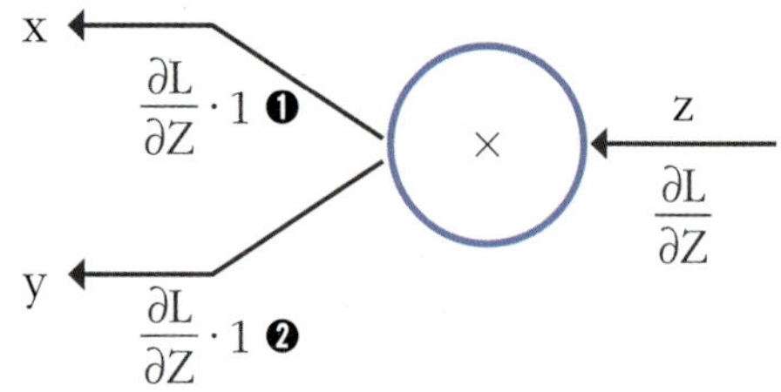

그림 5-16. z=xy의 역전파 계산 그래프(L은 최종 출력값)

그림 5-16의 역전파 계산 그래프는 오른쪽에서 왼쪽으로 이동합니다. 최종 출력값을 z에 대해서 미분한 값($\frac{dl}{dz}$)에 $\frac{\partial z}{\partial x}$의 값 y ❶을 곱합니다. y의 경우에도 최종 출력값을 z에 대해서 미분한 값($\frac{dl}{dz}$)에 $\frac{\partial z}{\partial y}$의 값 x ❷를 곱합니다. 즉, 최종 출력값 L을 z에 대해서 미분한 값은 그대로 흘러오고, 순전파의 입력신호가 서로 바뀐 값(x와 y가 바뀐값)이 곱해져서 왼쪽으로 흘러 옵니다.

연습 문제

연습 01 **z=xy, x=3, y=6일 때, z=xy에 대한 순전파 계산 그래프를 그리세요.**

〈풀이〉

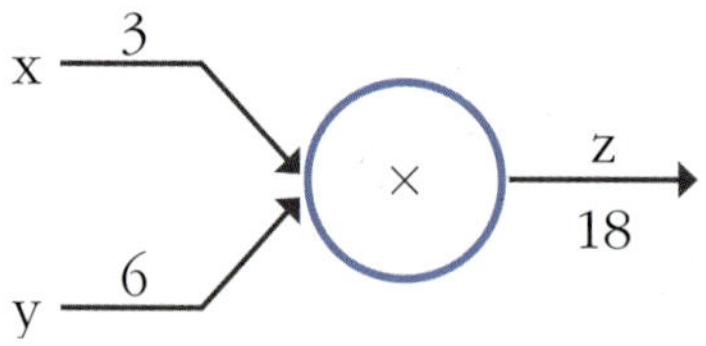

연습 02 **z=xy, x=3, y=6, 최종 출력값으로 1.5이 입력되었다고 할 때, 역전파 계산 그래프를 그리세요.**

〈풀이〉

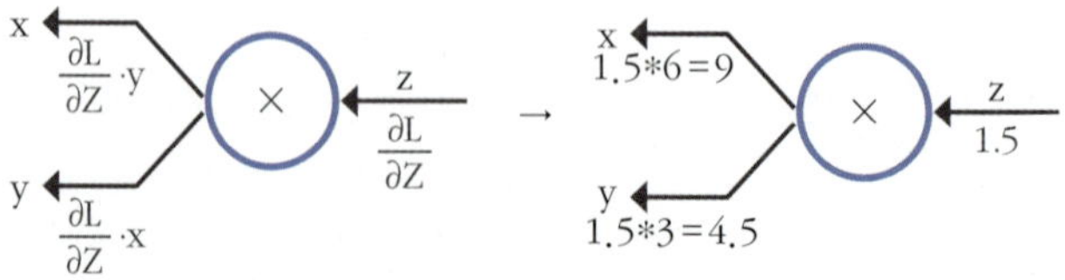

연습 03 **500원인 음료수 2개에 부가세 10%을 지불하는 순전파의 계산 그래프와 출력값이 1일 때, 역전파의 계산 그래프를 그리세요.**

〈풀이〉

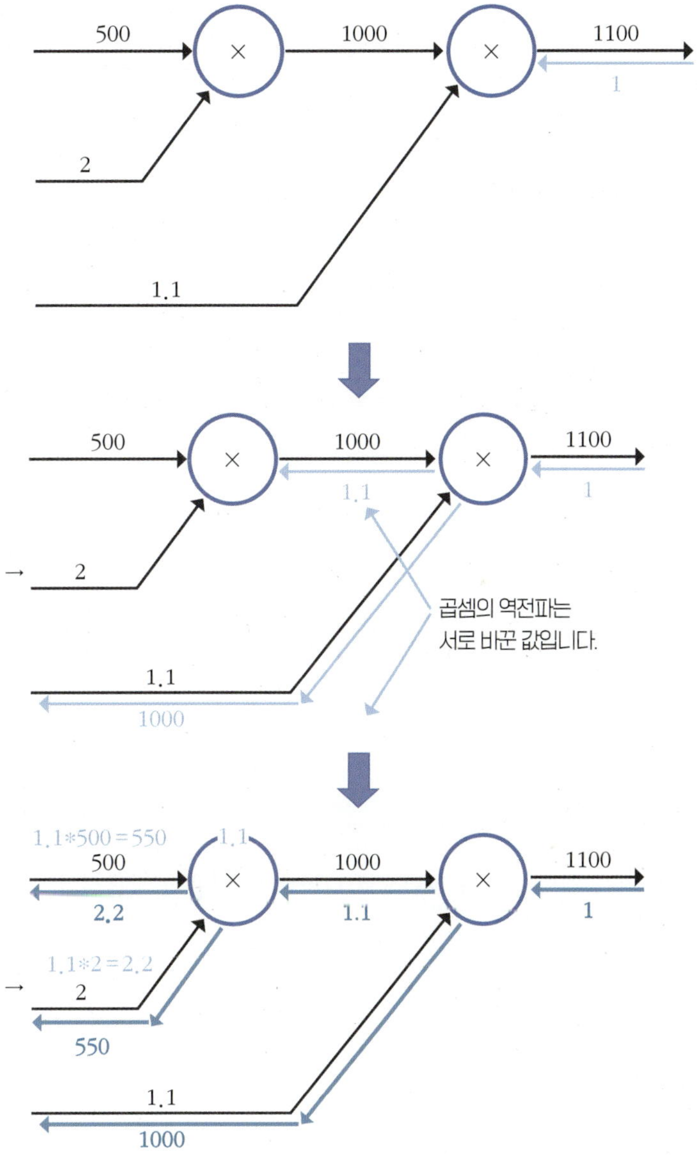

1.1을 곱해서(500 → 550, 2 → 2.2), 서로 바꾼 값(550, 2.2)을 보내 줍니다.

덧셈과 곱셈 합성함수의 역전파

f(x)=z×g(x), g(x)=x+y일 때, 역전파 계산 그래프를 그려 봅시다.

먼저, 순전파 계산 그래프를 그려 보겠습니다.

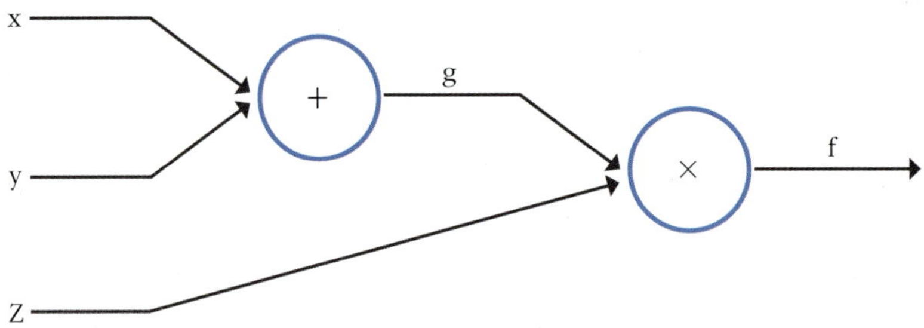

그림 5-17. f(x)=z×g(x), g(x)=x+y의 순전파 계산 그래프

역전파 계산은 미분을 해야 하므로 f(x)=z×g(x), g(x)=x+y를 x와 y에 대해서 각각 미분해 보겠습니다.

$$\frac{dg}{dx} = 1 (g(x))\text{를 } x\text{에 대한 미분})$$

$$\frac{dg}{dy} = 1 (g(x))\text{를 } y\text{에 대한 미분})$$

$$\frac{df}{dz} = g(x) (f(x))\text{를 } z\text{에 대한 미분})$$

$$\frac{df}{dg} = z (f(x))\text{를 } g(x)\text{에 대한 미분})$$

위의 수식을 그림으로 나타내면, 다음과 같습니다.

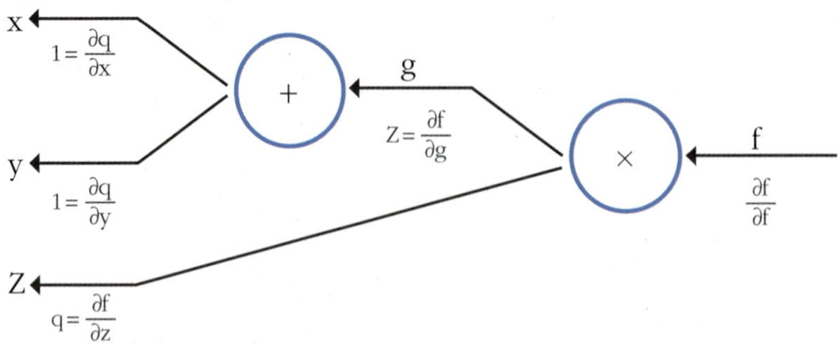

그림 5-18. f(x)=z×g(x), g(x)=x+y의 역전파 계산 그래프

연습 문제

연습 01 **x=3, y=2, z=4일 때, f(x)=z*g(x), g(x)=x+y에 대한 순전파 계산 그래프를 그리세요.**

〈풀이〉

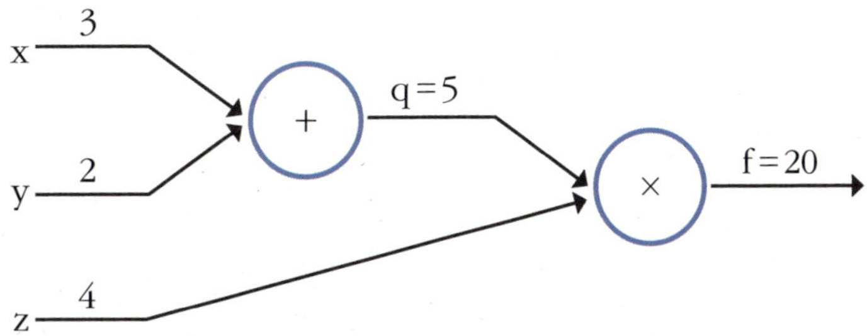

연습 02 **x=3, y=2, z=4일 때, f(x)=z*g(x), g(x)=x+y의 최종 출력값으로 1이 입력되었을 때, 역전파 계산 그래프를 그리세요.**

〈풀이〉

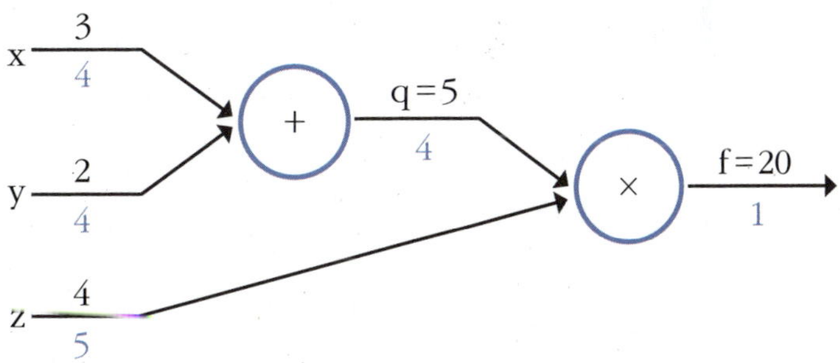

x=4, y=4, z=5가 됩니다.

곱셈에 대한 역전파에서부터 시작해서 덧셈에 대한 역전파까지 그림을 보면서 따라가 보세요.

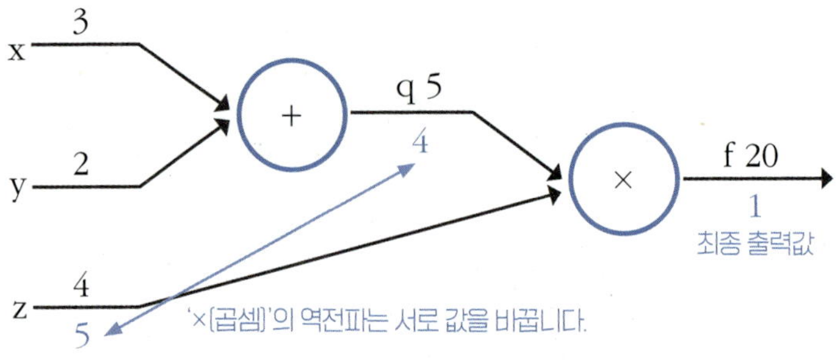

곱셈에 대한 역전파

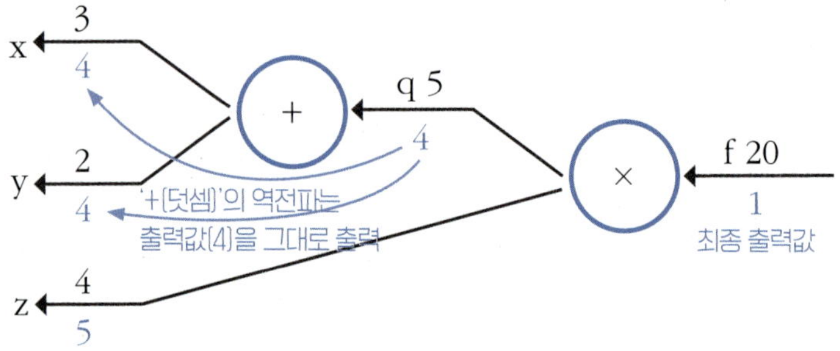

덧셈에 대한 역전파

3.3 오차역전파 계산방식

다시 한 번 강조합니다.

딥러닝이 발전하면서, 오차역전파(back propagation)는 중요한 개념이 되었습니다.

딥러닝에서는 최적의 해를 구하기 위해서 은닉층을 겹겹이 쌓아 올려 모델을 만듭니다. 출력층에 도달한 후, 실제값과 학습한 결괏값을 비교해 실제값과 학습한 결괏값을 비교합니다. 이때, 딥러닝에서는 그 차이인 오차를 줄이기 위해 출력층에서 입력층으로 거꾸로 다시 한 번 연산하는 과정을 거치게 되는데, 이를 오차역전파(back propagation)이라고 합니다.

오차역전파의 계산 방식을 정리하면 다음과 같습니다.

❶ 먼저 순전파(forward propagation)를 실행합니다.

입력값에 가중치(기울기)를 곱한 값과 편향(절편)을 합하여 그 값이 임계치(0)을 넘으면 1을 출력하고, 그렇지 않으면 0을 출력하는 과정을 거쳐 출력값에 도달합니다.

❷ 역전파(back propagation)를 실행합니다.

출력값과 실제값(정답)의 차이를 구하며, 이를 오차라고 합니다. 오차를 줄이기 위해 역방향으로 가중치(기울기)를 수정하면서 오른쪽에서 왼쪽으로 이동합니다.

1. 출력층의 가중치를 수정합니다.
2. 은닉층들의 가중치를 수정합니다.

❸ 오차가 더 이상 줄어들지 않을 때까지 ❷의 과정을 반복합니다.

잠깐만요

머신러닝에 필요한 인공신경망 개념 가운데 입력 벡터를 두 부류로 구분하는 선형 분류기와 관련해서 몇 가지 생소한 용어를 정리해 봅시다.

- **임계치(threshold)** : 어떤 값이 활성화되기 위한 최솟값입니다.
- **가중치(weight)** : 학습 벡터를 두 부류로 선형 분류하기 위한 선형 경계를 찾는 것의 방향성과 계수(**영향도 = 기울기**)를 나타내는 값입니다.
- **바이어스(bias)** : 선형 경계의 **절편**을 나타내는 값으로, 직선의 경우에는 y절편을 나타낸다.

데이터사이언스는 컴퓨터가 이해할 수 있는 대량의 데이터를 반복적으로 가공처리하여 결과를 분석하고 예측하는 것입니다.

컴퓨터가 데이터를 이해하는 방식 역시 데이터를 0과 1로 변환하여 복잡한 계산을 수행합니다. 복잡한 계산을 하기 위해서 수식을 풀어서 반복합니다. 이때 수식을 효율적으로 쉽게 풀 수 있도록 도와주는 것이 우리가 이번 마당에서 배울 선형대수학(Linear Algebra)입니다.

선형대수학을 이해할 수 있어야 컴퓨터가 대용량의 데이터를 처리하는 과정을 이해할 수 있습니다.

선형대수학은 벡터, 벡터공간, 선형변환 등을 다루는 분야입니다. 이번 장에서는 벡터에 대해서 자세하게 다루고자 합니다.

| 6장 |

벡터의 기초

학습 목표

벡터의 개념, 특징, 종류에 대해서 살펴봅니다.

< 넷째 마당 >

데이터사이언스에서의 벡터

1 〉 선형대수

선형대수는 대용량의 복잡한 데이터의 분석을 효율적으로 할 수 있도록 돕는 학문입니다. 컴퓨터는 데이터를 숫자로 변형하여 계산합니다. 데이터를 다룬다는 것은 숫자를 다룬다는 의미도 됩니다. 하나의 데이터가 한 개의 숫자로 표현되는 경우도 있고, 수만~수억 개, 심지어 수만~수억 개 숫자의 집합이 한 개의 데이터로 표현될 수도 있습니다. 이러한 데이터가 수억 개가 있을 수 있기 때문에 대용량의 데이터 계산을 가능하게 하는 선형대수가 필요합니다. 선형대수를 사용하면 데이터를 다루는 과정에서 복잡한 수식 연산을 정확하고 쉽게 계산하고 서술할 수 있습니다.

선형대수에서 다루는 데이터는 크게 스칼라(scalar), 벡터(vector), 행렬(matrix), 텐서(tensor)의 4가지 형태로 나눌 수 있습니다.

- **스칼라**는 숫자 하나로 구성된 데이터를 의미합니다.
- **벡터**는 여러 숫자(여러 개의 스칼라)로 구성된 데이터를 의미합니다. 데이터 레코드(data record) 또는 배열(array)이라고도 합니다.
- **행렬**은 여러 개의 백터가 2차원 배열로 구성된 데이터 레코드의 집합을 의미합니다.
- **텐서**는 크기가 같은 행렬의 집합으로 다차원 배열을 의미합니다.

스칼라, 벡터, 행렬, 텐서를 n차원의 공간으로 표현하면 다음과 같습니다.

- 스칼라의 집합 벡터(배열, 1차원 텐서)
- 같은 크기의 벡터의 집합 ⊆ 행렬(2차원 배열, 2차원 텐서)
- 같은 크기의 행렬의 집합 ⊆ 텐서(3차원 이상의 다차원 배열, 3차원 텐서)

  ⊆라는 기호로 표현될 수 있기 때문에, 스칼라 역시 텐서의 부분 집합입니다.

0차원부터 다차원 배열 모두를 포함하는 공간 개념이 텐서입니다. 그림으로 표현해 보겠습니다. 그림 6-1은 스칼라, 벡터, 행렬을 표현한 그림으로, 모든 선형 대수는 텐서로도 표현하여 설명 가능합니다.

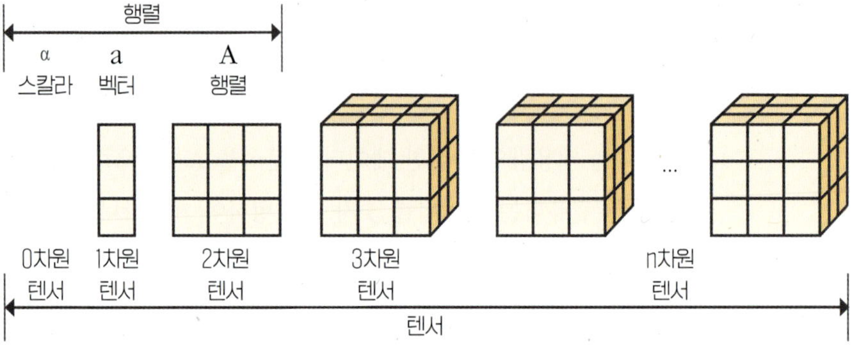

그림 6-1. 선형대수에서 다루는 데이터 형태 : 스칼라, 벡터, 행렬

표 6-1은 IT 회사의 HR(인적 자원, Human Resources) 테이블입니다. HR 테이블 예제를 이용하여 스칼라, 벡터, 행렬, 텐서의 개념이 무엇인지 살펴보겠습니다.

표 6-1. IT 회사의 HR 테이블

사번	프로젝트 수	업무 만족도	업무시간 (일일)	평가	급여(연) (단위100만원)	이직유무	연봉	직군
1110960	1	0.8	8	0.8	56	0	Low	Accounting
1110961	3	0.5	10	0.6	60	1	Low	IT
1110962	3	0.5	10	0.9	75	1	Medium	HR
1110963	2	0.6	8.5	0.9	85	0	High	IT
1110964	3	0.2	11	0.9	70	1	Medium	IT
..	..	..	..	..			..	..

이직 유무는 0과 1로 표현합니다. 1은 실제 이직한 사람을 의미합니다.

스칼라 : 숫자 하나로 구성된 데이터

표 6-1에서 Accounting 직군에 있는 사번 1110960 사원의 업무시간을 검색하면, '8'이라는 숫자 한 개가 나올 것입니다. 이 '8'이라는 데이터가 스칼라입니다. 스칼라는 보통 소문자 알파벳(x)으로 표시하며, 실수(real number : R)에 속하는 숫자 가운데 한 개를 의미합니다.

$$x \in R$$

벡터 : 방향과 순서가 있는 숫자 데이터의 묶음

벡터는 여러 개의 숫자, 여러 개의 스칼라로 구성된 데이터를 의미합니다. 데이터 레코드(data record) 또는 배열(array)이라고도 부릅니다. 벡터는 여러 개의 숫자가 순서를 가지고 모여 있는 집합이라고 할 수 있습니다.

표 6-1에서 보면, 1110960 사원의 이직 가능성을 예측하기 위해, 데이터에서 프로젝트 수(x_1), 업무 만족도(x_2), 업무시간(x_3), 평가(x_4), 급여(x_5)를 함께 확인하고자 할 때, 측정되는 5개의 데이터를 한꺼번에 묶어서 볼 수 있어야 합니다. 이때 5개의 데이터를 한꺼번에 보기 위해 묶는 것을 데이터의 묶음(tuple)이라고 합니다.

데이터 묶음(tuple) 안의 순서가 바뀌면 벡터라고 할 수 있을까요? 벡터라고 할 수 없습니다.

데이터 묶음(tuple) 안의 원소인 프로젝트 수(x_1), 업무 만족도(x_2), 업무시간(x_3), 평가(x_4), 급여(x_5)는 (1, 0.8, 8, 0.8, 56)와 같이 하나의 묶음으로 이루어져야 하는데, 만약 순서가 바뀌어 (0.8, 1, 8, 0.8, 56)와 같이 표시되면 데이터의 정보가 바뀌게 됩니다. 즉, 프로젝트 수가 0.8개인 것이 되고, 업무 만족도가 1이 되어 결국 사번 1110960 사원에 해당하는 정보가 잘못 도출되는 결과를 낳습니다. 이와 같이 데이터 묶음(tuple)에서 순서를 지키는 것은 매우 중요하다고 할 수 있습니다.

이렇게 순서를 갖는 데이터 묶음(tuple)을 벡터라고 하는데, 벡터는 세로줄(열, 칼럼) 1개로 표현되며, 다음과 같이 나타낼 수 있습니다.

$$x = \begin{bmatrix} x_1 \\ x_2 \\ x_3 \\ x_4 \\ x_5 \end{bmatrix}$$

벡터 하나를 이루는 데이터의 개수가 프로젝트 수(x_1), 업무 만족도(x_2), 업무시간(x_3), 평가(x_4), 급여(x_5)의 5개이므로 우리는 5-차원 벡터(5-dimensional vector)라고 합니다.

$$x \in R^5$$

한 개의 벡터를 이루는 데이터 개수가 n개이면, n-차원 벡터(n-dimensional vector)이며, 다음과 같이 표기합니다.

$$x = \begin{bmatrix} x_1 \\ x_2 \\ \vdots \\ x_n \end{bmatrix}, x \in R^n$$

행렬 : 여러 개의 벡터, 2차원 배열

여러 개 벡터의 집합이자 2차원 배열을 의미합니다. 표 6-1을 예로 들면, IT 회사의 HR 테이블에서, 특정 1명이 아니라, 복수의 이직에 성공한 사람들의 프로젝트 수(x_1), 업무 만족도(x_2), 업무시간(x_3), 평가(x_4), 급여(x_5)를 구할 때 행렬을 이용할 수 있습니다. 이직에 성공한 사람은 이직 유무가 '1'인 사람을 의미하며, 표 6-1에서는 모두 3명입니다. 즉, 3×5개의 실수로 표현할 수 있고, 행의 개수가 샘플의 수(데이터의 수, 이직한 사람의 수), 열의 개수는 속성(이직한 사람의 특성)의 수를 의미합니다.

행렬은 다음과 같이 알파벳 대문자 'X'로 표기합니다.

$$X = \begin{bmatrix} 3 & 0.5 & 10 & 0.6 & 60 \\ 3 & 0.5 & 10 & 0.9 & 75 \\ 3 & 0.2 & 11 & 0.9 & 70 \end{bmatrix}$$

행(row) : 5차원

$$X = \begin{bmatrix} x_{11} & x_{12} & x_{13} & x_{14} & x_{15} \\ x_{21} & x_{22} & x_{23} & x_{24} & x_{25} \\ x_{31} & x_{32} & x_{33} & x_{34} & x_{35} \end{bmatrix}$$

열(column) : 3명

- 행렬의 원소는 소문자로 표기하며 아래 첨자(subscript)를 허용해 두 개의 숫자 쌍으로 표시합니다. 첫번째 숫자는 행을 의미하며, 두번째 숫자는 열을 의미하므로, x_{12}는 첫 번째 행의 두 번째 열입니다. 즉, x_{12}는 위의 표에서 1110961 사번을 가진 사람의 업무 만족도 0.5를 가리킵니다.
- 행렬의 크기를 수식으로 표기하면, 실수 '$R^{\text{행의크기} \times \text{열의크기}}$'로 나타낼 수 있습니다. 예를 들어, 이직에 성공한 사람들의 행렬은 다음과 같이 표기할 수 있습니다.

$$x \in R^{3*5}$$

잠깐만요

스칼라와 벡터는 모두 행렬에 포함되는 개념입니다.
스칼라는 열과 행의 객수가 각각 1인 행렬이라고 할 수 있으며, $a \in R^{1*1}$와 같이 표현할 수 있습니다.

벡터 또한 열의 개수가 1인 행렬이라고 볼 수 있는데, 열이 1인 벡터를 열 벡터(column vector)라고 하며, $x \in R^{n*1}$(n은 속성의개수)와 같이 나타낼 수 있습니다. 다만, 여기서 주의할 점은 행렬의 경우에 한 사람에 대한 데이터 묶음인 데이터 레코드를 행으로 표기하지만, 벡터는 속성을 열로 표기합니다.

텐서 : 다차원 배열

3차원 이상의 배열을 다차원 배열이라고 부르는데, 크기가 같은 여러 개의 행렬의 집합이 곧 다차원 배열을 의미합니다. 크기가 같은 행렬이 여러 개 묶여 있는 것을 의미합니다. 예를 들어, 흑백 사진과 칼라 사진이 있다고 가정해 봅시다. 흑백 사진은 grayscale이므로 흰색과 검은색 두 개의 축으로 표현할 수 있지만, 칼라 사진은 R(red), G(green), B(blue)의 3개의 축으로 나타내야 합니다. 3개의 축은 다른 말로 3개의 평면을 연산하는 것이라고 할 수 있는데, 여기서 각 평면은 두 개의 축으로 이루어진 행렬이라고 볼 수 있습니다. 즉, '3개의 축 = 3개의 행렬 = 3차원 배열'을 우리는 텐서라고 부르는 것입니다.

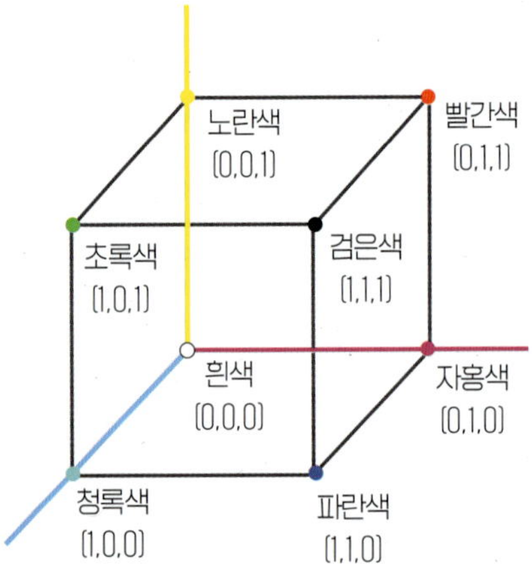

그림 6-2. 텐서 : RGB 색상축

지금까지 배운 스칼라, 벡터, 행렬, 텐서의 개념을 정리하기 위해 다시 한 번 배운 내용을 되새겨 봅시다.

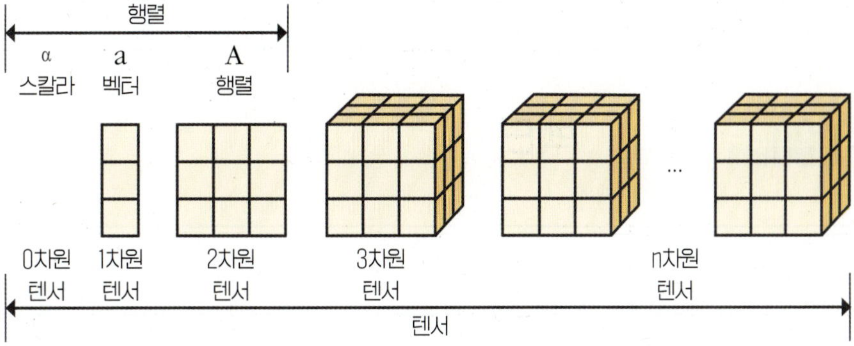

- 스칼라(Scalar) : 0차원, x $\in R$
- 벡터(Vector) : 1차원, n은 속성(원소) 수

$$x = \begin{bmatrix} x_1 \\ x_2 \\ \vdots \\ x_n \end{bmatrix}, x \in R^n$$

- 행렬 : 2차원, 벡터의 집합

행(row) : 5차원

$$X = \begin{bmatrix} x_{11} & x_{12} & x_{13} & x_{14} & x_{15} \\ x_{21} & x_{22} & x_{23} & x_{24} & x_{25} \\ x_{31} & x_{32} & x_{33} & x_{34} & x_{35} \end{bmatrix}$$

열(column) : 3명

$x \in R^{3*5}$, 3은 행의 크기, 5는 열의 크기

- 텐서 : 3차원 이상, 행렬의 집합

BASIC MATHEMATIC

2 〉 벡터

2.1 벡터의 정의

벡터(vector)의 기하학적으로 표현되는 정의는 '크기와 방향을 가진 물리량'입니다. 그러나 수학에서 배우는 벡터는 다양하게 정의되어 쓰이고 있습니다.

벡터는 절대적 수치와 관계없이 '임의의 점(시작 점)에서 임의의 점(끝 점)을 연결한 화살표'입니다. 즉, 절대적인 위치값 보다 기하학적 혹은 시각적으로 이해해야 합니다.

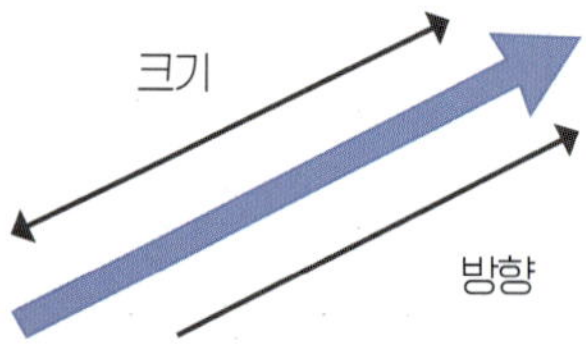

그림 6-3. 벡터의 정의

잠깐만요

기하학(geometry)은 점, 직선, 곡선, 면, 부피 등 공간의 성질을 연구하는 수학 분야입니다. 더 간단히 표현하자면, 2차원 모양과 3차원 그림의 크기, 모양 및 위치를 연구하는 수학 분야라고 할 수 있습니다.

기하학은 그리스어에서 파생된 단어입니다. 그리스어의 'geo' 는 '지구'를 의미하고, 'metria' 는 측정이라는 의미를 갖습니다.

그림 6-4. 기하학의 표현

우리는 기하학을 거의 매일 사용하다시피 합니다. 자동차를 평행하게 주차할 때라든가 물건을 들고 이동할 때, 침대에서 발을 내딛을 때와 같이 우리의 뇌는 무의식적으로 기하학적인 공간 계산을 하게 되는데, 이와 같이 공간 과학을 위해 쓰이는 기하학은 예술, 건축, 공학, 로봇공학, 천문학, 우주공학, 자연과학, 스포츠 등에서 활발하게 사용되고, 연구되고 있습니다.

벡터(vector)의 정의는 '크기와 방향을 가진 물리량'이라고 이해했는데, 다음의 예제를 통해 더 자세히 그 의미를 살펴보겠습니다.

❶ 슈니가 자동차를 운전합니다. 시속 30km 속도로 운전하여 서울에서 경기 북동쪽 방향으로 운행 중인데, 우리는 이것을 벡터라고 할 수 있을까요?

→ **네, 벡터입니다. 아래와 같이 크기와 방향을 갖고 이동하고 있기 때문에 벡터라고 할 수 있습니다.**

- ◆ 크기 : 30km
- ◆ 방향 : 북동쪽

❷ 슈니가 학교에서 집으로 가려고 합니다. 학교에서 집까지의 거리가 20km이고, 집은 학교에서 동쪽에 위치하고 있다면, 이것도 벡터라고 할 수 있을까요?

→ 네, 벡터입니다. 크기와 방향이 있기 때문에 벡터라고 할 수 있습니다.

- ◆ 크기 : 20km
- ◆ 방향 : 동쪽

파이썬으로 벡터 구하기

벡터를 파이썬 코드를 이용해서 표현하면 다음과 같이 나타낼 수 있습니다.

```
#numpy 라이브러리를 호출합니다.
#numpy는 Numerical Python의 줄임말로 벡터 및 행렬연산할 때 효율적으로 계산할 수 있는
 함수들이 모아져 있습니다.
#numpy 라이브러리를 사용하여 수치연산을 쉽게할 수 있습니다.

import numpy as np #numpy 라이브러리를 np로 간단하게 표시하여 사용할 수 있도록 별명을
                     만들어 줍니다.
```

크기가 4인 1차원 배열, 2차원 배열(행벡터, 열벡터)을 살펴보겠습니다.

```
#크기가 4인 1차원 배열 표현
x=np.array([1,2,3])
print(x)

[1 2 3]

#크기가 (4,1)인 2차원 배열
#열이 1인 2차원 배열로, 열벡터라고도 표현할 수 있습니다.
cvector=np.array([[1],[2],[3],[4]])
print(cvector)

[[1]
 [2]
 [3]
 [4]]
```

2.2 벡터의 특징

벡터는 크게 다음의 4가지 특징을 갖고 있습니다.

1. 크기와 방향성을 갖습니다.

2. 절대적인 위치는 중요하지 않고, 크기와 방향성이 중요합니다.

3. 크기와 방향이 같다면, 어디에 위치하든 같은 벡터입니다.

4. 크기가 같더라도 방향이 다르면, 같은 벡터가 아닙니다.

이제 위의 네 가지 특징에 대해서 하나씩 자세하게 살펴봅시다.

❶ 벡터는 크기와 방향성을 갖습니다.

벡터($\vec{a}$)는 시작점 A에서 B가 직선으로 연결되어 있습니다. 방향성을 갖고 있으며, 선분 길이 r인 크기를 갖습니다.

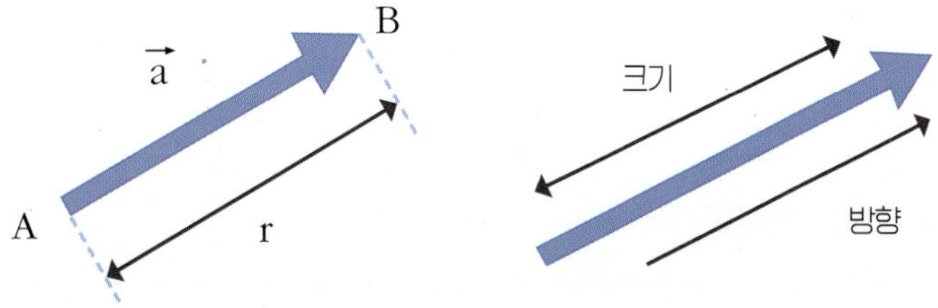

그림 6-5. 벡터의 크기와 방향

❷ 벡터에 있어서 절대적인 위치는 중요하지 않으며, 크기와 방향이 중요합니다. 크기와 방향성만 같다면 동일한 벡터라고 할 수 있습니다. 아래의 그림 6-6에서 크기와 방향이 같은 벡터($\vec{a}$)는 모두 같은 벡터이며, 벡터($\vec{b}$) 역시 같은 벡터입니다.

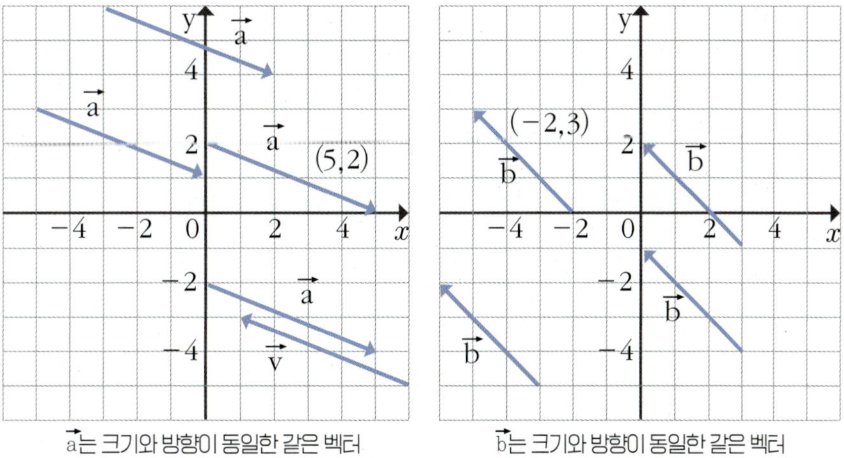

$\vec{a}$는 크기와 방향이 동일한 같은 벡터 $\vec{b}$는 크기와 방향이 동일한 같은 벡터

그림 6-6. 동일한 벡터들 : 벡터($\vec{a}$)과 벡터($\vec{b}$)

❸ 크기와 방향이 같다면, 어디에 위치하든 같은 벡터입니다.

위의 그림 6-6에서 모든 벡터($\vec{a}$)의 좌표 상 위치는 다를 수 있지만, 크기와 방향이 같기 때문에 같은 벡터라고 할 수 있습니다. 벡터에 있어서 이 점이 매우 중요하기 때문에 다시 한 번 강조하면, 크기와 방향이 같으면, 절대적인 위치에 상관없이 모두 동일한 벡터입니다. 벡터에 있어서 절대적인 수치와 위치 정보가 중요한 것이 아니라, 크기와 방향성만 본다는 것을 꼭 기억해 두세요.

❹ 크기가 같더라도 방향이 다르면, 같은 벡터가 아닙니다.

위의 그림 6-6에서, 벡터($\vec{a}$)와 벡터($\vec{v}$)를 보면 크기는 같지만 방향이 다릅니다. 따라서 벡터($\vec{a}$)와 벡터($\vec{v}$)은 같은 벡터가 아닙니다.

2.3 벡터의 표현

벡터는 시작점 A와 끝점 B를 연결하는 방향이 있는 선분으로, 시작과 끝점을 표시하고 화살표 선분을 위에 추가하거나 하나의 알파벳 소문자(v) 위에 화살표 선분으로 표기합니다. 아래 그림에서 보면, vector의 앞 글자를 딴 v 위에 화살표 선분으로 표시한 것을 알 수 있습니다. 이때 알파벳 소문자는 어떤 소문자를 사용해도 됩니다.

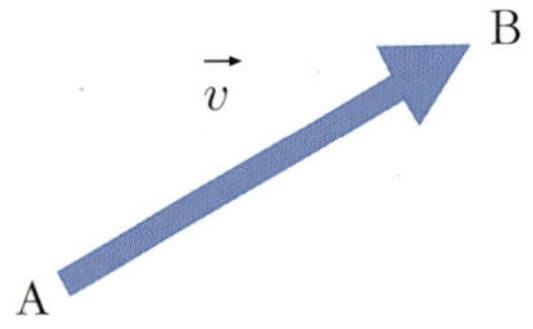

$\overrightarrow{AB}$ 혹은 $\vec{v}$

벡터에 데이터를 넣어 표현하면 다음과 같습니다.

$$x = (x_1, x_2, \cdots, x_n) = \begin{bmatrix} x_1 \\ x_2 \\ \vdots \\ x_n \end{bmatrix} = [x_1 \ x_2 \ \cdots \ x_n]^T$$

x는 n개의 데이터로 이루어진 묶음으로, 이것을 1개의 열로 표현한 것이 벡터입니다. 1개의 열로 표시된 벡터를 1개의 행으로 바꾸어 표현하려면 위의 예시와 같이 T(Transpose)를 행렬 묶음의 오른쪽 상단에 표시(전치행렬)하여, 행과 열을 바꿔 주면 됩니다.

$$[x, x_2 \ldots, x_n]^T$$

벡터의 표현을 예제를 통해 더욱 자세하게 이해해 봅시다.

x_1와 x_2에 3과 4를 대입하면, x = [3,4]라고 표현할 수 있으며, T(Transpose)를 사용하면, x=[3 4]^{T}로 나타낼 수 있습니다.

- x=[3,4]은 행으로 표현되므로 행 벡터(row vector)라고 하며, [3 4]^{T}은 열로 표현되므로 열 벡터(column vector)라고 합니다.
- x_1와 x_2의 값 3, 4는 벡터의 성분(component)이라고 하며, $\vec{v}$는 벡터의 성분 3, 4를 갖는 벡터를 나타냅니다.

위의 벡터를 좌표 평면에 나타내면 다음 그림과 같습니다.

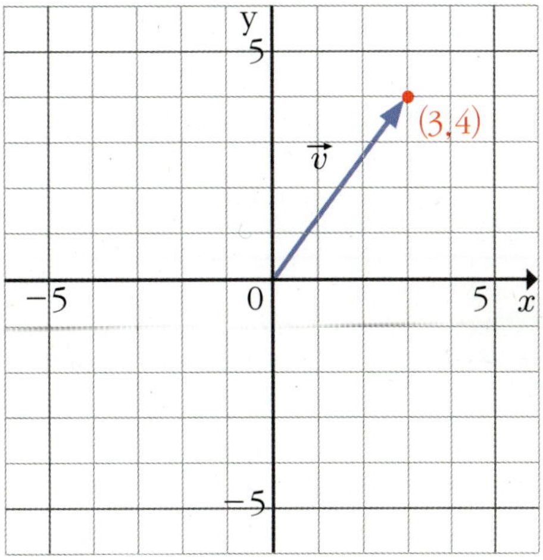

그림 6-7. 좌표평면에서 벡터 표현

우리가 일상생활에서 벡터로 표현할 수 있는 것은 무수히 많습니다. 데이터 사이언티스트는 많은 산업에서 생산되는 다양한 종류의 데이터를 다루는데, 이때 다루는 데이터는 다양한 타입과 특성을 가지고 있으며, 서로 다른 타입의 데이터는 벡터로 표현할 수 있습니다.

예를 들어 우리가 일상에서 매일 접하는 컴퓨터는 0과 1의 연산으로 이루어진 계산기(computer)를 의미합니다. 우리가 사용하는 숫자 역시 컴퓨터는 0과 1로 이루어진 이진 문자열(binary string)로 바꾸어서 연산을 하게 됩니다. 이러한 이진 문자열에서도 벡터로 표현할 수 있습니다.

- 컴퓨터는 돈을 세거나 다양한 산업 현장에서 흔히 다루는 숫자 역시 0과1로 이루어진 이진 문자열(binary string)로 바꾸어서 연산하게 되는데, 이런 이진 문자열도 벡터로 표현할 수 있습니다.
- 숫자 13은 4-비트 이진 문자열로 '1101'와 같이 나타낼 수 있으며, 벡터로 변환하여 4-비트의 벡터(1,1,0,1)로 표현할 수 있습니다.
- 데이터의 속성(attributes)도 벡터로 표현할 수 있는데, 앞서 살펴본 것처럼 방향과 순서가 바뀌지 않는다면 다음과 같이 벡터로 표현할 수 있습니다.

슈니 = {'나이' : 19 , '학과' : '데이터사이언스학과', '학년' :3}

이 외에도 확률분포, 이미지 등 다양한 차원의 데이터를 벡터로 표현할 수 있습니다.

잠깐만요

비트(bit)와 바이트(byte)란 무엇일까요? 비트와 바이트의 개념에 대해서 짚고 넘어갑시다.

먼저 비트부터 살펴보겠습니다. 컴퓨터가 받아들이는 모든 정보는 0과 1로 변환되어 메모리에 저장되고 연산이라는 과정을 거치게 됩니다. 예를 들어, 'a'는 미국표준협회의에서 지정한 아스키코드(표준 코드 체제)에 따라 '1100001'이라는 이진수로 변환될 수 있는데, 이때 이진수 한 자리의 단위가 '비트'이며, 컴퓨터에서 다루는 정보의 최소 단위를 의미합니다.

그럼 바이트는 무엇일까?
바이트는 8비트가 모여서 1바이트로 표시됩니다. "한 개의 문자가 1byte입니다."라는 표현처럼,

비트와 함께 컴퓨터에서 다루는 데이터의 저장 단위입니다. 비트 하나로는 0 또는 1이라는 두 가지 표현 밖에 할 수 없기 때문에, 비트 한 개당 두 개의 정보 밖에 표시할 수 없는 비트의 일정한 단위 8개를 묶어서 2의 8제곱, 256 종류의 정보를 표현할 수 있도록 만든 것입니다. 바이트는 문자와 영문자를 모두 표현할 수 있고 메모리의 남는 공간에 특수문자까지 할당할 수 있는 특징이 있습니다.

그림 6-8을 보면 쉽게 이해 할 수 있을것입니다.
'1'은 비트이고 '11000111'처럼 1과 0의 숫자를 8개 묶어 놓은 것을 바이트라고 합니다.

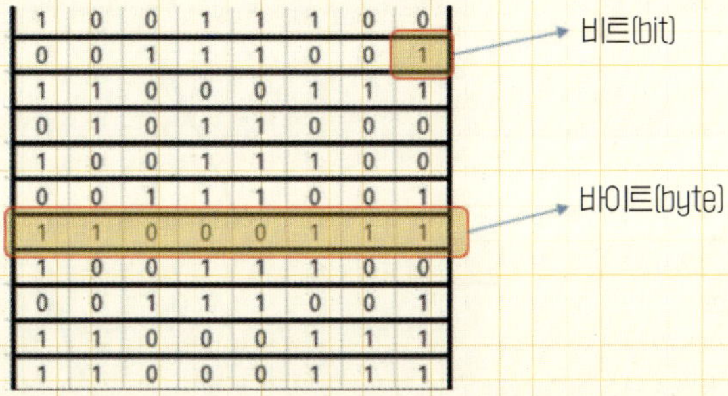

그림 6-8. 비트와 바이트, 1문자= 1 바이트 = 8 비트

2.4 벡터의 종류

벡터의 역할과 성격에 따라 벡터의 종류를 몇 가지로 나눌 수 있습니다.

단위 벡터

단위 벡터라는 것은 길이가 1인 벡터를 의미합니다. 일반 벡터처럼 화살표($\vec{v}$)로 표기하지 않고, ($\hat{v}$)로 표기해 사용합니다.

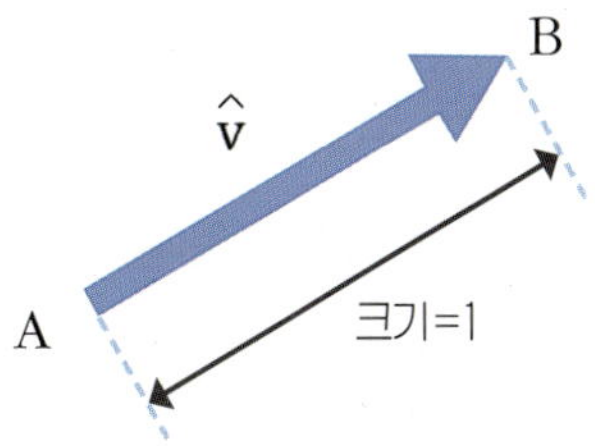

그림 6-9. 단위 벡터, 벡터의 길이가 1인 벡터

벡터는 절대적인 위치보다 크기와 방향이 중요하다고 언급하였습니다. 즉, 크기와 방향만 같으면 같은 벡터(벡터의 특징 2, 3 참고)이고, 이를 다르게 표현하면, '같은 벡터라도 좌표가 다를 수 있습니다'로 나타낼 수 있습니다. 아래 그림 6-10에서 $\vec{a}$, $\vec{b}$는 같은 벡터인데 좌표가 다릅니다. 즉, 기하학적으로는 같은 의미이지만, 수학적으로는 다른 의미일 수 있다는 것입니다.

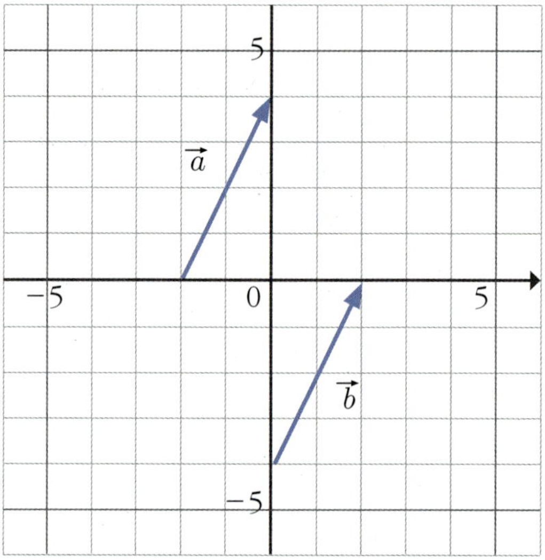

그림 6-10. 좌표는 다르지만 같은 벡터

위의 그림 6-10에서 두 벡터가 같다는 것을 알고, 다음을 가정해 봅시다.
좌표가 다른 두 벡터가 있습니다. 두 벡터가 같은 벡터인지 혹은 다른 벡터인지 크기와 방향을 비교해 보고 싶은데 어떻게 해야 할까요? 이런 경우에 단위 벡터를 사용합니다.

각 벡터를 단위 벡터, 즉 벡터의 길이가 1인 벡터의 곱으로 표현하여 비교하는 것입니다.

벡터 길이가 1인 벡터를 기준으로 연산하면, '1인 벡터가 몇 개인가?'로 바꿔 생각할 수 있기 때문에 연산이 간단하고 쉬워집니다.

이처럼, 벡터를 단위 형태로 변환하는 것을 정규화(normalizing)라고 하며, 정규화 과정을 통해 벡터의 길이를 구하고 비교하는 것을 단위 벡터로 바꿔서 쉽게 구할 수 있습니다.

그럼, 실제로 단위 벡터(u)를 구해 봅시다. 일반적으로 단위 벡터는 u로 표시합니다.

$$\text{단위 벡터}(u) = \frac{\text{벡터 }\vec{v}}{\text{벡터 }\vec{v}\text{의 크기}} = \frac{\text{벡터 }\vec{v}}{|\vec{v}|} = \frac{\text{벡터 }\vec{v}}{\|\vec{v}\|}$$

$$\text{단위 벡터}(u) = \left[\frac{x}{\sqrt{x^2+y^2}}, \frac{y}{\sqrt{x^2+y^2}}\right]$$

벡터의 길이는 벡터의 크기와 같은 의미이며, 벡터의 크기를 구하는 공식은 벡터($\vec{v}$)= $\overrightarrow{XY}$ 와 같이 직삼각형에서 두 선분을 알 때 대각선을 구하는 것과 같습니다. 벡터 크기는 $|\vec{v}|$, $\|\vec{v}\|$로 표현합니다.

$$|\vec{v}| = \|\vec{v}\| = \sqrt{x^2+y^2}$$

즉, 벡터의 크기=벡터의 길이=벡터의 norm(노름)=$|\vec{v}|$=$\|\vec{v}\|$ 입니다.

다음 예제를 통해 배워 봅시다.

$\vec{v}$ = [2,3,1]일 때, 단위 벡터를 구해 봅시다.

- 단위 벡터(u) $\dfrac{\text{벡터 }\vec{v}}{\text{벡터 }\vec{v}\text{의 크기}} = \dfrac{\text{벡터 }\vec{v}}{|\vec{v}|} = \dfrac{\text{벡터 }\vec{v}}{\|\vec{v}\|}$ 이기 때문에, 먼저 벡터의 크기를 구합니다.
- 벡터의 크기는 $|\vec{v}| = \|\vec{v}\| = \sqrt{x^2+y^2}$ 이므로 $|\vec{v}| = \sqrt{2^2+3^2+1^2} = \sqrt{14}$
- 단위 벡터(u) = $\left[\dfrac{x}{\sqrt{x^2+y^2}}, \dfrac{y}{\sqrt{x^2+y^2}}\right]$ 공식에 대입하면, $\vec{v}$ = [2,3,1]의

  단위 벡터(u) = $\left[\dfrac{2}{\sqrt{14}}, \dfrac{3}{\sqrt{14}}, \dfrac{1}{14}\right]$

파이썬으로 단위 벡터 구하기

수치연산을 위한 라이브러리 numpy과 선형대수학 연산을 가능하게 하는 linalg(Linear Algebra) 라이브러리를 사용해서 파이썬 코드로 단위 벡터를 구해봅시다.

```
#numpy 라이브러리를 호출합니다.
#numpy는 Numerical Python의 줄임말로 벡터 및 행렬연산할 때 효율적으로 계산 할 수 있
는 함수들이 모아져 있습니다.
#numpy 라이브러리를 사용하여 수치연산을 쉽게 할 수 있습니다.

#linalg(Linear Algebra):선형대수를 위한 라이브러리입니다.
#linalg 라이브러리를 활용해서 numpy과 함께 복잡한 연산을 효율적으로 할 수 있습니다.
import numpy as np
from scipy import linalg
v=np.array([2,3,1])

#단위벡터를 구합니다.
#벡터의 크기 = 벡터의 길이 = 벡터의 norm(노름) = |v⃗| = ‖v⃗‖
#linalg라이브러리에서 제공하는 norm 함수를 이용해서, 벡터의 크기를 구하고, 기존벡터에
 서 벡터의 크기로 나누어 줍니다.
v_hat=v/linalg.norm(v)
print(v_hat)

[0.53452248 0.80178373 0.26726124]
```

연습 문제

연습 01 **$\vec{v}$ = (2, −3)의 단위 벡터를 구한 다음, 파이썬으로 구현해 보세요.**

〈풀이〉

- 단위 벡터$(u) = \dfrac{\text{벡터 } \vec{v}}{\text{벡터 } \vec{v}\text{의 크기}} = \dfrac{\text{벡터 } \vec{v}}{|\vec{v}|} = \dfrac{\text{벡터 } \vec{v}}{\| \vec{v} \|}$ 이기 때문에, 먼저 벡터의 크기를 구합니다.
- 벡터의 크기는 $|\vec{v}| = \| \vec{v} \| = \sqrt{x^2+y^2}$ 이므로 $|\vec{v}| = \sqrt{2^2+(-3)^2} = \sqrt{13}$
- 단위 벡터$(u) = \left[\dfrac{x}{\sqrt{x^2+y^2}}, \dfrac{y}{\sqrt{x^2+y^2}} \right]$ 공식에 대입하면, $\vec{v} = [2 \ -3]$의 단위 벡터$(u) = \left[\dfrac{2}{\sqrt{13}}, \dfrac{-3}{\sqrt{13}} \right]$

〈파이썬 코드〉

```
import numpy as np
from scipy import linalg
v_1=np.array([2,-3])
v_hat01=v_1/linalg.norm(v_1)
print(v_hat01)

[ 0.5547002 -0.83205029]
```

연습 02

$\vec{v}$ = (−2, 4)의 단위 벡터를 구하고, 파이썬으로 구현해 보세요.

〈풀이〉

- 단위 벡터(u) = $\frac{\text{벡터 } \vec{v}}{\text{벡터 } \vec{v} \text{ 의 크기}} = \frac{\text{벡터 } \vec{v}}{|\vec{v}|} = \frac{\text{벡터 } \vec{v}}{\|\vec{v}\|}$ 이기 때문에, 먼저 벡터의 크기를 구합니다.
- 벡터의 크기는 $|\vec{v}| = \|\vec{v}\| = \sqrt{x^2+y^2}$ 이므로 $|\vec{v}|=\sqrt{(-2)^2+4^2} = \sqrt{20}$
- 단위 벡터(u)=$\left[\frac{x}{\sqrt{x^2+y^2}}, \frac{y}{\sqrt{x^2+y^2}}\right]$ 공식에 대입하면,

  $\vec{v}$=[-2 4]의 단위 벡터$(u) = \left[\frac{-2}{\sqrt{20}}, \frac{4}{\sqrt{20}}\right]$

〈파이썬 코드〉

```
import numpy as np
from scipy import linalg
v_2=np.array([-2,4])
v_hat02=v_2/linalg.norm(v_2)
print(v_hat02)

[-0.4472136 0.89442719]
```

연습 03

$\vec{v}$ = (−3, −3)의 단위 벡터를 구하고, 파이썬으로 구현해 보세요.

〈풀이〉

- 단위 벡터(u) = $\frac{\text{벡터 } \vec{v}}{\text{벡터 } \vec{v} \text{ 의 크기}} = \frac{\text{벡터 } \vec{v}}{|\vec{v}|} = \frac{\text{벡터 } \vec{v}}{\|\vec{v}\|}$ 이기 때문에, 먼저 벡터의 크기를 구합니다.
- 벡터의 크기는 $|\vec{v}| = \|\vec{v}\| = \sqrt{x^2+y^2}$ 이므로 $|\vec{v}|=\sqrt{(-3)^2+(-3)^2} = \sqrt{18}$
- 단위 벡터(u)=$\left[\frac{x}{\sqrt{x^2+y^2}}, \frac{y}{\sqrt{x^2+y^2}}\right]$ 공식에 대입하면, $\vec{v}$=[-3 -3]의 단위 벡터(u)=$\left[\frac{-3}{\sqrt{18}}, \frac{-3}{\sqrt{18}}\right]$

〈파이썬 코드〉

```
import numpy as np
from scipy import linalg
v_3=np.array([-3,-3])
v_hat03=v_3/linalg.norm(v_3)
print(v_hat03)

[-0.70710678 -0.70710678]
```

위치 벡터

벡터의 시작점은 좌표 평면의 어느 곳에서도 위치할 수 있습니다. 아래 그림 6-11을 보면, 벡터($\vec{a}$)과 벡터($\vec{b}$)는 모두 원점을 지나고 있지 않습니다. 벡터는 시작점의 절대적 위치가 중요하지 않으며, 크기와 방향이 같으면 두 개의 벡터가 같은 벡터입니다. 즉, 좌표 평면에서 벡터의 위치를 옮겨도 무관하며, 기존의 벡터와 크기와 방향만 같다면 동일한 벡터라는 특징을 반영한 것이 바로 위치 벡터의 개념입니다.

그림 6-11의 왼쪽 좌표에서, 벡터($\vec{a}$)를 x축으로 2만큼 옮기면 그림 6-11의 오른쪽 좌표와 같이 원점을 지나는 벡터가 됩니다. 이와 같이 위치 벡터는 그림 6-11의 오른쪽 좌표처럼 원점을 지나는 벡터를 의미합니다.

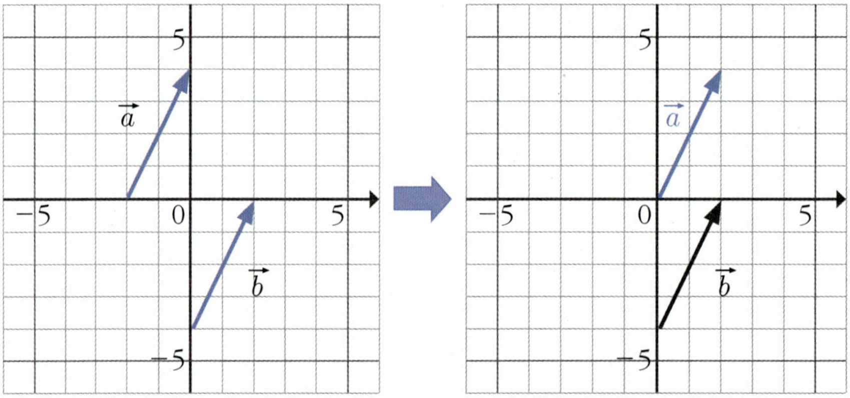

그림 6-11. 위치 벡터 만들기 : 벡터($\vec{a}$)를 원점으로 이동

위의 그림 6-11처럼 좌표 평면에서 벡터를 이동시키는 방법으로도 위치 벡터를 쉽게 구할 수 있지만, 아래와 같이 벡터의 뺄셈 연산을 이용해서도 위치 벡터를 구할 수 있습니다

1. 원점 벡터를 시작점으로 한 벡터를 표현합니다.
2. 벡터의 뺄셈 연산을 합니다.
3. 위치 벡터 성분을 구합니다.

다음 예제를 통해 뺄셈 연산을 이용해서 위치 벡터를 구하는 방법을 익혀봅시다.

아래 그림6-12의 벡터($\vec{a}$)는 시작점이 원점이 아닌 벡터입니다. 이 벡터의 위치 벡터 성분을 한번 구해 봅시다.

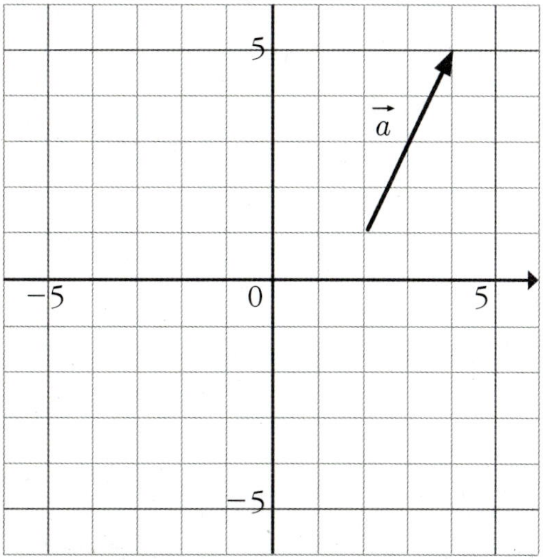

그림 6-12. 위치 벡터 성분 구하기 예제

❶ 그림 6-12의 벡터를 원점(0,0)이 시작점이고, 끝점이 $A_1(2,1)$, $A_2(4,5)$인 두 개의 벡터로 좌표 평면에 표현합니다.

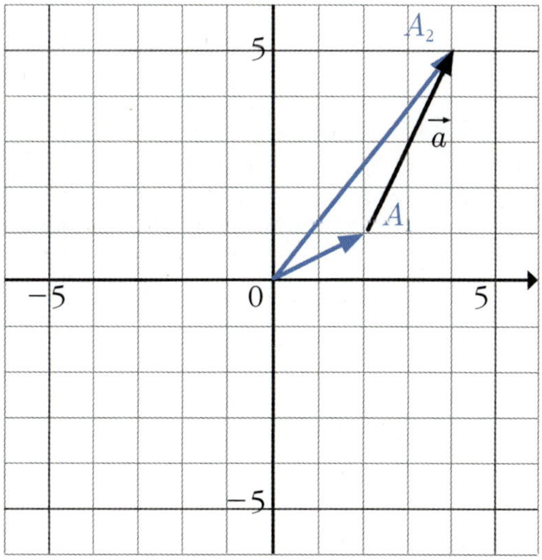

그림 6-13. 원점을 지나는 벡터 만들기

② 벡터의 뺄셈 연산을 합니다. $\overrightarrow{A_1A_2} = \overrightarrow{OA_2} - \overrightarrow{OA_1}$을 계산하면, $\vec{a} = (4,5) - (2,1) = (2,4)$ 가 됩니다.

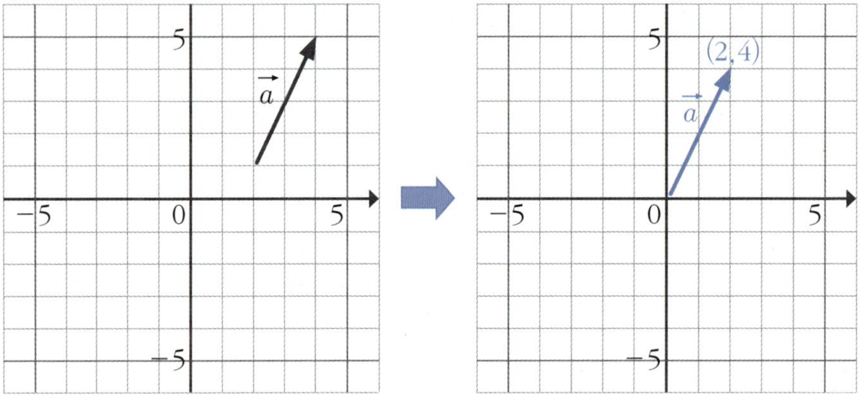

그림 6-14. $\vec{a}$의 위치 벡터 성분은 (2,4)입니다.

연습 문제

연습 01

벡터($\vec{b}$)의 위치 벡터 성분을 구하세요

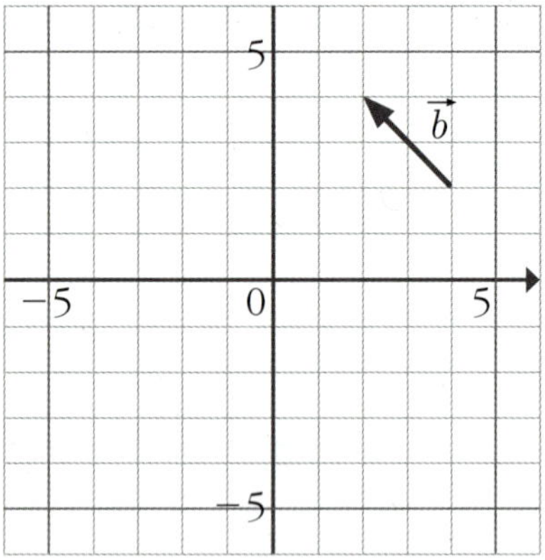

〈풀이〉

1. 원점 (0,0)이 시작점이고, 끝점이 $A_1(4,2)$, $A_2(2,4)$인 두 개의 벡터를 좌표에 그립니다.

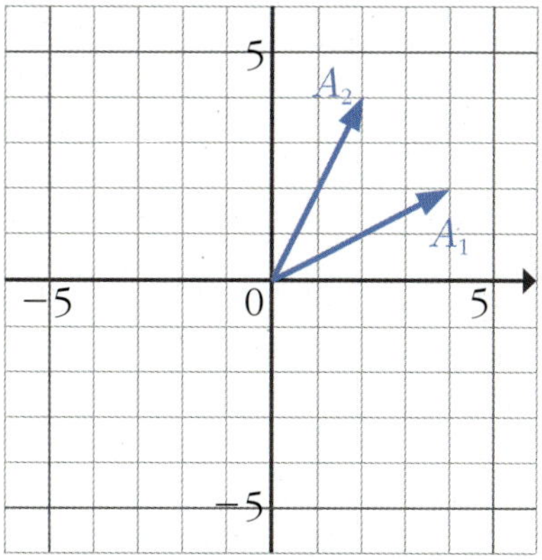

그림 6-15. 원점을 지나는 벡터 만들기

2. 벡터의 뺄셈 연산을 합니다. $\overrightarrow{A_1A_2}=\overrightarrow{OA_2}-\overrightarrow{OA_1}$을 계산하면, $\vec{b}$=(2,4)-(4,2)=(-2,2)가 됩니다.

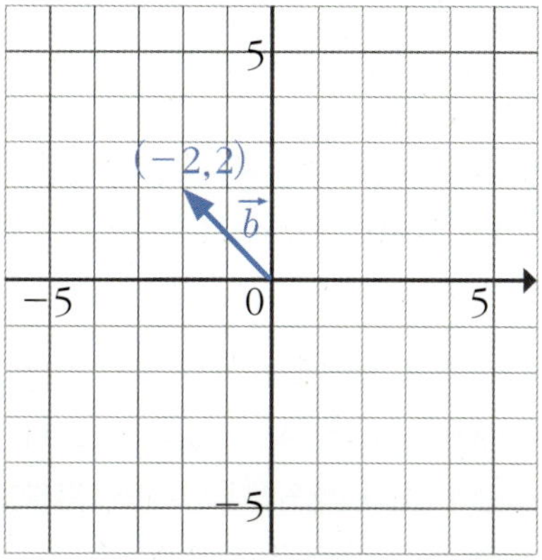

그림 6-16. 위치 벡터 성분은 (−2,2) 입니다.

영 벡터

영 벡터는 모든 벡터 성분이 0으로 구성된 벡터입니다. 벡터의 시작점과 끝점이 모두 0으로, 원점 한 개를 가리키는 벡터입니다.

벡터의 정의는 크기와 방향이 있는 선분입니다. 그럼 영 벡터는 무엇을 의미할까요?

영 벡터는 모든 방향으로 뻗어 나갈 수 있으며, 크기는 0인 벡터를 의미합니다.

벡터(vector)

영 벡터(zero vector)

표기는 다음과 같습니다.

$$\vec{0},\ \begin{bmatrix}0\\0\end{bmatrix},\ [0\ 0]$$

영 벡터는 크기가 0이고, 모든 방향을 갖습니다. 모든 방향을 향하기 때문에 다음과 같은 특징을 갖습니다.

- 모든 벡터와 평행입니다.
- 어떤 벡터와도 같은 직선에 있을 수 있고, 어떤 벡터와도 수직일 수 있습니다.
- 덧셈과 뺄셈의 항등원입니다. 여기서 항등원이란 어떤 수에 대하여 연산을 한 결과가 처음의 수와 같도록 만들어 주는 수를 의미합니다.

파이썬으로 영 벡터 구하기

파이썬을 사용해서 영 벡터를 구해 봅시다.

```
#numpy 라이브러리를 호출합니다.
#numpy는 Numerical Python의 줄임말로 벡터 및 행렬연산할 때 효율적으로 계산할 수 있는 함
 수들이 모아져 있습니다.
#numpy 라이브러리를 사용하여 수치연산을 쉽게 할 수 있습니다.
```

```
import numpy as np

#zeros()함수를 사용하여 0으로 채워지는 벡터를 만들 수 있습니다.
#np.zeros(4)는 0으로 4행을 채웁니다.
np.zeros(4)

array([0., 0., 0., 0.])
```

벡터 연산을 위해서 영 벡터([0 0])는 왜 필요할까요? 다음 장에서 배우는 선형 결합(Linear Combination)을 통해 만들어지는 벡터 가운데 영 벡터가 있을 수 있는데, 선형 결합은 벡터를 스칼라(숫자 한 개)와 곱하거나 벡터 사이에 덧셈을 조합하여 새로운 벡터를 만드는 연산입니다. 이때 영 벡터를 연산에 포함하지 않으면, 벡터 공간 내에서 선형 결합을 만들 수 없습니다.

$$\begin{bmatrix}0\\0\end{bmatrix}=1\begin{bmatrix}2\\3\end{bmatrix}+1\begin{bmatrix}-2\\-3\end{bmatrix}$$

잠깐만요

항등원(identity)에서 '항등'은 '항상 같다'는 의미이고, '원'은 원소를 뜻합니다. 임의의 수에 어떤 연산을 한 후에도 처음의 수 그대로 나오게 하는 수를 '항등원'이라고 합니다.

예를 들어 '1 + 0 = 1'라는 식이 있을 때, 원소 1에 대해 실수 가운데 0을 더하면, 항상 1 가 그대로 나오기 때문에, 덧셈에서 항등원은 0이 되고, 곱셈에서의 항등원은 어떤 수에 실수를 곱해도 항상 같은 수가 나오는 실수 1이기 때문에 곱셈에서의 항등원은 1입니다.

2.5 데이터사이언스에서 벡터의 활용

예제 1

데이터사이언스에서 벡터는 숫자의 집합 및 배열이라고 볼 수 있습니다. IT 회사의 HR 테이블을 이용해 다시 한번 자세하게 살펴보겠습니다.

표 6-1. IT 회사의 HR 테이블

사번	프로젝트 수	업무 만족도	업무시간 (일일)	평가	급여(연) (단위100만원)	이직유무	연봉	직군
1110960	1	0.8	8	0.8	56	0	Low	Accounting
1110961	3	0.5	10	0.6	60	1	Low	IT
1110962	3	0.5	10	0.9	75	1	Medium	HR
1110963	2	0.6	8.5	0.9	85	0	High	IT
1110964	3	0.2	11	0.9	70	1	Medium	IT
..	..	..	..	..			..	..

위의 표에서 이직 유무는 0과 1로 표현합니다. 0은 실제 이직한 사람을 의미합니다.

벡터는 숫자의 집합이므로, 표 6-1에서 연봉과 직군을 숫자로 변환하여 숫자 기반의 테이블을 먼저 만듭니다. 연봉의 'low'는 1, 'Medium'는 2, 'High'는 3으로 표현하며, 직군 역시 숫자로 변환합니다. 'Accounting'은 1, 'IT'는 2, 'HR'은 3으로 표현합니다. 표 6-2는 표 6-1의 문자를 숫자로 변환한 테이블입니다.

표 6-2. IT 회사의 HR 테이블을 숫자의 테이블로 변환

사번	프로젝트 수	업무 만족도	업무시간 (일일)	평가	급여(연) (단위100만원)	이직유무	연봉	직군
1110960	1	0.8	8	0.8	56	0	1	1
1110961	3	0.5	10	0.6	60	1	1	2
1110962	3	0.5	10	0.9	75	1	2	3
1110963	2	0.6	8.5	0.9	85	0	3	2
1110964	3	0.2	11	0.9	70	1	2	2
..	..	..	..	..			..	..

1110960 사번에 해당하는 사람에 대한 특성을 벡터로 표현하면 [1, 0.8, 8, 0.8, 56, 0, 1, 1]로 나타낼 수 있으며, 데이터사이언스에서 이와 같은 벡터를 특성 벡터라고 합니다.

예제 2

데이터사이언스에서 벡터는 클러스터링(clustering, 군집)을 만들 때 사용합니다. 클러스터링이란 데이터들의 특성을 살펴보고 유사한 데이터를 군집으로 정의하는 것을 의미합니다.

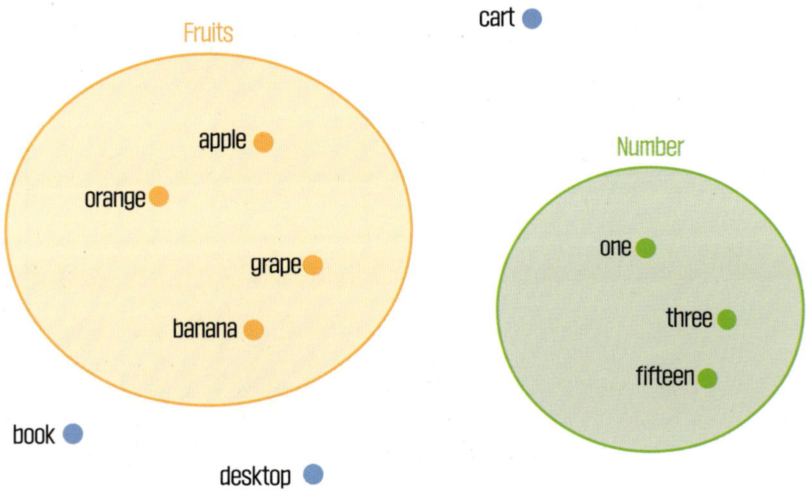

그림 6-17. 단어 의미 클러스터링의 벡터화

데이터가 총 열 개로 구성되어 있을 때, 단어 의미가 유사한 단어끼리 분류하여 군집화할 수 있습니다. 위의 그림 6-17에서는 {apple, orange, grape, banana}를 과일(Fruits)로 클러스터링을 할 수 있는데, 벡터화를 하기 위해서는 숫자로 표기하여야 하기 때문에, 과일은 '1'로 설정하여 벡터화하고 {one, three, fifteen}은 숫자(Number)로 클러스터링이 가능하므로 숫자 '2'로 설정하여 벡터화합니다. 즉, 무작위로 숫자를 부여하는 것이 아니라 의미를 고려하여 숫자를 적용하고 이를 벡터로 변환하는 것을 데이터의 특성 벡터라고 합니다.

| 7장 |

벡터의 특성

학습 목표

벡터의 특성과 벡터 공간에 대해서 배웁니다.

1 〉 선형 결합

선형대수학은 벡터 공간 및 벡터의 1차 변환에 관한 이론을 연구하는 수학의 한 부문이기 때문에 데이터를 다루는 머신러닝과 인공신경망과 같은 딥러닝을 공부하는데 있어서 매우 중요합니다. 특히 우리를 둘러싼 3차원의 직교좌표계의 공간을 나타내는 벡터를 수식으로 표현하기 위해 선형대수학이 필요합니다.

이번 장에서 다룰 선형 결합(Linear Combination)은 선형대수학에서 자주 사용하는 개념으로, 벡터의 스칼라 곱과 덧셈을 조합하여 새로운 벡터를 얻는 연산입니다.

선형 결합에 이어서 배우는 선형 종속, 선형 독립도 3차원 벡터 공간에서 벡터 집합을 표현하기 위해 필요한 개념입니다. 종속 관계에 있다는 말은 하나가 다른 하나에 속해 있다고 볼 수 있는데, 두 벡터에서 하나의 벡터로 다른 벡터를 나타낼 수 있다면 그것이 바로 종속이라고 할 수 있습니다. 하나의 벡터를 절반 혹은 두 배 길게 만들면 다른 하나의 벡터가 되는 방식과 같이 말이죠.

독립이라는 단어도 별개라는 의미를 내포하고 있기 때문에 한 벡터가 다른 벡터를 표현하지 못하는 경우를 가리킨다고 할 수 있습니다. 즉 하나의 벡터를 아무리 길게 늘리거나, 짧게 줄이거나, 방향을 바꾸어도 다른 벡터를 나타내지 못하는 것이죠.

따라서 선형 종속은 벡터들이 종속되어 있기 때문에, 벡터의 삭제 시에도 아무것이나 삭제할 수 없지만, 선형 독립은 벡터가 독립되어 있어서 벡터들 가운데 하나를 제거해도 됩니다.

잠깐만요

스칼라는 숫자 하나로 구성된 데이터입니다. 즉 숫자 하나를 의미합니다.

선형 결합(Linear Combination)은 벡터의 스칼라 곱과 덧셈을 조합하여 새로운 벡터를 얻는 연산입니다.

선형 결합은 두 벡터 $\vec{a} = \begin{bmatrix} a_1 \\ a_2 \end{bmatrix}, \vec{b} = \begin{bmatrix} b_1 \\ b_2 \end{bmatrix}$가 있을 때, 두 벡터에 임의의 실수($c_1$, c_2)를 곱한 후, 합해서 벡터를 만드는 연산을 의미합니다.

$$c_1\vec{a} + c_2\vec{b} = \begin{bmatrix} c_1a_1 & c_2b_1 \\ c_1a_2 & c_2b_2 \end{bmatrix}, \vec{a}, \vec{b} \text{ 는 선형 결합}(c_1,\ c_2 : \text{상수})$$

선형 결합을 이해하기 위해서 다음의 예제를 살펴봅시다.

예제

벡터 $\vec{a} = \begin{bmatrix} 2 \\ 1 \end{bmatrix}, \vec{b} = \begin{bmatrix} 3 \\ 2 \end{bmatrix}$일 때, $2\vec{a} + (-2)\vec{b}$ 를 구하세요.

$$2\vec{a} + (-2)\vec{b} = 2\begin{bmatrix} 2 \\ 1 \end{bmatrix} + (-2)\begin{bmatrix} 3 \\ 2 \end{bmatrix} = \begin{bmatrix} 4 \\ 2 \end{bmatrix} + \begin{bmatrix} -6 \\ -4 \end{bmatrix} = \begin{bmatrix} -2 \\ -2 \end{bmatrix}$$

두 벡터 $\vec{a} = \begin{bmatrix} 2 \\ 1 \end{bmatrix}, \vec{b} = \begin{bmatrix} 3 \\ 2 \end{bmatrix}$에 임의의 실수(2, −2)를 곱한 후 더해서, 새로운 벡터 $\begin{bmatrix} -2 \\ -2 \end{bmatrix}$를 만들 수 있습니다.

좌표로 확인해 보겠습니다.

❶ 먼저 두 벡터 $\vec{a} = \begin{bmatrix} 2 \\ 1 \end{bmatrix}, \vec{b} = \begin{bmatrix} 3 \\ 2 \end{bmatrix}$에 임의의 실수(2, −2)를 곱합니다.

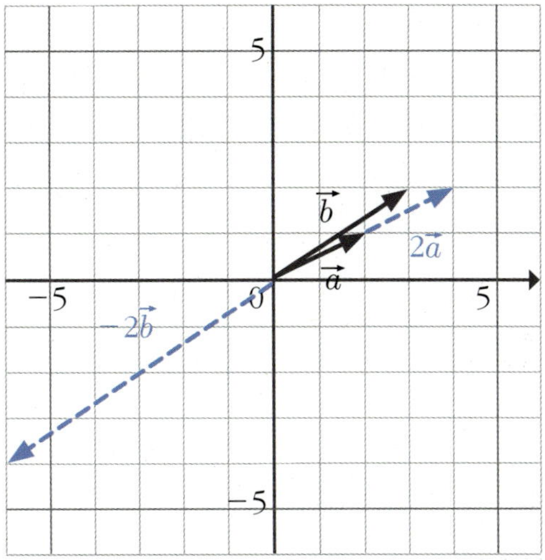

그림 7-1. 선형 결합 1 : 벡터와 상수의 곱

❷ 두 벡터의 합은 두 벡터가 이루는 평행사변형의 대각선과 일치합니다. 평행사변형의 대각선을 그어 봅니다.

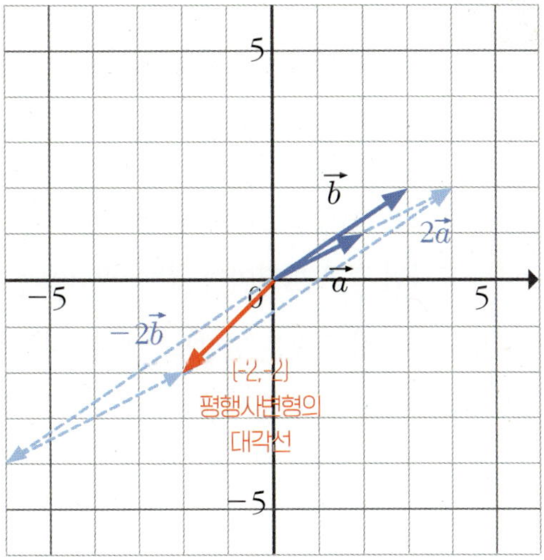

그림 7-2. 두 벡터의 합은 평행사변형의 대각선

수식으로 구한 새로운 벡터 $\begin{bmatrix} -2 \\ -2 \end{bmatrix}$를 똑같이 구할 수 있습니다.

파이썬으로 선형 결합 구하기

선형 결합을 파이썬 코드로 나타내면 다음과 같습니다.

```
#numpy 라이브러리를 호출합니다.
#numpy는 Numerial Python의 줄임말로 벡터 및 행렬연산할 때 효율적으로 계산할 수 있는 함수들
 이 모아져 있습니다.
#numpy 라이브러리를 사용하여 수치연산을 쉽게할 수 있습니다.

import numpy as np

#a, b 변수에 리스트 형태 배열을 지정합니다. 즉, 벡터를 만들어 주는 것입니다.
a = np.array([2, 1])
b = np.array([3, 2])

c = (2*a)+((-2)*b)
print(c)

[-2  -2]
```

벡터는 R^2(2차원 좌표평면)에 닫혀 있고, 벡터의 곱 역시 R^2에 닫혀 있습니다. 벡터의 스칼라 곱과 덧셈의 조합인 선형 결합 역시 R^2에 닫혀 있습니다.

잠깐만요

여기서 닫혀 있다는 말은 필요충분 조건이라는 의미와 같습니다.

벡터는 크기와 방향이 중요하고 절대적인 위치는 중요하지 않습니다. 즉, 크기와 방향이 같다면 같은 벡터이며, 좌표 평면에서 자유롭게 이동할 수 있습니다.

벡터에 상수를 곱해도 같은 방향으로 뻗어 나가기 때문에, 벡터와 상수의 곱 역시 좌표 평면에 존재하게 됩니다. 즉 우리는 벡터에 상수 배를 해서 늘어난 벡터의 생성(span) 역시 좌표 평면(R^2)에 닫혀 있다고 말할 수 있습니다. 이때 벡터들의 선형 결합으로 나타낼 수 있는 모든 벡터의 생성을 span이라고 합니다.

벡터의 합과 벡터와의 상수 곱이 R^2에 닫혀 있다는 것은 "R^2에 표현할 수 있습니다."는 것과 같은 의미입니다.

따라서, 벡터의 스칼라 곱과 덧셈을 조합하여 새로운 벡터를 생성(span)하는 선형 결합 역시 R^2에 닫혀 있다고 할 수 있으며, 다음과 같이 표기합니다.

$$span(\vec{a}, \vec{b}) = R^2$$

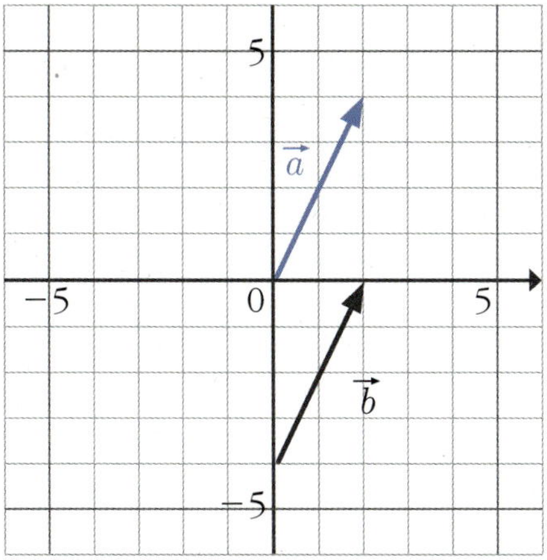

(a) 벡터의 이동

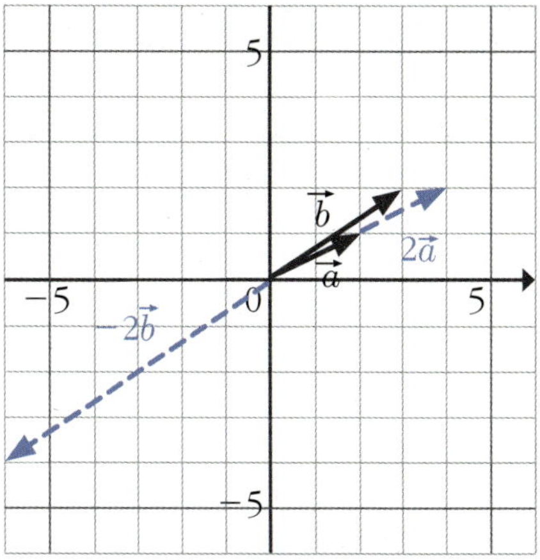

(b) 벡터와 상수의 곱

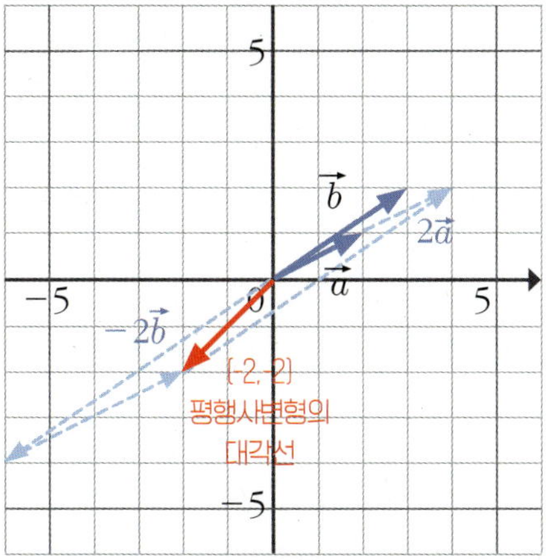

(c) 벡터의 합

그림 7-3. 벡터의 이동 및 벡터와 상수의 곱, 그리고 벡터의 합

잠깐만요

본문에서 자주 언급되는 R^2란 무엇일까요?

- R^2 : x축과 y축으로 이루어진 2차원 벡터 공간($\begin{bmatrix} a_1 \\ a_2 \end{bmatrix}$), 즉 좌표평면을 의미합니다.
- R^3은 3차원 벡터 공간($\begin{bmatrix} a_1 \\ a_2 \\ a_3 \end{bmatrix}$)을 의미합니다.
- 결국 R^n은 n차원 벡터 공간(n-dimensional vector space)입니다.

BASIC MATHEMATIC

2 〉 선형 독립

선형 독립(Linearly Independent)을 수식으로 간단히 정리하면, $c_1a_1+c_2a_2+c_3a_3+c_4a_4\cdots=0$을 만족하는 c가 모두 0 ($c_1=c_2=c_3=c_4=\cdots=0$)일 때를 의미합니다. 다른 말로 풀어보면, $c_1=c_2=c_3=c_4=\cdots=0$이라면 a_1, a_2, a_3, $a_4\cdots$는 선형 독립입니다.

예제 1

선형 독립에 대해 좀더 자세히 이해하기 위해 다음의 예제를 살펴봅시다.

$\vec{a}=\begin{bmatrix}2\\1\end{bmatrix}, \vec{b}=\begin{bmatrix}3\\2\end{bmatrix}$에 임의의 실수 c_1, c_2(스칼라)를 곱해 봅시다.

$$c_1\vec{a}+c_2\vec{b}=c_1\begin{bmatrix}2\\1\end{bmatrix}+c_2\begin{bmatrix}3\\2\end{bmatrix}=\begin{bmatrix}2c_1+3c_2\\c_1+2c_2\end{bmatrix}$$

만약, $c_1\vec{a}+c_2\vec{b}$가 선형 독립이라면, 다음 식이 성립해야 합니다.

$$\begin{bmatrix}2c_1+3c_2\\c_1+2c_2\end{bmatrix}=\begin{bmatrix}0\\0\end{bmatrix}$$

$$2c_1+3c_2=0$$
$$c_1+2c_2=0$$

두 선형 방정식을 풀어 보면, 아래와 같습니다.

$$\begin{array}{r}2c_1+3c_2=0\\-\ \ 2c_1+4c_2=0\\\hline c_2=0\end{array}$$

따라서, $c_2=0$이 성립하며, $c_2=0$을 선형방정식에 대입하면, $c_1=0$이 됩니다.

$c_1=c_2=0$이므로, 두 벡터 $\vec{a}=\begin{bmatrix}2\\1\end{bmatrix}$, $\vec{b}=\begin{bmatrix}3\\2\end{bmatrix}$는 선형 독립입니다.

예제 2

다음의 또 다른 예제를 보면서 선형 독립을 이해해 봅시다.

R^3(3차원 벡터 공간)에 있는 세 개의 벡터 $\begin{bmatrix}1\\0\\0\end{bmatrix}$, $\begin{bmatrix}0\\1\\0\end{bmatrix}$, $\begin{bmatrix}0\\0\\1\end{bmatrix}$가 서로 선형 독립이라는 사실을 확인해 봅시다.

선형 독립인지 아닌지 확인하려면, 선형 독립의 조건인 스칼라 곱의 합을 직접 해 보면 알 수 있습니다. 즉, $c_1a_1+c_2a_2+c_3a_3+c_4a_4\cdots=0$을 만족하는 c가 모두 0($c_1=c_2=c_3=c_4=\cdots$.)인지 확인하면 됩니다.

❶ $\begin{bmatrix}1\\0\\0\end{bmatrix}$, $\begin{bmatrix}0\\1\\0\end{bmatrix}$, $\begin{bmatrix}0\\0\\1\end{bmatrix}$과 임의의 실수 c_1, c_2, c_3(스칼라)을 곱한 후 벡터를 더한 값을 0 벡터로 만드는 방정식을 먼저 만듭니다.

$$c_1\begin{bmatrix}1\\0\\0\end{bmatrix}+c_2\begin{bmatrix}0\\1\\0\end{bmatrix}+c_3\begin{bmatrix}0\\0\\1\end{bmatrix}=\begin{bmatrix}0\\0\\0\end{bmatrix}$$

❷ 0 벡터로 표현한 다음, 다시 선형 방정식으로 표현하면, 아래와 같습니다.

$$c_1+0c_2+0c_3=0$$
$$0c_1+c_2+0c_3=0$$
$$0c_1+0c_2+c_3=0$$

위의 조건을 성립하려면, $c_1=c_2=c_3=0$ 이므로, 세 개의 벡터는 선형 독립입니다.

3 〉 선형 종속

선형 종속(Linearly dependent)을 수식으로 간단히 정리하면, $c_1a_1 + c_2a_2 + c_3a_3 + c_4a_4 \cdots = 0$을 만족하는 $c_1, c_2, c_3, c_4 \cdots c_n$ 이 0이 아닐 때, $a_1, a_2, a_3, a_4 \cdots$ 는 선형 종속이라고 합니다.

선형 종속이 될 수 있는 조건에 대해서 살펴봅시다.

> **첫번째 조건**은 $V=\{v_1, v_2, v_3, \cdots, v_n\}$, v_n은 벡터라고 할 때, V에 속하는 벡터 가운데 적어도 하나는 다른 벡터의 선형 결합으로 표현할 수 있어야 합니다.

이때 선형 결합(Linear Combination)은 벡터의 스칼라 곱과 덧셈을 조합하여 새로운 벡터는 얻는 연산을 의미합니다.

예제 1

다음 예제를 통해서 선형 종속에 대해 좀 더 자세히 이해해 봅시다.

$V=\left\{\begin{bmatrix}2\\1\end{bmatrix}, \begin{bmatrix}4\\2\end{bmatrix}\right\}$ 안의 2개의 벡터가 선형 종속인지, 아닌지 알 수 있는 방법은 무엇일까요?

벡터 $\begin{bmatrix}2\\1\end{bmatrix}$에 임의의 실수 2를 곱한 후(벡터의 스칼라 곱), 영 벡터 $\begin{bmatrix}0\\0\end{bmatrix}$을 더해서(덧셈) 새로운 벡터 생성(span)을 하면, 벡터 $\begin{bmatrix}4\\2\end{bmatrix}$가 만들어집니다.

$V=\left\{\begin{bmatrix}2\\1\end{bmatrix}, \begin{bmatrix}4\\2\end{bmatrix}\right\}$ 안에 속하는 벡터 중 적어도 하나($\begin{bmatrix}4\\2\end{bmatrix}$)는 다른 벡터 $\begin{bmatrix}2\\1\end{bmatrix}$의 선형 결합으로 표현할 수 있다는 정의에 따라서 해당 벡터가 선형 종속이라는 것을 알 수 있습니다.

위의 내용을 좌표 평면으로 나타내면, $\begin{bmatrix}2\\1\end{bmatrix}$의 선형 결합으로 만들어진 $\begin{bmatrix}4\\2\end{bmatrix}$는 동일한 직선에 표현됩니다.

> 선형 종속의 **두 번째 조건**은 두 벡터가 선형 종속이라면, 두 벡터는 동일한 직선상에 있다는 것입니다.

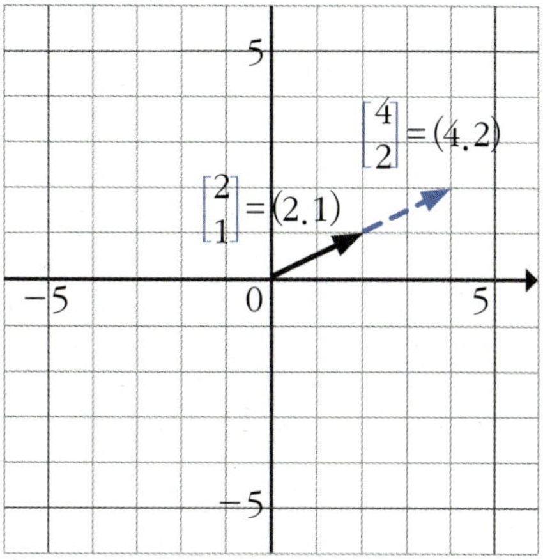

그림 7-4. 두 벡터의 선형 종속

> 선형 종속의 **세 번째 조건**은 세 벡터가 선형 종속이라면, 하나의 벡터는 나머지 두 벡터가 이루는 평행사변형의 대각선과 일치한다는 것입니다.

예제 2

다음 예제를 통해 선형 종속 세 번째 조건에 대해서 이해해 봅시다.

$V=\left\{\begin{bmatrix}2\\1\end{bmatrix},\begin{bmatrix}3\\2\end{bmatrix},\begin{bmatrix}5\\3\end{bmatrix}\right\}$ 안의 3개의 벡터가 선형 종속인지, 아닌지 알 수 있는 방법은 무엇인지 살펴봅시다.

벡터 $\begin{bmatrix}2\\1\end{bmatrix}$에 벡터 $\begin{bmatrix}3\\2\end{bmatrix}$을 더하면 새로운 벡터 $\begin{bmatrix}5\\3\end{bmatrix}$의 벡터가 만들어집니다.

$V=\left\{\begin{bmatrix}2\\1\end{bmatrix},\begin{bmatrix}3\\2\end{bmatrix},\begin{bmatrix}5\\3\end{bmatrix}\right\}$ 안에 속하는 벡터 중 하나($\begin{bmatrix}5\\3\end{bmatrix}$)는 다른 두개의 벡터 $\begin{bmatrix}2\\1\end{bmatrix}$와 벡

터 $\begin{bmatrix}3\\2\end{bmatrix}$의 선형 결합으로 표현할 수 있다는 정의에 따라서 해당 벡터는 선형 종속이라고 할 수 있습니다.

위의 내용을 좌표 평면으로 나타내면, $\begin{bmatrix}2\\1\end{bmatrix}$와 $\begin{bmatrix}3\\2\end{bmatrix}$의 선형결합으로 만들어진 $\begin{bmatrix}5\\3\end{bmatrix}$는 두 벡터가 이루는 평행사변형의 대각선과 일치한다는 것을 알 수 있습니다.

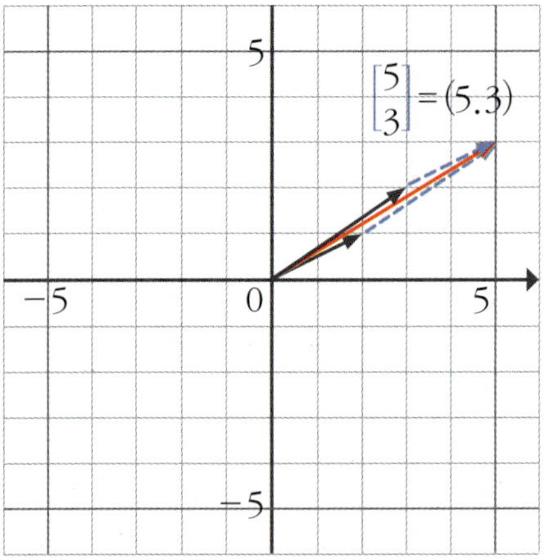

그림 7-5. 세 벡터의 선형 종속

위의 그림 7-5와 같이 선형 종속의 세 번째 조건은 세 벡터가 선형 종속이라면, 하나의 벡터는 나머지 두 벡터가 이루는 평행사변형의 대각선과 일치한다는 것입니다.

연습 문제

연습 01 $\left\{\begin{bmatrix}2\\1\end{bmatrix}, \begin{bmatrix}1\\4\end{bmatrix}, \begin{bmatrix}3\\6\end{bmatrix}\right\}$ **은 선형 독립인지, 선형 종속인지 확인해 보세요.**

〈풀이〉

벡터 $\begin{bmatrix}2\\1\end{bmatrix}$에 벡터 $\begin{bmatrix}1\\4\end{bmatrix}$을 더하면 새로운 벡터 $\begin{bmatrix}3\\5\end{bmatrix}$의 벡터가 만들어지며, 선형 종속의 조건에 따르면, $V = \left\{\begin{bmatrix}2\\1\end{bmatrix}, \begin{bmatrix}1\\4\end{bmatrix}, \begin{bmatrix}3\\6\end{bmatrix}\right\}$ 안에 속하는 벡터 중 하나($\begin{bmatrix}3\\6\end{bmatrix}$)는 다른 두 개의 벡터 $\begin{bmatrix}2\\1\end{bmatrix}$와 벡터 $\begin{bmatrix}3\\2\end{bmatrix}$의 합으로 표현할 수 있어야 하는데, 두 벡터의 합은 $\begin{bmatrix}3\\5\end{bmatrix}$이므로 $\begin{bmatrix}3\\6\end{bmatrix}$와 다르기 때문에 선형 종속이 아닙니다.

좌표 평면으로 나타내면, $\begin{bmatrix}2\\1\end{bmatrix}$와 $\begin{bmatrix}1\\4\end{bmatrix}$의 선형결합으로 만들어진 $\begin{bmatrix}3\\6\end{bmatrix}$는 두 벡터가 이루는 평행사변형의 대각선과 일치하지 않습니다. 평행사변형의 대각선이 되려면, $\begin{bmatrix}3\\5\end{bmatrix}$가 되어야 합니다.

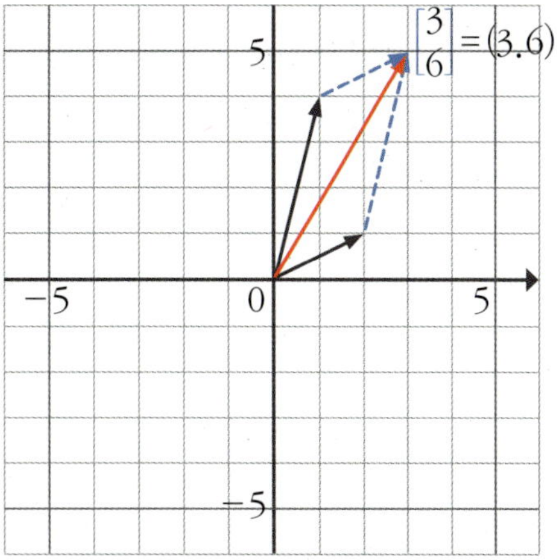

연습 02 $\left\{\begin{bmatrix}4\\2\end{bmatrix}, \begin{bmatrix}2\\1\end{bmatrix}\right\}$ **은 선형 독립인지 아니면 선형 종속인지 확인해 보세요.**

〈풀이〉

벡터 $\begin{bmatrix}2\\1\end{bmatrix}$에 임의의 실수 2를 곱한 후, 영 벡터 $\begin{bmatrix}0\\0\end{bmatrix}$을 더해서 새로운 벡터 생성(span)을 합니다. 이때 만들어진 벡터가 $\begin{bmatrix}4\\2\end{bmatrix}$입니다. 선형 종속의 조건 정의를 들어서 다시 표현하면, $\left\{\begin{bmatrix}4\\2\end{bmatrix}, \begin{bmatrix}2\\1\end{bmatrix}\right\}$ 안에 속하는 벡터 가운데 적어도 하나($\begin{bmatrix}4\\2\end{bmatrix}$)는 다른 벡터 $\begin{bmatrix}2\\1\end{bmatrix}$의 선형결합으로 표현할 수 있으며, 따라서 해당 벡터는 선형 종속입니다.

위의 내용을 좌표평면으로 나타내면, $\begin{bmatrix}2\\1\end{bmatrix}$의 선형결합으로 만들어진 $\begin{bmatrix}4\\2\end{bmatrix}$는 동일한 직선에 표현되기 때문에 $\left\{\begin{bmatrix}4\\2\end{bmatrix}, \begin{bmatrix}2\\1\end{bmatrix}\right\}$은 선형 종속의 두 번째 조건에 의해 선형 종속이라고 할 수 있습니다.

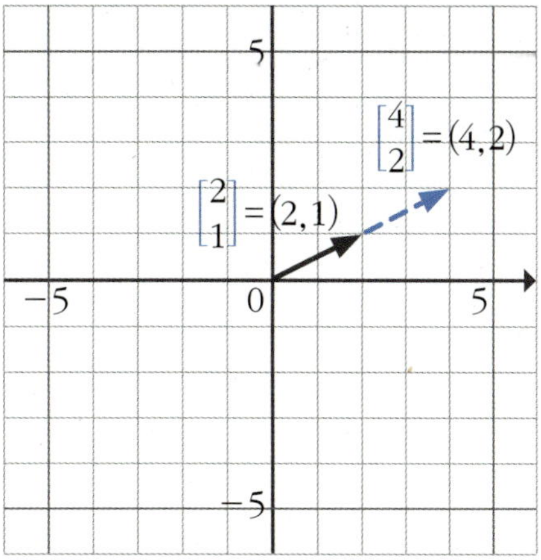

연습 03 $\left\{\begin{bmatrix}0\\2\end{bmatrix}, \begin{bmatrix}2\\0\end{bmatrix}\right\}$**은 선형 독립인지, 선형 종속인지 확인해 보세요.**

〈풀이〉

벡터 $\begin{bmatrix}0\\2\end{bmatrix}$에 어떤 임의의 실수를 곱해서, 영 벡터 $\begin{bmatrix}0\\0\end{bmatrix}$을 더해도 $\begin{bmatrix}2\\0\end{bmatrix}$을 만들 수 없기 때문에 선형 종속이 아닌, 선형 독립입니다. 위의 벡터를 다음과 같이 방정식으로 만들어 보겠습니다.

$$\begin{bmatrix}0c_1+2c_2\\2c_1+0c_2\end{bmatrix}=\begin{bmatrix}0\\0\end{bmatrix}$$

$$0c_1+2c_2=0$$

$$2c_1+0c_2=0$$

두 선형 방정식을 풀면, 아래와 같이 나타낼 수 있습니다.

$$0c_1=-2c_2$$

$$c_1=c_2=0$$

결국 $c_1=c_1=0$이기 때문에, 벡터 $\left\{\begin{bmatrix}0\\2\end{bmatrix}, \begin{bmatrix}2\\0\end{bmatrix}\right\}$는 선형 독립입니다.

잠깐만요

이쯤에서 우리는 앞에서 배운 선형 결합을 다시 한번 정리할 필요가 있습니다.

선형 결합(Linear Combination)은 벡터의 스칼라 곱과 덧셈을 조합하여 새로운 벡터를 얻는 연산입니다.

선형 독립(Linearly Independent)의 조건은 $c_1a_1+c_2a_2+c_3a_3+c_4a_4\cdots=0$을 만족하는 c가 모두 0($c_1=c_2=c_3=c_4=\cdots=0$)일 때를 의미합니다.

선형 종속(Linearly dependent)은 $c_1a_1+c_2a_2+c_3a_3+c_4a_4\cdots=0$을 만족하는 c_1, c_2, c_3, $c_4\cdots c_n$이 0이 아닐 때, a_1, a_2, a_3, $a_4\cdots$는 선형 종속이라고 하는데, 다음의 세 가지 조건을 갖고 있습니다.

선형 종속의 조건 1

$V=\{v_1, v_2, v_3, \ldots, v_n\}$, v_1은 벡터입니다. V에 속하는 벡터 가운데 적어도 하나는 다른 벡터의 선형 결합으로 표현할 수 있어야 합니다.

선형 종속의 조건 2

두 벡터가 선형 종속이라면, 두 벡터는 동일한 직선상에 있습니다.

선형 종속의 조건 3

세 벡터가 선형 종속이라면, 하나의 벡터는 나머지 두 벡터가 이루는 평행사변형의 대각선과 일치합니다.

4 〉 벡터 공간

데이터사이언스를 공부하다 보면, SVM(Support Vector Machine) 모델을 종종 접하게 되는데, 인공지능에 쓰이는 대표적인 분류 알고리즘 가운데 분류 정확도가 좋은 모델 가운데 하나입니다.

SVM은 데이터를 분류하기 위해, 최대 마진 평면(Maximum Margin Hyper-plane, MMH)을 사용합니다. 평면에서 나누어지지 않은 데이터를 차원을 올려서 공간에서 데이터를 분류하는 방법입니다. 그림으로 한번 설명해 보겠습니다.

그림 7-6은 2차원 평면에 데이터를 표시하고 분류하는 방법을 나타낸 것으로 검정 원과 흰색 원은 간단하게 직선으로 데이터를 분류할 수 있습니다. 그러나 데이터가 복잡하게 분포되어 있으면 평면에서 분류할 수 없습니다. 이럴 경우, 평면을 공간으로 차원을 올리면, 복잡하게 분포된 데이터도 분류할 수 있습니다(그림 7-7). 이것이 바로 SVM의 원리입니다.

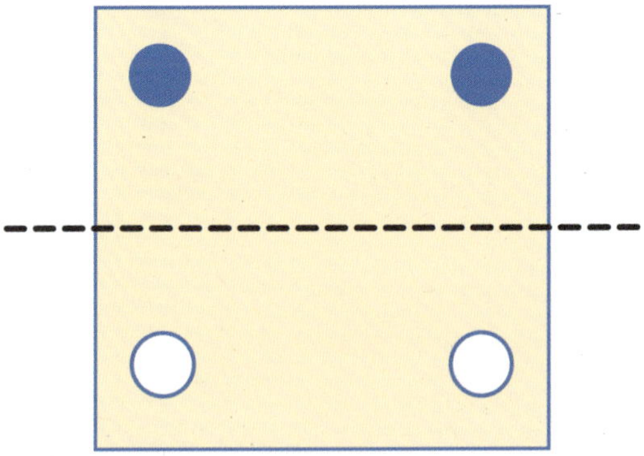

그림 7-6. 2차원 평면에서 데이터 분류

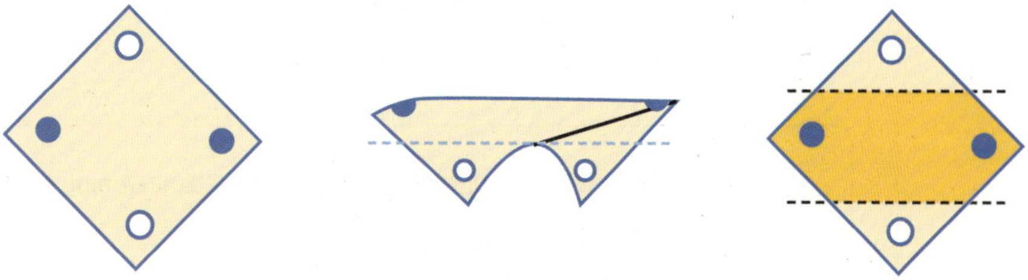

그림 7-7. 평면을 공간으로 바꾸면 분류되는 예

잠깐만요

개념이 어렵게 느껴지나요? 유독 벡터의 개념이 어렵게 느껴지는 이유는 벡터가 공간을 나타내는 개념이기 때문입니다. 차근차근 설명을 따라오다 보면 하나씩 이해되는 순간이 올 것입니다. 그때까지 참으면서 왜 우리가 배우는지 목적을 상기해 보세요.

벡터 공간(vector space)을 이해하기에 앞서, 벡터를 표현하기 위해 사용하는 평면과 공간이라는 개념을 비교해 살펴보겠습니다.

표 7-1. 평면과 공간의 차이

평면(=좌표 평면)	공간(=좌표 공간=벡터 공간)
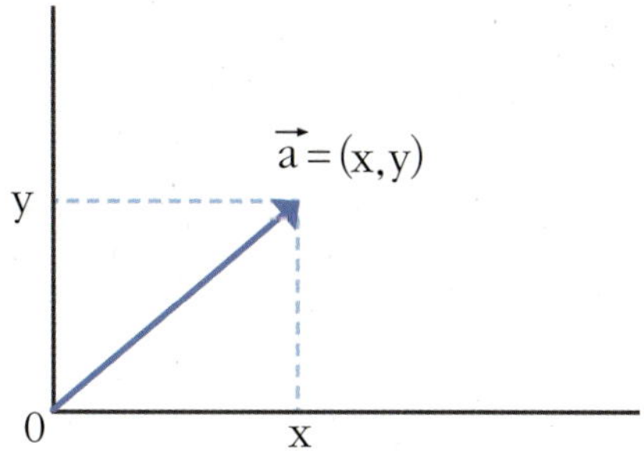	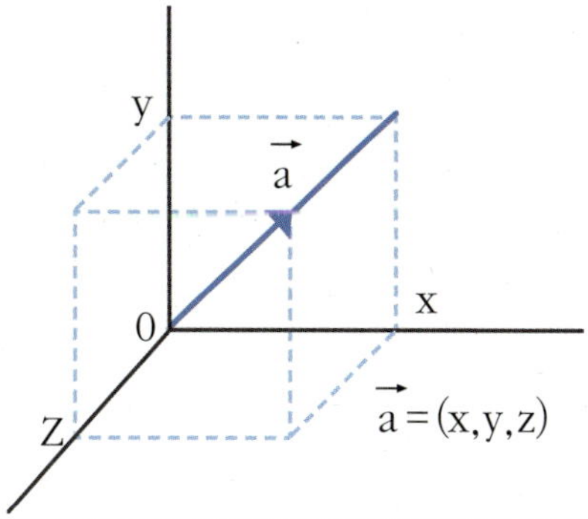
• 2차원 실수 공간(즉, 좌표 평면)을 의미합니다. • 실수 두 개로 구성되어 있으며, R^2 상의 벡터는 (x, y)로 표현합니다.	• 3차원 실수 공간(즉, 좌표 공간)을 의미합니다. • 실수 세 개로 되어 있으며, R^3상의 벡터는 (x, y, z)로 표현합니다.

평면은 좌표 평면이라는 말로도 쓰이고, 공간은 좌표 공간, 벡터 공간이라고도 표현되며, 아래와 같은 특징을 갖고 있습니다.

1. 좌표 평면은 가로 수직선 x축, 세로 수직선 y축을 합쳐 좌표축이라고 하며, 좌표축이 그려진 평면을 좌표 평면이라고 합니다.
2. 좌표 평면에는 수많은 벡터를 표현할 수 있습니다.
3. 벡터가 모여 공간을 형성한 것을 좌표 공간 혹은 벡터 공간이라고 합니다.
4. 같은 공간에 존재하는 벡터 사이에는 선형 결합 연산이 가능해야 합니다.

벡터 공간의 정의를 조금 더 자세히 살펴보면, 다음과 같습니다.

1. 같은 공간에서 선형 결합 연산이 가능한 벡터들이 모인 집합
2. 벡터 덧셈과 벡터와 스칼라 곱의 연산에 닫혀 있는 벡터의 집합
3. 두 원소를 더하거나 주어진 원소를 임의의 실수 배만큼 자유롭게 늘리거나 줄이는 것이 가능한 공간

5 〉 벡터 공간의 표현

n차원 공간(n−dimensional Space)은 n개의 실수 성분을 갖는 모든 순서쌍 (x_1, x_2, x_3, x_4 ⋯ , x_n)으로 n차원 실수 공간을 의미하며, n차원 벡터 공간(Vector Space)이라고도 합니다. R^n으로 표현합니다.

$$R^n = R * R * R \cdots . * R = \{x \mid x_i \in R, i = 1,2,3,..n\}$$

$$R^n = \left\{ \begin{bmatrix} x_1 \\ x_2 \\ x_3 \\ \cdots \\ \cdots \\ x_n \end{bmatrix}, x_1, x_2, x_3 \ldots\ x_n \text{는 실수} \right\}$$

R^1 : 실수의 집합으로 직선에 대한 표현으로 이해할 수 있습니다.

R^2 : 2개 실수의 순서쌍 집합으로 2차원 벡터 공간을 의미하며, 평면으로 이해할 수 있습니다.

$$R^2 = R * R = \{x \mid x_i \in R, i = 1,2\}$$

$$R^2 = \left\{ \begin{bmatrix} x_1 \\ x_2 \end{bmatrix}, x_1, x_2 \text{는 실수} \right\}$$

R^3 : 3개 실수의 순서쌍 집합으로 3차원 벡터 공간을 의미합니다. x축, y축, z축을 가질 수 있는 흔히 우리가 사는 공간으로 이해할 수 있습니다.

$$R^2 = R * R * R = \{x \mid x_i \in R, i = 1,2,3\}$$

$$R^2 = \left\{ \begin{bmatrix} x_1 \\ x_2 \\ x_3 \end{bmatrix}, x_1, x_2, x_3 \text{는 실수} \right\}$$

R^4 : 4개 실수의 순서쌍 집합으로 4차원 벡터 공간을 나타내며, 고차원 공간(high−dimensional Space)을 의미합니다.

6 〉 부분 공간

벡터 공간 R^n은 여러 개의 부분 공간(V)으로 구성될 수 있습니다. 전체 집합과 부분 집합의 개념으로 이해할 수 있습니다. 그림으로 표현하면 다음과 같습니다.

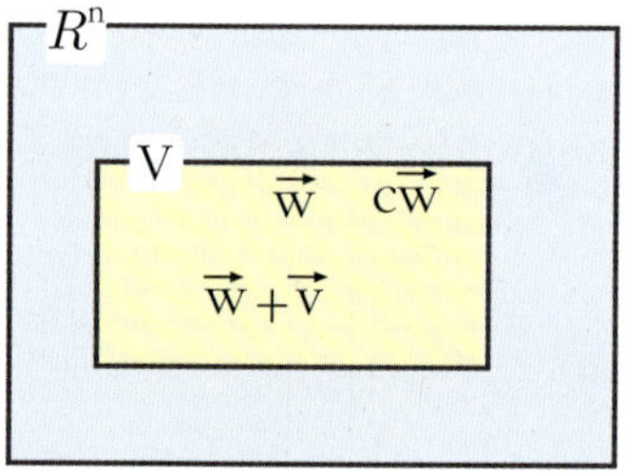

그림 7-8. 벡터 공간 R^n과 부분 공간(V)

부분 공간(V)은 아래의 벡터 공간의 특성을 모두 만족해야 합니다.

1. 부분 공간(V)은 영 벡터를 포함해야 합니다.
2. 벡터 $\vec{w}$가 벡터 공간 V에 포함되어 있다면, $\vec{w}$에 임의의 스칼라(c)를 곱한 값 $c\vec{w}$ 또한 V에 포함되어야 합니다.
3. 벡터 $\vec{w}$와 $\vec{v}$가 V에 포함되어 있다면, $\vec{w}+\vec{v}$도 V에 포함되어야 한다.

위의 부분 공간의 특성에 대해 하나씩 조목조목 살펴봅시다.

❶ 부분 공간(V)은 영 벡터를 포함해야 합니다.

다음의 예제를 살펴보면서 위의 특성을 한번 이해해 봅시다. 좌표 평면(R^2)에 직선 k가 있습니다. k는 R^2의 부분 공간 V일까요? 정답은 아닙니다. K가 R^2의 부분 공간이 아닌 이유는 k가 영 벡터(원점)을 지나지 않기 때문입니다.

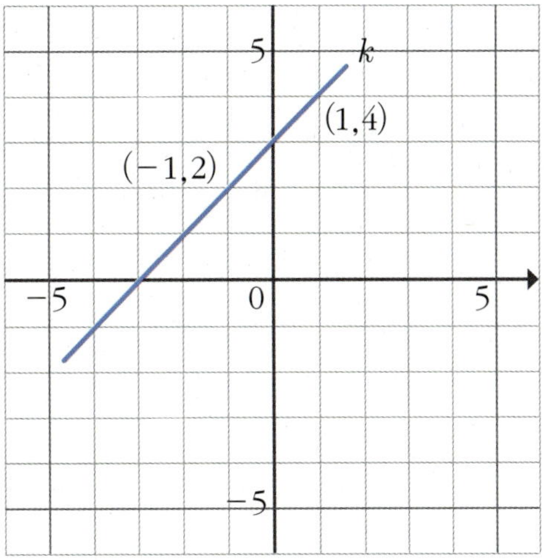

그림 7-9. 부분 공간의 특성 1영 벡터를 포함해야 합니다.

- 부분 공간 특성 **2**를 보면, 벡터에 임의의 스칼라 곱을 한 값 역시 벡터에 포함되어야 합니다. 즉, 임의의 스칼라 곱 역시 직선 k에 있어야 하는데, 위의 그림 7-9에서 (−1,2)에 0(임의의 스칼라)을 곱할 때의 결과(0,0)은 직선 k에 존재하지 않습니다.
- 부분 공간 특성 **3**을 보면, 두 벡터가 k에 있으면, 합도 k에 포함되어야 합니다. 즉 (−1,2)과 (1,4)는 같은 직선 k에 있지만, (−1,2)+(1,4)=(0,6)은 직선 k에 없기 때문에, 직선 k는 벡터의 부분 공간 V가 아닙니다.

잠깐만요

영 벡터

영 벡터는 모든 벡터 성분이 0으로 구성된 벡터입니다. 벡터의 시작점과 끝점이 모두 0입니다. 즉, 원점 한 개를 가리키는 벡터입니다. 아래 그림과 같이 표현하고 표기는 $\vec{0}$, $\begin{bmatrix}0\\0\end{bmatrix}$, [0 0]와 같습니다.

❷ 벡터 $\vec{w}$가 벡터 공간 V에 포함되어 있다면, $\vec{w}$에 임의의 스칼라(c)를 곱한 값 또한 V에 포함되어야 합니다.

다음 예제를 통해 위의 특성에 대해 이해해 봅시다. 좌표 평면(R^2)에 직선 k가 있습니다. k는 원점을 지나는 R^2의 부분 공간(V)입니다. $\vec{w}$=(2,2)가 부분 공간 직선 k위에 있습니다. 이때 임의의 스칼라 3을 곱하면, 3$\vec{w}$=(6,6)역시 직선 k 위에 있습니다. 따라서 부분 공간 V는 스칼라 곱에 닫혀 있습니다.

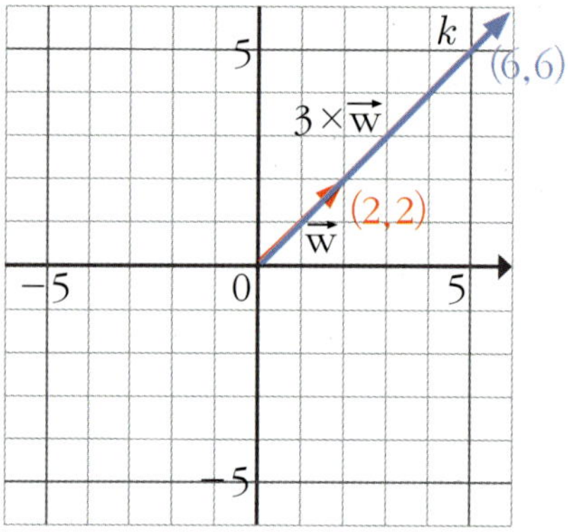

그림 7-10. 부분 공간의 특성 2 부분 공간 벡터는 스칼라 곱에 닫혀 있습니다.

❸ 벡터 $\vec{w}$와 $\vec{v}$가 V에 포함되어 있다면, $\vec{w}+\vec{v}$도 V에 포함되어야 한다.

위의 특성을 다음 예제를 통해 이해해 봅시다. 좌표 평면(R^2)에 두 벡터 $\vec{w}$=(2,2)와 $\vec{v}$=(4,2) 모두 좌표 평면의 부분 공간(V)인 1사분면에 있고, 두 벡터의 합 $\vec{w}+\vec{v}$=(6,4) 역시 1사분면 위에 있습니다. 따라서 두 벡터가 벡터의 부분 공간(V)에 포함된다면, 두 벡터의 합도 부분 공간(V)에 포함됩니다.

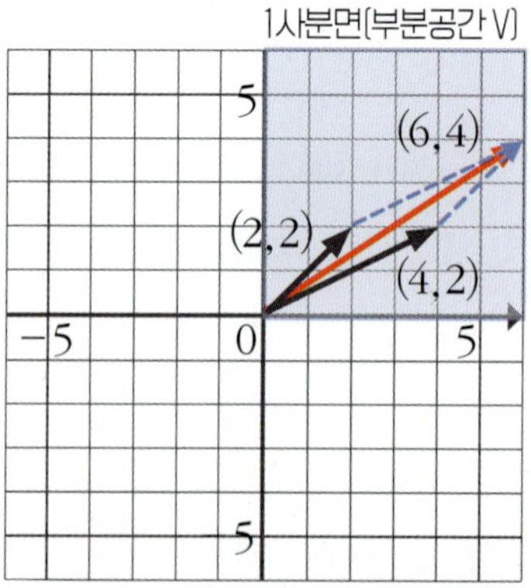

그림 7-11. 부분 공간의 특성 3 부분 공간 벡터는 벡터의 합에 닫혀 있습니다.

덧셈과 달리, 벡터의 부분 공간은 **빼셈에는 닫혀 있지 않습니다.** 이 말의 의미를 다음 예제를 통해 자세히 살펴보겠습니다.

좌표 평면(R^2)에 두 벡터 $\vec{w}$=(2,2)와 $\vec{v}$=(4,1) 모두 좌표 평면의 부분 공간(V)인 1사분면에 위치해 있습니다. 그런데 두 벡터의 빼셈 $\vec{w}-\vec{v}$=(−2,1)은 부분 공간 V(1사분면) 위에 있지 않고, 2사분면 위에 있습니다. 따라서 두 벡터가 벡터의 부분 공간 V(1사분면)에 포함될 때, 두 벡터의 빼셈은 닫혀 있지 않습니다.

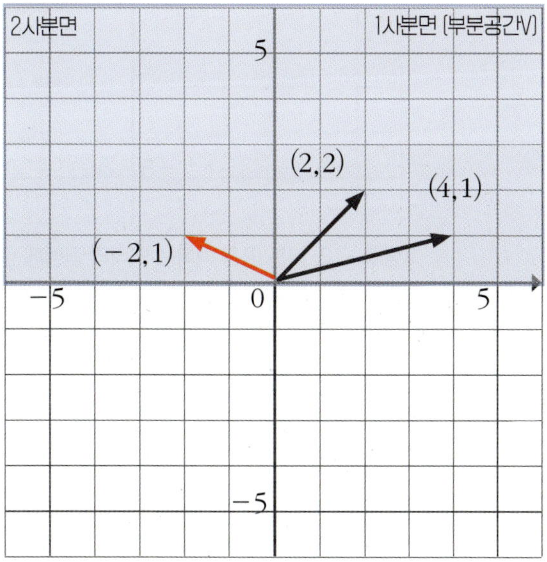

그림 7-12. 부분 공간 벡터는 벡터의 빼셈에 닫혀 있지 않습니다.

그럼 벡터의 부분 공간은 곱셈에는 닫혀 있을까요? 부분 공간은 **곱셈에도 닫혀 있지 않습니다.** 다음 예제로 살펴보겠습니다.

좌표 평면(R^2)에 두 벡터 $\vec{w}$=(−2,2)와 $\vec{v}$=(−3,1) 모두 좌표 평면의 2사분면에 있습니다. 두 벡터의 곱셈 $\vec{w}\times\vec{v}$=(6,2)은 부분 공간 V(2사분면)가 아니라, 1사분면 위에 있기 때문에, 두 벡터가 벡터의 부분 공간에 포함될 때, 두 벡터의 곱셈은 부분 공간에 닫혀 있지 않습니다.

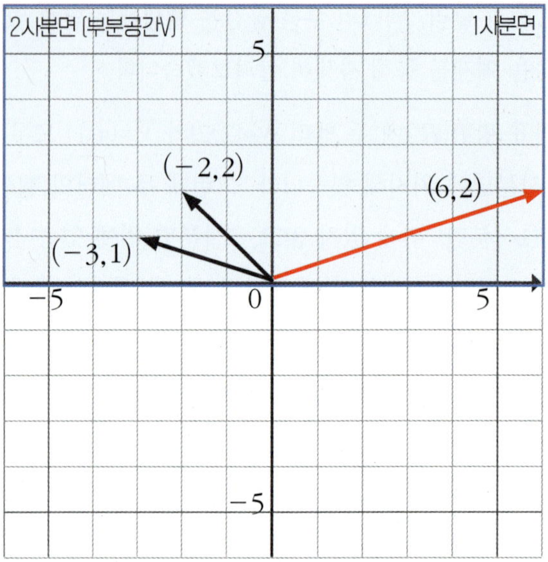

그림 7-13. 부분 공간 벡터는 벡터의 곱셈에 닫혀 있지 않습니다.

7 〉 벡터의 기저

벡터의 뼈대라고 할 수 있는 벡터의 기저(base)는 쉽게 말해, 좌표 평면과 좌표 공간에서의 축이라고 이해하면 됩니다. 즉 벡터 공간을 만들기 위한 뼈대를 의미합니다.

기저 벡터의 특징을 살펴보면 다음과 같습니다.

1. 공간을 구성할 수 있는 벡터의 집합입니다.
2. 공간의 축이기에, 기저 벡터의 수는 차원에 따라 달라집니다. 즉, 2차원 공간의 기저 벡터는 2개, 3차원 공간의 기저 벡터는 3개입니다.
3. 기저 벡터는 선형 독립인 벡터입니다. 선형 독립은 $c_1a_1 + c_2a_2 + c_3a_3 + c_4a_4 \ldots = 0$ 을 만족하는 c가 모두 0 ($c_1 = c_2 = c_3 = c_4 = \ldots. 0$)일 때를 의미합니다.

7.1 좌표 평면(R^2)에서의 기저

R^2 : 2개 실수의 순서쌍 집합으로 2차원 벡터 공간을 의미하며, 평면으로 이해할 수 있습니다.

$$R^2 = R * R = \{x \mid x_i \in R, i = 1,2\}$$
$$R^2 = \left\{ \begin{bmatrix} x_1 \\ x_2 \end{bmatrix}, x_1, x_2\text{는 실수} \right\}$$

다음 예제로 기저 벡터에 대해 이해해 봅시다. 좌표 평면(R^2)에 두 벡터 $\vec{w}$=(4,0)와 $\vec{v}$=(0,3)가 있을 때, 두 벡터는 좌표 평면의 기저가 될 수 있습니다. 두 벡터는 각각 좌표 평면의 x축과 y축 위에 있기 때문에 두 벡터를 사용하여 좌표 평면 축을 만들 수 있습니다.

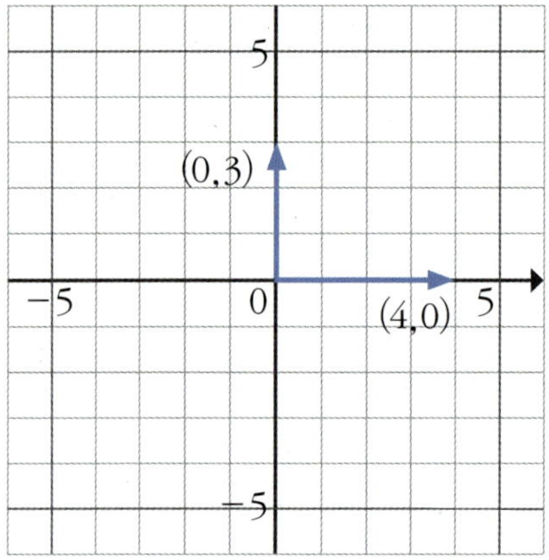

그림 7−14. 좌표 평면에서의 기저(base)

7.2 좌표 공간(R^3)에서의 기저

R^3 : 3개 실수의 순서쌍 집합으로 3차원 벡터 공간을 의미합니다. 흔히 우리가 사는 공간으로 이해할 수 있습니다.

$$R^2 = R * R * R = \{x \mid x_i \in R, i = 1,2,3\}$$

$$R^2 = \left\{ \begin{bmatrix} x_1 \\ x_2 \\ x_3 \end{bmatrix}, x_1, x_2, x_3 \text{는 실수} \right\}$$

다음 예제로 좌표 공간(R^3)에서의 기저에 대해 이해해 봅시다. 세 벡터 $\vec{w}$=(4,0,0)와 $\vec{v}$=(0,3,0), $\vec{u}$=(0,0,1)가 있을 때, 세 벡터는 좌표 공간의 기저가 될 수 있습니다. 세 개의 벡터는 x, y, z축에 위치해 있기 때문에 기저 벡터라고 할 수 있습니다.

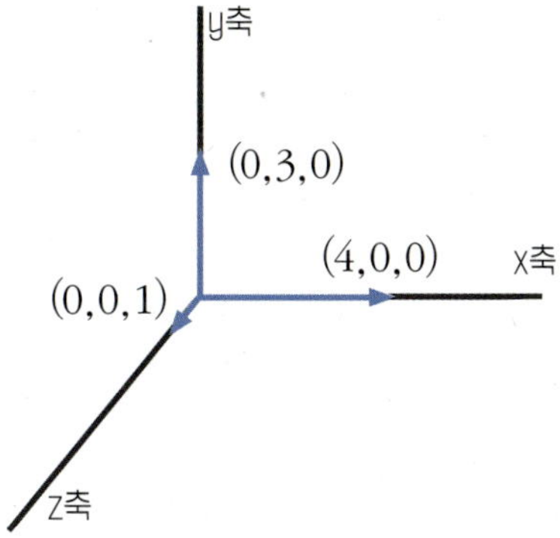

그림 7-15. 좌표 공간에서의 기저

7.3 표준 기저 벡터

기저 벡터 가운데 0과 1로 구성된 벡터를 표준 기저 벡터(Standard Basis Vector)라고 하고, 좌표 평면에서의 표준 기저 벡터는 다음과 같습니다.

$$\left\{ \begin{bmatrix}1\\0\end{bmatrix}, \begin{bmatrix}0\\1\end{bmatrix} \right\}$$

좌표 공간에서의 표준 기저 벡터는 다음과 같이 3차원으로 표현합니다.

$$\left\{ \begin{bmatrix}1\\0\\0\end{bmatrix}, \begin{bmatrix}0\\1\\0\end{bmatrix}, \begin{bmatrix}0\\0\\1\end{bmatrix} \right\}$$

벡터의 공간과 축의 개수, 기저 벡터의 개수는 다음의 표 7-2와 같이 차원과 같습니다.

표 7-2. 벡터의 차원, 축의 개수, 기저 벡터의 수

차원	표현		설명	축의 개수	기저 벡터의 수
0차원	점	•	점으로 표현합니다.	0	0
1차원	선		선으로 표현하며, **길이**를 측정하는 데 사용합니다.	1	1
2차원	면	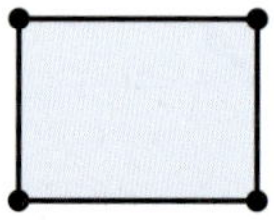	면으로 표현하며, **넓이**를 측정하는 데 사용합니다.	2	2
3차원	입체	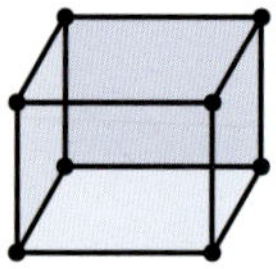	입체로 표현하며, **부피**를 측정하는데 사용합니다.	3	3
4차원	하이퍼큐브(hypercube)	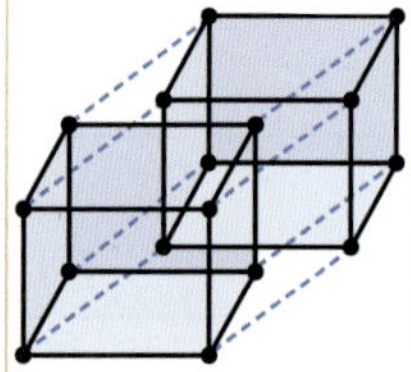	초입체로 표현하며, **초부피**를 측정하는데 사용합니다.	4	4

연습 문제

연습 01 **좌표 평면(R^2)에 두 벡터 $\vec{w}$=(4,0)와 $\vec{v}$=(1,0)가 있을 때, 두 벡터는 좌표 평면의 기저가 될 수 있을까요?**

〈풀이〉

좌표 평면(R^2)에 두 벡터 $\vec{w}$=(4,0)와 $\vec{v}$=(1,0)가 있을 때, 두 벡터는 모두 좌표 평면의 x축 위에 있지만, 좌표 평면의 y축을 구성할 수 없기 때문에 **기저가 될 수 없습니다.**

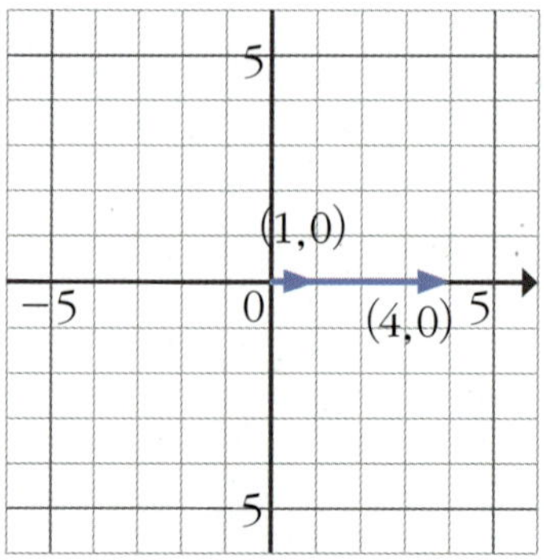

연습 02 $\begin{bmatrix} 2 & 3 \\ 1 & 3 \end{bmatrix}$**은 기저 벡터인가요?**

〈풀이〉

기저 벡터가 아닙니다. $\begin{bmatrix} 2 \\ 1 \end{bmatrix}$, $\begin{bmatrix} 3 \\ 3 \end{bmatrix}$은 좌표 평면에 표시하면, 축 위에 있지 않기 때문에 기저 벡터가 아닙니다.

기저 벡터는 $\{\begin{bmatrix} c_1 \\ 0 \end{bmatrix}, \begin{bmatrix} 0 \\ c_2 \end{bmatrix}\} = \begin{bmatrix} c_1 & 0 \\ 0 & c_2 \end{bmatrix}$}=는 실수)의 형태를 갖습니다.

연습 03 $\begin{bmatrix} 2 & 0 \\ 0 & 3 \end{bmatrix}$**은 기저 벡터인가요?**

〈풀이〉

$\begin{bmatrix} 2 \\ 0 \end{bmatrix}$, $\begin{bmatrix} 0 \\ 3 \end{bmatrix}$은 좌표 평면에 표시하면, x축과 y축 위에 있기 때문에 **기저 벡터입니다.**

$\{\begin{bmatrix} c_1 \\ 0 \end{bmatrix}, \begin{bmatrix} 0 \\ c_2 \end{bmatrix}\} = \begin{bmatrix} c_1 & 0 \\ 0 & c_2 \end{bmatrix} (c_1 = 2, c_2 = 3) = \begin{bmatrix} 2 & 0 \\ 0 & 3 \end{bmatrix}$

연습 04 $\begin{bmatrix} 0 & 0 \\ 1 & 3 \end{bmatrix}$**은 기저 벡터인가요?**

〈풀이〉

$\begin{bmatrix} 0 \\ 1 \end{bmatrix}$, $\begin{bmatrix} 0 \\ 3 \end{bmatrix}$은 좌표 평면에 표시하면, 두 벡터 모두 y축 위에 있기 때문에 **기저 벡터가 아닙니다.**

연습 05 **2차원 벡터의 기저 벡터의 수는 몇 개인가요?**

〈풀이〉

2개입니다. 차원과 기저 벡터의 수는 같습니다.

연습 06 **5차원 벡터의 기저 벡터의 수는 몇 개인가요?**

〈풀이〉

5개입니다. 차원과 기저 벡터의 수는 같습니다.

| 8장 |

벡터의 연산 1

학습 목표

벡터의 연산 중 덧셈, 뺄셈, 곱셈(내적)에 대해서 배웁니다.

1 〉 벡터의 덧셈

벡터의 덧셈은 벡터 안의 각 성분을 더하는 것으로, 벡터의 위치를 구하는 것이라고 볼 수 있습니다. 두 개의 벡터 $\vec{v}$, $\vec{w}$의 덧셈은 $\vec{v}$의 끝점과 $\vec{w}$의 시작점을 일치시켰을 때, $\vec{v}$의 시작점과 $\vec{w}$의 끝점을 연결한 벡터를 $\vec{v}$와 $\vec{w}$의 합이라고 하며, $\vec{v}+\vec{w}$로 나타냅니다.

수식으로 표현해 보면, 다음과 같습니다.

$$\vec{v}=\begin{bmatrix}x_1\\x_2\\\vdots\\x_n\end{bmatrix}, \vec{w}=\begin{bmatrix}y_1\\y_2\\\vdots\\y_n\end{bmatrix} \text{일 때, } \vec{v}+\vec{w}=\begin{bmatrix}x_1+y_1\\x_2+y_1\\\vdots\\x_n+y_n\end{bmatrix}$$

벡터의 덧셈은 평행사변형의 법칙과 삼각형의 법칙을 따릅니다. 표 8-1에서 자세히 설명합니다.

표 8-1. 벡터의 덧셈 : 평행사변형의 법칙과 삼각형의 법칙

평행사변형의 법칙	삼각형의 법칙
두 벡터 $\vec{v}$, $\vec{w}$의 시작점이 일치할 때, 두 벡터 $\vec{v}$, $\vec{w}$의 합은 평행사변형의 대각선과 같습니다.	두 벡터 $\vec{v}$, $\vec{w}$의 합은 $\vec{v}$의 끝점과 $\vec{w}$의 시작점을 일치시킬 때, $\vec{v}$의 시작점과 $\vec{w}$의 끝점을 연결한 벡터를 의미합니다.
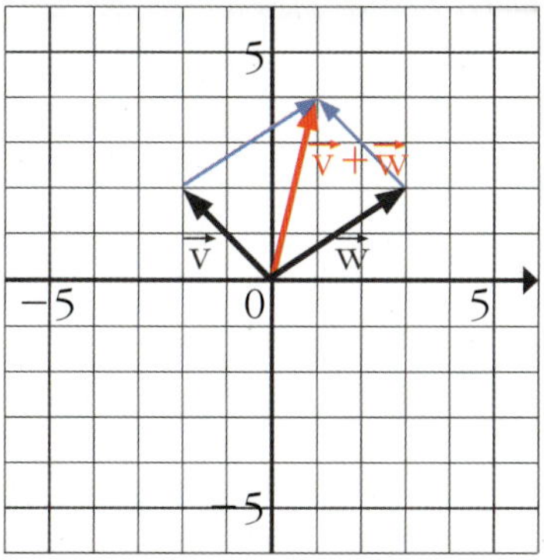	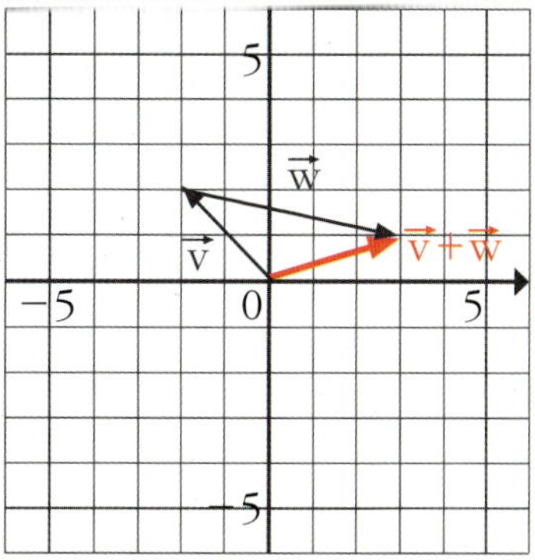
시작점은 모두 (0,0)으로 일치합니다.	두 벡터의 끝점과 시작점은 (−2,2)로 일치합니다.

연습 문제

연습 01 **좌표 평면(R^2)에 두 벡터 $\vec{w}$ =(4,−1)와 $\vec{v}$ =(−2,3)가 있을 때, 두 벡터의 덧셈을 구하세요.**

〈풀이〉

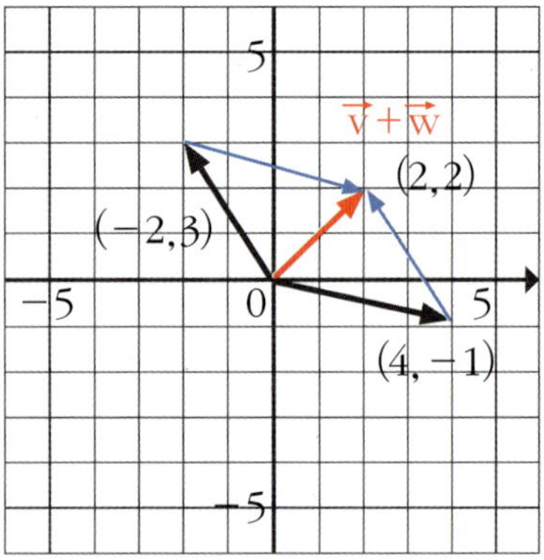

(−2,3)+(4,−1)=(2,2), 두 벡터의 합은 (2,2)입니다.
좌표 평면에서 보면, 두 벡터의 평행사변형의 대각선과 일치합니다.

연습 02 **좌표 평면(R^2)에 두 벡터 $\vec{w}$ =(4,−1)와 $\vec{v}$ =(−2,3)가 있을 때, 두 벡터의 덧셈을 구하세요. 단, 삼각형의 법칙을 활용해서 구하세요.**

〈풀이〉

(벡터는 방향과 크기가 중요합니다. 좌표 평면에서 이동이 가능합니다. (−2,3) 벡터의 시작점을 (4,−1)로 이동해 보겠습니다.

1. (4,−1) 벡터와 (−2,3) 벡터의 시작점을 일치시켜 삼각형 법칙의 전제 조건을 만족시킵니다.

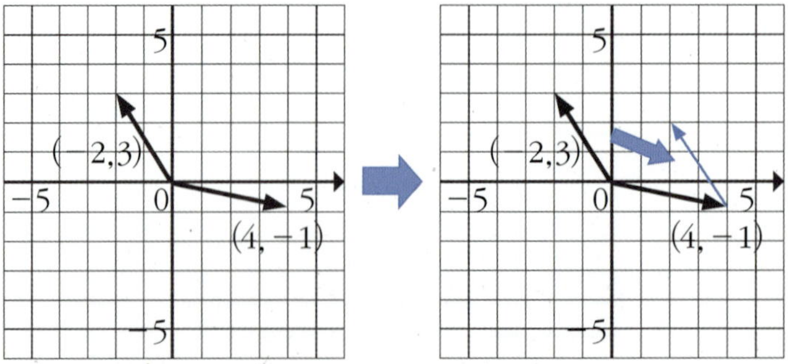

2. 이제 (4, −1)의 시작점과 이동된 (−2,3)의 끝점을 연결합니다.

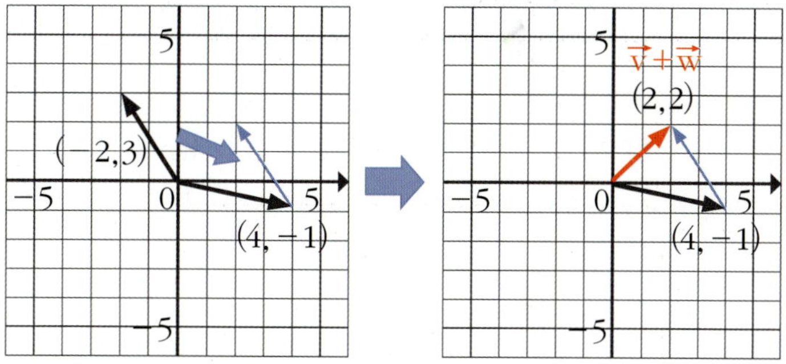

(−2,3)+(4,−1)=(2,2), 두 벡터의 합은 (2,2)입니다. 좌표 평면에서 보면, 삼각형이 형성되며, 새로 생긴 벡터의 합은 (2,2)라는 것을 알 수 있습니다.

파이썬으로 벡터의 덧셈 구하기

파이썬을 사용해서 벡터의 덧셈을 구해 봅시다.

```
#numpy 라이브러리를 호출합니다.
#numpy는 Numerical Python의 줄임말로 벡터 및 행렬연산할 때 효율적으로 계산할 수 있는 함
수들이 모아져 있습니다.
#numpy 라이브러리를 사용하여 수치연산을 쉽게 할 수 있습니다.

import numpy as np

x=[2,3]
y=[3,1]
#x, y의 벡터 구성원소를 NumPy의 Array에 넣어, 변수에 저장합니다.
v=np.array(x)
w=np.array(y)

#덧셈연산자를 사용하여 두 벡터(v,w)의 합을 구해서 변수 sum에 넣습니다.
sum=v+w
print(sum)

[5 4]
```

1.1 벡터 덧셈의 성질

벡터의 덧셈의 성질은 다음과 같습니다.

1. 교환 법칙 : A+B=B+A
2. 결합 법칙 : (A+B)+C=A+(B+C)
3. 항등원 : A+0=A
4. 역원 : A+(−A)=0

❶ **첫 번째** 벡터 덧셈의 교환 법칙을 다음의 예제로 살펴보겠습니다.

좌표 평면(R^2)에 두 벡터 $\vec{w}=(4,-1)$와 $\vec{v}=(-2,3)$가 있을 때, 아래와 같이 교환 법칙이 성립됩니다.

$$\vec{w}+\vec{v}=(4,-1)+(-2,3)=(2,2)$$
$$\vec{v}+\vec{w}=(-2,3)+(4,-1)=(2,2)$$

따라서 $\vec{w}+\vec{v}=\vec{v}+\vec{w}$, A+B=B+A의 교환 법칙이 성립합니다.

❷ **두 번째** 벡터 덧셈의 결합 법칙을 다음의 예제로 살펴보겠습니다.

좌표 평면(R^2)에 두 벡터 $\vec{w}=(4,-1)$, $\vec{v}=(-2,3)$, $\vec{u}=(1,2)$가 있을 때, 아래와 같이 결합 법칙이 성립됩니다.

$$(\vec{w}+\vec{v})+\vec{u}=((4,-1)+(-2,3))+(1,2)=(2,2)+(1,2)=(3,4)$$
$$\vec{v}+(\vec{w}+\vec{u})=(-2,3)+((4,-1)+(1,2))=(-2,3)+(5,1)=(3,4)$$

따라서 $(\vec{w}+\vec{v})+\vec{u}=\vec{v}+(\vec{w}+\vec{u})$, (A+B)+C=A+(B+C)의 결합 법칙이 성립합니다.

❸ **세 번째** 벡터 덧셈의 항등원 법칙은 항등원이 연산 결과가 자기 자신이 되도록 하는 숫자를 의미하듯이 어떤 수를 더해도 자기 자신이 나오기 위해 0을 더하

는 것을 의미합니다. 즉 덧셈의 항등원은 영벡터입니다.

④ **네 번째** 벡터 덧셈의 역원은 더해서 항등원이 나오는 벡터를 의미합니다. 덧셈을 해야 하기 때문에 자기 자신에 −1을 곱해주는 방식으로 역원을 만듭니다.

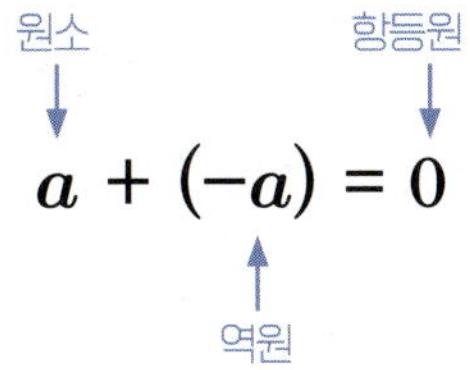

그림 8−1. 항등원과 역원의 관계

연습 문제

연습 01 **$\vec{w}$=(3,−2), $\vec{v}$=(−2,5)일 때, $\vec{w}+\vec{v}$을 구하고, 파이썬으로 검증하세요.**

<풀이>

$\vec{w} + \vec{v} = (3,-2) + (-2, 5) = (1, 3)$

<파이썬 코드>

```
#numpy 라이브러리를 호출합니다.
#numpy는 Numerical Python의 줄임말로 벡터 및 행렬연산할 때 효율적으로 계산할
수 있는 함수들이 모아져 있습니다.
#numpy 라이브러리를 사용하여 수치연산을 쉽게 할 수 있습니다.

import numpy as np

x=[3,-2]
y=[-2,5]

#x, y의 벡터 구성원소를 NumPy의 Array에 넣어, 변수에 저장합니다.
v=np.array(x)
w=np.array(y)

#덧셈연산자를 사용하여 두 벡터(v,w)의 합을 구해서 변수 sum에 넣습니다.
sum=v+w
print(sum)

[1 3]
```

연습 02 $\vec{w}=(-3,-2)$, $\vec{v}=(-2,-5)$일 때, $\vec{w}+\vec{v}$을 구하고, 파이썬으로 검증하세요.

〈풀이〉

$\vec{w}+\vec{v}=(-3,-2)+(-2,-5)=(-5,-7)$

〈파이썬 코드〉

```
#numpy 라이브러리를 호출합니다.
#numpy는 Numerical Python의 줄임말로 벡터 및 행렬연산할 때 효율적으로 계산할
수 있는 함수들이 모아져 있습니다.
#numpy 라이브러리를 사용하여 수치연산을 쉽게 할 수 있습니다.

import numpy as np

x=[-3,-2]
y=[-2,-5]

#x, y의 벡터 구성원소를 NumPy의 Array에 넣어, 변수에 저장합니다.
v=np.array(x)
w=np.array(y)

#덧셈연산자를 사용하여 두 벡터(v,w)의 합을 구해서 변수 sum에 넣습니다.
sum=v+w
print(sum)

[-5 -7]
```

연습 03 $\vec{w}=(10,3)$, $\vec{v}=(-1,4)$일 때, $\vec{w}+\vec{v}$을 구하고, 파이썬으로 검증하세요.

〈풀이〉

$\vec{w}+\vec{v}=(10,3)+(-1,4)=(9,7)$

〈파이썬 코드〉

```
#numpy 라이브러리를 호출합니다.
#numpy는 Numerical Python의 줄임말로 벡터 및 행렬연산할 때 효율적으로 계산할
수 있는 함수들이 모아져 있습니다.
#numpy 라이브러리를 사용하여 수치연산을 쉽게 할 수 있습니다.

import numpy as np

x=[10,3]
y=[-1,4]
```

```
#x, y의 벡터 구성원소를 NumPy의 Array에 넣어, 변수에 저장합니다.
v=np.array(x)
w=np.array(y)

#덧셈연산자를 사용하여 두 벡터(v,w)의 합을 구해서 변수 sum에 넣습니다.
sum=v+w
print(sum)

[9 7]
```

2 〉 벡터의 뺄셈

벡터의 뺄셈은 벡터 안의 각 성분을 빼는 것으로 두 벡터 사이의 거리를 구할 때 사용합니다. 두 개의 벡터 $\vec{v}$, $\vec{w}$의 뺄셈은 두 벡터의 시작점이 같도록 평행이동한 후, 빼는 벡터의 끝점을 시작점으로, 빼지는 벡터의 끝점을 끝점으로 하는 벡터를 만드는 것입니다.

$\vec{v}-\vec{w}$는 $\vec{v}$, $\vec{w}$의 시작점이 같도록 그림 8-2와 같이 평행이동한 후, 그림 8-3과 같이 빼는 벡터($\vec{v}$)의 끝점을 시작점으로, 빼기를 당하는 벡터($\vec{w}$)의 끝점을 끝점으로 하는 벡터를 만드는 것입니다.

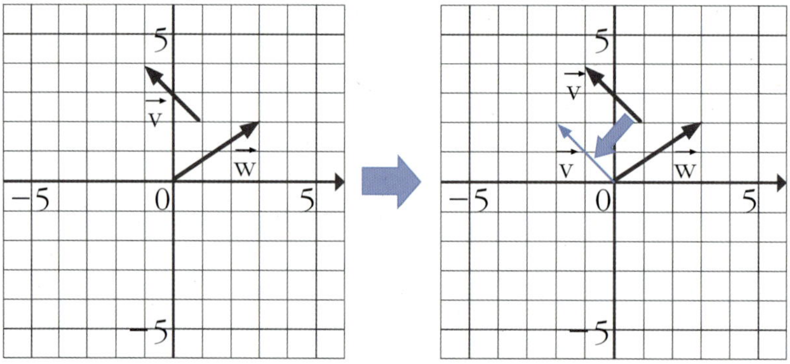

그림 8-2. 두 벡터의 시작점이 같도록 평행이동

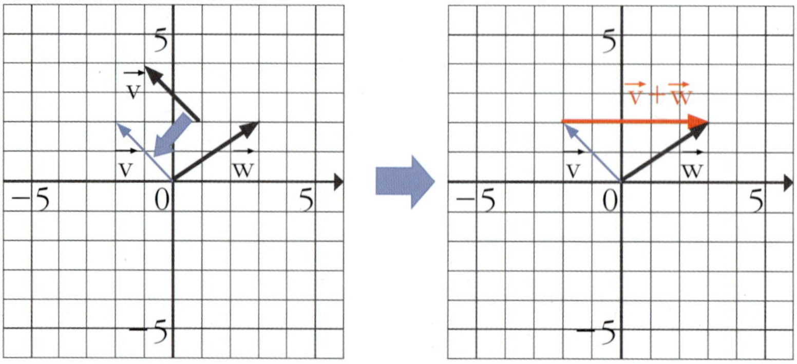

그림 8-3. 두 벡터의 뺄셈 : $\vec{v}-\vec{w}$

연습 문제

연습 01 **파이썬을 사용해서 벡터의 뺄셈을 구해 봅시다. 두 벡터, $\vec{v}=(-1,4)$, $\vec{w}=(10,3)$의 뺄셈 $\vec{v}-\vec{w}$를 구하고, 파이썬으로 검증하세요.**

〈풀이〉

$\vec{v}-\vec{w}=(-1,4)-(10,3)=(-11,1)$

〈파이썬 코드〉

```
#numpy 라이브러리를 호출합니다.
#numpy는 Numerical Python의 줄임말로 벡터 및 행렬연산할 때 효율적으로 계산할 수 있는 함수들이 모아져 있습니다.
#numpy 라이브러리를 사용하여 수치연산을 쉽게 할 수 있습니다.

import numpy as np

x=[-1,4]
y=[10,3]

#x, y의 벡터 구성원소를 NumPy의 Array에 넣어, 변수에 저장합니다.
v=np.array(x)
w=np.array(y)

#덧셈연산자를 사용하여 두 벡터(v,w)의 합을 구해서 변수 sum에 넣습니다.
subtraction=v-w
print(subtraction)

[-11 1]
```

연습 02 **$\vec{w}=(3,-2)$, $\vec{v}=(-2,5)$일 때, $\vec{w}-\vec{v}$을 구하고, 파이썬으로 검증하세요.**

〈풀이〉

$\vec{w}-\vec{v}=(3,-2)-(-2,5)=(5,-7)$

〈파이썬 코드〉

```
#numpy 라이브러리를 호출합니다.
#numpy는 Numerical Python의 줄임말로 벡터 및 행렬연산할 때 효율적으로 계산할 수 있는 함수들이 모아져 있습니다.
#numpy 라이브러리를 사용하여 수치연산을 쉽게 할 수 있습니다.
```

```python
import numpy as np

x=[3,-2]
y=[-2,5]

#x, y의 벡터 구성원소를 NumPy의 Array에 넣어, 변수에 저장합니다.
w=np.array(x)
v=np.array(y)

#뺄셈 연산자를 사용하여 두 벡터(w,v)의 뺄셈을 구해서 변수 subtraction에 넣습니다.
subtraction=w-v
print(subtraction)

[5 -7]
```

연습 03 $\vec{w}$ = (−3,−2), $\vec{v}$ =(−2,−5)일 때, $\vec{w}$ − $\vec{v}$을 구하고, 파이썬으로 검증하세요.

〈풀이〉

$\vec{w}-\vec{v}=(-3,-2)-(-2,-5)=(-1,3)$

〈파이썬 코드〉

```python
#numpy 라이브러리를 호출합니다.
#numpy는 Numerical Python의 줄임말로 벡터 및 행렬연산할 때 효율적으로 계산할 수 있는 함수들이 모아져 있습니다.
#numpy 라이브러리를 사용하여 수치연산을 쉽게 할 수 있습니다.

import numpy as np

x=[-3,-2]
y=[-2,-5]

#x, y의 벡터 구성원소를 NumPy의 Array에 넣어, 변수에 저장합니다.
w=np.array(x)
v=np.array(y)

#뺄셈 연산자를 사용하여 두 벡터(w,v)의 뺄셈을 구해서 변수 subtraction에 넣습니다.
subtraction=w-v
print(subtraction)

[-1 3]
```

연습 04

$\vec{w}$ = (10,3), $\vec{v}$ =(−1,4)일 때, $\vec{w}$ − $\vec{v}$을 구하고, 파이썬으로 검증하세요.

〈풀이〉

$\vec{w}-\vec{v}=(10,3)+(-1,4)=(11,-1)$

〈파이썬 코드〉

```
#numpy 라이브러리를 호출합니다.
#numpy는 Numerical Python의 줄임말로 벡터 및 행렬연산할 때 효율적으로 계산할
수 있는 함수들이 모아져 있습니다.
#numpy 라이브러리를 사용하여 수치연산을 쉽게 할 수 있습니다.

import numpy as np

x=[10,3]
y=[-1,4]

#x, y의 벡터 구성원소를 NumPy의 Array에 넣어, 변수에 저장합니다.
w=np.array(x)
v=np.array(y)

#뺄셈 연산자를 사용하여 두 벡터(w,v)의 뺄셈을 구해서 변수 subtraction에 넣습니다.
subtraction=w-v
print(subtraction)

[11 -1]
```

3 〉 벡터의 곱셈 : 내적

내적(Dot Product)은 벡터를 숫자처럼 곱하는 것으로, 벡터의 크기를 구하거나 거리를 측정하는데 사용될 수 있습니다. 영문 표현으로 dot product, 수학에서는 inner product의 의미로 사용됩니다. 어떤 두 개의 벡터가 있을 때, 두 벡터 사이의 관계를 나타내는 스칼라(실수)가 존재하는데, 이것을 다른 말로 표현하면, 한 벡터에 스칼라 값을 곱해서 새로운 벡터 공간을 만드는 것입니다. 이것을 벡터의 내적이라고 합니다.

스칼라(c)

$$c\begin{bmatrix} x_1 \\ x_2 \\ \vdots \\ x_n \end{bmatrix} = \begin{bmatrix} cx_1 \\ cx_2 \\ \vdots \\ cx_n \end{bmatrix}$$

벡터1 벡터2

그림 8-4. 내적의 정의

위의 그림 8-4를 보면, 내적은 벡터에 스칼라 곱을 통해 해당 벡터의 크기를 키우거나 줄이는 역할을 합니다.

다음 예제로 내적에 대해서 살펴보겠습니다.

$\vec{a} = \begin{bmatrix} 2 \\ 1 \end{bmatrix}$일 때, 2(스칼라)를 곱하면, $2\vec{a} = \begin{bmatrix} 4 \\ 2 \end{bmatrix}$가 됩니다. 즉, 양의 방향으로 벡터가 확장되어 벡터의 크기가 커집니다. $\vec{a} = \begin{bmatrix} 2 \\ 1 \end{bmatrix}$일 때, 0.5(스칼라)를 곱하면, $0.5\vec{a} = \begin{bmatrix} 1 \\ 0.5 \end{bmatrix}$로 벡터가 줄어듭니다.

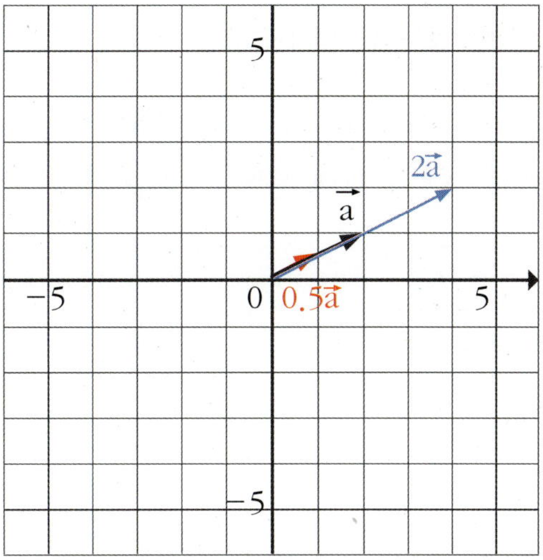

그림 8-5. 벡터와 양의 스칼라 곱

음의 수(스칼라)를 곱하면, 음의 방향으로 벡터가 크기가 변합니다. $\vec{a} = \begin{bmatrix} 2 \\ 1 \end{bmatrix}$ 일 때, −2(스칼라)를 곱하면, $-2\vec{a} = \begin{bmatrix} -4 \\ -2 \end{bmatrix}$가 됩니다. 즉, 음의 방향으로 벡터가 확장되어 벡터의 크기가 커집니다. $\vec{a} = \begin{bmatrix} 2 \\ 1 \end{bmatrix}$일 때, −0.5(스칼라)를 곱하면, $-0.5\vec{a} = \begin{bmatrix} -1 \\ -0.5 \end{bmatrix}$로 벡터가 줄어듭니다.

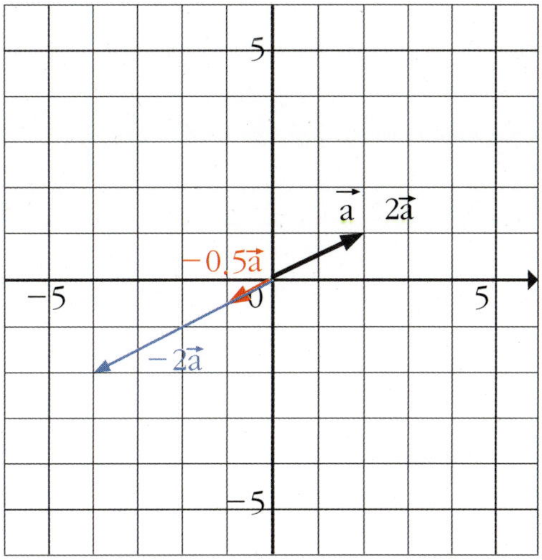

그림 8-6. 벡터와 음의 스칼라 곱

파이썬으로 벡터의 내적 구하기

파이썬을 사용해서 벡터의 내적, 스칼라 곱을 구해 봅시다.

$\vec{v} = \begin{bmatrix} 2 \\ 1 \end{bmatrix}$일 때, 2(스칼라)를 곱하면, $2\vec{v} = \begin{bmatrix} 4 \\ 2 \end{bmatrix}$로 양의 방향으로 벡터가 확장됩니다.

```
#numpy 라이브러리를 호출합니다.
#numpy는 Numerical Python의 줄임말로 벡터 및 행렬연산할 때 효율적으로 계산할 수 있는 함수들
이 모아져 있습니다.
#numpy 라이브러리를 사용하여 수치연산을 쉽게 할 수 있습니다.

import numpy as np

x=[2,1]
c=2

#x의 벡터 구성원소를 NumPy의 Array에 넣어, 변수에 저장합니다.
v=np.array(x)

#곱연산자를 사용하여 벡터(v)와 스칼라 곱을 구해서 변수 innerproduct에 넣습니다.
innerproduct=v*c
print(innerproduct)

[4 2]
```

$\vec{v} = \begin{bmatrix} 2 \\ 1 \end{bmatrix}$일 때, -2(스칼라)를 곱하면 $-2\vec{v} = \begin{bmatrix} -4 \\ -2 \end{bmatrix}$로, 음의 방향으로 벡터가 확장됩니다.

```
#numpy 라이브러리를 호출합니다.
#numpy는 Numerical Python의 줄임말로 벡터 및 행렬연산할 때 효율적으로 계산할 수 있는 함수들
이 모아져 있습니다.
#numpy 라이브러리를 사용하여 수치연산을 쉽게 할 수 있습니다.

import numpy as np

x=[2,1]
c=-2

#x의 벡터 구성원소를 NumPy의 Array에 넣어, 변수에 저장합니다.
v=np.array(x)

#곱연산자를 사용하여 벡터(v)와 스칼라 곱을 구해서 변수 innerproduct에 넣습니다.
innerproduct=v*c
print(innerproduct)

[-4 -2]
```

3.1 벡터의 내적 방법

두 개의 벡터의 내적을 연산하는 방법은 두 가지가 있습니다.

첫 번째 방법은 벡터의 각 성분을 곱해서 더하는 것입니다. 선형 함수의 일종으로 수식으로 표현하면 다음과 같습니다.

두 벡터 $\vec{a} = (a_1, a_2, a_3, \cdots a_n)$, $\vec{b} = (b_1, b_2, b_3, \cdots b_n)$일 때, 두 백터의 내적을 구하는 것은 다음과 같습니다.

$$\vec{a} \cdot \vec{b} = \begin{bmatrix} a_1, a_2, a_3, \ldots a_n \end{bmatrix} \begin{bmatrix} b_1 \\ b_2 \\ b_3 \\ \cdots \\ \cdots \\ b_n \end{bmatrix} = a_1 b_1 + a_2 b_2 + a_3 b_3 + \cdots a_n b_n = \text{스칼라}$$

두 벡터의 내적을 구하려면, 위의 수식에서 보듯이 벡터의 성분을 각각 곱해서 더해야 하기 때문에, 두 벡터의 길이가 같아야 합니다. 즉, 두 벡터의 차원이 같아야 한다는 의미입니다.

곱셈을 하기 위해 앞의 벡터를 행 벡터로, 뒤의 벡터를 열 벡터로 표현합니다. 벡터의 각 성분을 곱해서 더하면, 하나의 숫자(스칼라)가 됩니다.

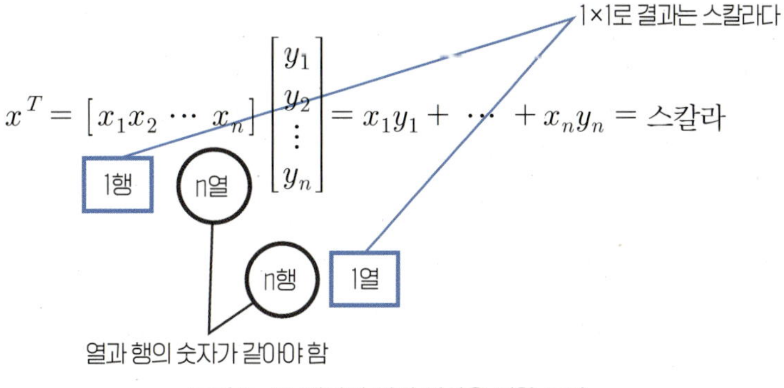

그림 8-7. 벡터의 내적 연산을 위한 조건

다음 벡터의 각 성분을 곱해서 더하는 내적 연산 방법을 예제로 살펴보겠습니다.

$\vec{a} = \begin{bmatrix} 2 \\ 1 \end{bmatrix}, \vec{b} = \begin{bmatrix} 4 \\ -2 \end{bmatrix}$일 때, 두 벡터의 내적을 구하세요.

$$[2\ 1]\begin{bmatrix} 4 \\ -2 \end{bmatrix} = 2*4+1*(-2)=8+(-2)=6$$

6은 숫자 하나이므로 스칼라입니다. 두 벡터의 내적은 스칼라가 됩니다.

파이썬으로 벡터의 내적 구하기

파이썬을 사용해서 두 벡터의 내적은 스칼라가 되는 것을 확인해 봅시다.

$\vec{a} = \begin{bmatrix} 2 \\ 1 \end{bmatrix}, \vec{b} = \begin{bmatrix} 4 \\ -2 \end{bmatrix}$일 때, 두 벡터의 내적을 구하세요.

```
#numpy 라이브러리를 호출합니다.
#numpy는 Numerical Python의 줄임말로 벡터 및 행렬연산할 때 효율적으로 계산할 수 있는 함수들
이 모아져 있습니다.
#numpy 라이브러리를 사용하여 수치연산을 쉽게 할 수 있습니다.

import numpy as np

x=[2,1]
y=[4,-2]

#x의 벡터 구성원소를 NumPy의 Array에 넣어, 변수에 저장합니다.
a=np.array(x)
b=np.array(y)

#Numpy의 dot 연산자를 사용하여 두 벡터(a,b)의 내적을 구해서 변수 innerproduct에 넣습니다.
innerproduct=np.dot(a,b)
print(innerproduct)

6
```

잠깐만요

선형 결합(Linear Combination)은 벡터의 스칼라 곱과 덧셈을 조합하여 새로운 벡터는 얻는 연산입니다.

선형 결합은 두 벡터 $\vec{a} = \begin{bmatrix} a_1 \\ a_2 \end{bmatrix}, \vec{b} = \begin{bmatrix} b_1 \\ b_2 \end{bmatrix}$가 있을 때, 두 벡터에 임의의 실수를 곱한 후, 합해서 벡터를 만드는 연산을 의미합니다.

$c_1\vec{a} + c_2\vec{b} = \begin{bmatrix} c_1a_1 & c_2b_1 \\ c_1a_2 & c_2b_2 \end{bmatrix}$는 선형 결합(c_1, c_2 는 상수)

스칼라는 숫자 하나로 구성된 데이터로, 결국 숫자 하나를 의미합니다.

벡터의 내적을 연산하는 **두 번째 방법**은 정사영을 활용하는 방법입니다. 정사영이란 '수직으로 투영된 그림자'로 빛을 비추었을 때 나타나는 그림자로 이해하면 좋습니다.

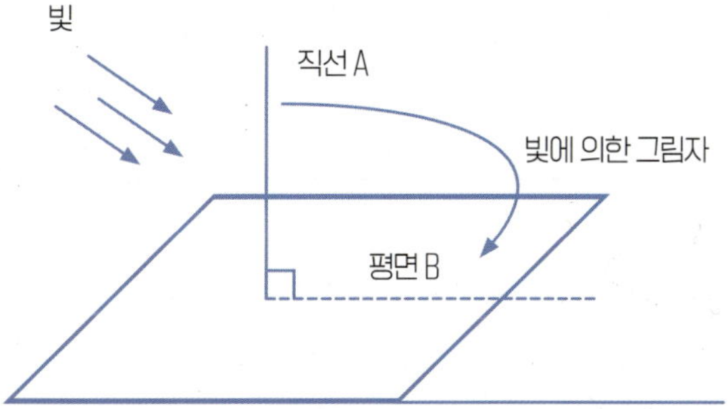

그림 8-8. 정사영

벡터의 내적은 다르게 표현하면 곱셈이므로 두 벡터를 곱하기 위해서는 두 벡터가 같은 방향을 가져야 합니다. 따라서 방향이 같은 벡터를 구하기 위해서 정사영을 사용합니다.

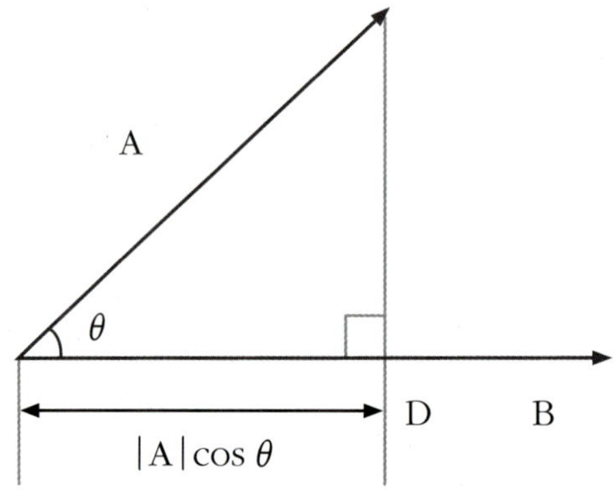

그림 8-9. 같은 방향의 벡터 만들기

위의 그림 8-9에서 cos 함수를 이용하면, 벡터 $\vec{A}$를 벡터 $\vec{B}$와 같은 방향을 갖는 벡터를 만들 수 있습니다. 따라서 두 벡터의 곱셈인 두 벡터의 내적은 다음과 같습니다.

$$\vec{A} \cdot \vec{B} = |\vec{A}| \cos\theta \, |\vec{B}| = |\vec{A}||\vec{B}| \cos\theta$$

잠깐만요

cos 함수 성질은 두 벡터가 이루는 각(θ)이 90°면, $\cos\theta = \cos 90 = 0$이므로, 두 벡터의 내적($|\vec{A}||\vec{B}|\cos\theta$)은 0이 됩니다.

지금까지 배운 벡터의 내적의 성질과 연산의 특성을 요약하면 다음과 같습니다.

❶ 교환법칙 : $\vec{v} \cdot \vec{w} = \vec{w} \cdot \vec{v}$

❷ 결합법칙 :

- 벡터 합에 대한 결합법칙 성립

  $(\vec{v}+\vec{w}) \cdot \vec{a} = \vec{v} \cdot \vec{a} + \vec{w} \cdot \vec{a}$

- 벡터와 스칼라 곱에 대한 결합법칙

  $(c\vec{v}) \cdot \vec{w} = c(\vec{v} \cdot \vec{w})$

❸ 항등원 : $\vec{v} \cdot 1 = \vec{v}$

❹ $\vec{a} \cdot \vec{b}$결과는 스칼라(실수)입니다. 따라서 $(\vec{a} \cdot \vec{b}) \cdot \vec{c}$와 같은 내적 연산이 불가능한 이유는 $\vec{a} \cdot \vec{b}$의 결과가 스칼라(실수)이기 때문입니다. 내적을 하려면 두 벡터의 차원이 같아야 합니다.

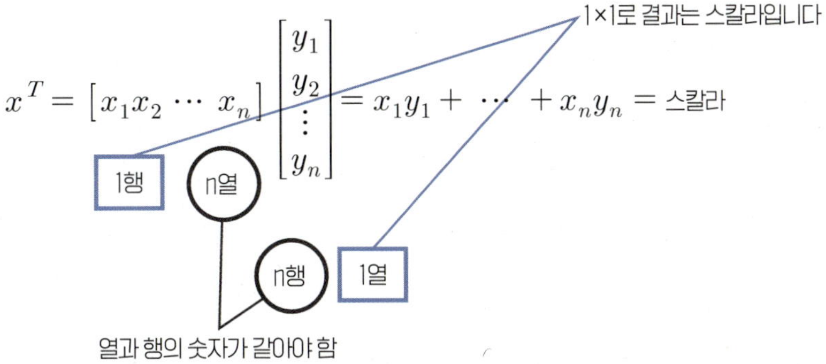

그림 8-10. 벡터의 내적 연산을 위한 조건 참고

❺ $\vec{a} \cdot \vec{b} = |\vec{a}| \cdot |\vec{b}| \cos 0°$입니다. $\cos\theta$의 그래프는 그림 8-11과 같습니다. 0°에서 cos 함수의 값은 1이므로, $\vec{a} \cdot \vec{b} = |\vec{a}| \cdot |\vec{b}| \cos 0°$식이 성립합니다.

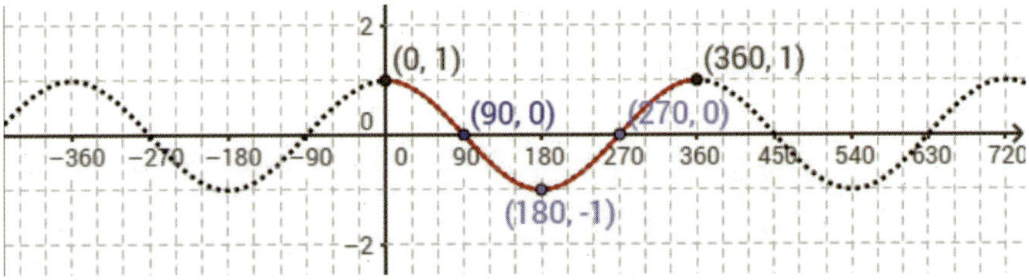

그림 8-11. $\cos\theta$의 그래프

연습 문제

연습 01 $\vec{a} = \begin{bmatrix} 2 \\ 1 \end{bmatrix}, \vec{b} = \begin{bmatrix} -4 \\ -2 \end{bmatrix}$**일 때, 두 벡터의 내적을 구하세요. 파이썬 코드로 검증해 보세요.**

〈풀이〉

$$\begin{bmatrix}2\\1\end{bmatrix}^T=[2\ 1]$$

$$[2\ 1]\begin{bmatrix}-4\\-2\end{bmatrix}=(2*(-4))+(1*(-2))=-8+(-2)=-10$$

〈파이썬 코드〉

```
#numpy 라이브러리를 호출합니다.
#numpy는 Numerical Python의 줄임말로 벡터 및 행렬연산할 때 효율적으로 계산할
수 있는 함수들이 모아져 있습니다.
#numpy 라이브러리를 사용하여 수치연산을 쉽게 할 수 있습니다.

import numpy as np

x=[2,1]
y=[-4,-2]

#x의 벡터 구성원소를 NumPy의 Array에 넣어, 변수에 저장합니다.
a=np.array(x)
b=np.array(y)

#Numpy의 dot 연산자를 사용하여 두 벡터(a,b)의 내적을 구해서 변수 innerproduct
에 넣습니다.
innerproduct=np.dot(a,b)
print(innerproduct)

-10
```

연습 02 $\vec{a}=\begin{bmatrix}2\\1\end{bmatrix}, \vec{b}=\begin{bmatrix}0\\7\end{bmatrix}$**일 때, 두 벡터의 내적을 구하세요. 파이썬 코드로 검증해 보세요.**

〈풀이〉

$$\begin{bmatrix}2\\1\end{bmatrix}^T=[2\ 1]$$

$$[2\ 1]\begin{bmatrix}0\\7\end{bmatrix}=(2*0)+(1*7)=0+7=7$$

〈파이썬 코드〉

```
#numpy 라이브러리를 호출합니다.
#numpy는 Numerical Python의 줄임말로 벡터 및 행렬연산할 때 효율적으로 계산할
수 있는 함수들이 모아져 있습니다.
#numpy 라이브러리를 사용하여 수치연산을 쉽게 할 수 있습니다.

import numpy as np
```

```
x=[2,1]
y=[0,7]

#x의 벡터 구성원소를 NumPy의 Array에 넣어, 변수에 저장합니다.
a=np.array(x)
b=np.array(y)

#Numpy의 dot 연산자를 사용하여 두 벡터(a,b)의 내적을 구해서 변수 innerproduct
에 넣습니다.
innerproduct=np.dot(a,b)
print(innerproduct)

7
```

연습 03 $\vec{a}=\begin{bmatrix}2\\1\\7\end{bmatrix}$, $\vec{b}=\begin{bmatrix}0\\7\\-1\end{bmatrix}$ **일 때, 두 벡터의 내적을 구하세요. 파이썬 코드로 검증해 보세요.**

〈풀이〉

$$\begin{bmatrix}2\\1\\7\end{bmatrix}^T=[2\ 1\ 7]$$

$$[2\ 1\ 7]\begin{bmatrix}0\\7\\-1\end{bmatrix}=(2*0)+(1*7)+(7*(-1))=0+7-7=0$$

〈파이썬 코드〉

```
#numpy 라이브러리를 호출합니다.
#numpy는 Numerical Python의 줄임말로 벡터 및 행렬연산할 때 효율적으로 계산할
수 있는 함수들이 모아져 있습니다.
#numpy 라이브러리를 사용하여 수치연산을 쉽게 할 수 있습니다.

import numpy as np

x=[2,1,7]
y=[0,7,-1]

#x의 벡터 구성원소를 NumPy의 Array에 넣어, 변수에 저장합니다.
a=np.array(x)
b=np.array(y)

#Numpy의 dot 연산자를 사용하여 두 벡터(a,b)의 내적을 구해서 변수 innerproduct
에 넣습니다.
innerproduct=np.dot(a,b)
print(innerproduct)

0
```

| 9장 |

벡터의 연산 2

학습 목표

벡터의 곱셈(외적)을 비롯하여, 직교 벡터, 벡터의 크기, 벡터의 거리 등을 알아봅니다.

1 〉 벡터의 연산 : 복습(덧셈, 뺄셈, 내적)

벡터는 어떤 물체의 움직임, 즉 크기(속력)와 방향(속도의 방향)을 공간(좌표)에서 나타내는데 매우 효과적이기 때문에, 덧셈, 뺄셈, 내적, 외적 등 벡터의 여러 연산을 통해 컴퓨터가 학습(머신러닝)할 수 있도록 계산하여 명령할 수 있습니다.

벡터의 연산에 대해서 좀더 자세히 살펴보면, 벡터의 덧셈은 벡터의 위치를 구하는 것이고, 벡터의 뺄셈은 두 벡터 사이의 거리와 방향을 구할 때 사용합니다.

그리고 내적은 벡터의 크기를 구하거나 거리를 측정하는데 필요하며, 내적을 구하는 공식은 아래와 같습니다.

$$\overrightarrow{A}\cdot\overrightarrow{B} = |\overrightarrow{A}|\cos\theta\,|\overrightarrow{B}| = |\overrightarrow{A}||\overrightarrow{B}|\cos\theta$$

여기서 A와 B는 두 벡터의 크기를 의미하며, 공식에 두 벡터 사이의 각도가 포함되어 있습니다. 즉, 위의 공식은 한 벡터를 다른 벡터로 정사영시켜, 두 벡터의 방향을 일치시킨 다음, 서로의 성분을 곱한다는 의미이기 때문에 벡터의 내적 연산 목적은 두 가지 힘이 목표와 얼마나 일치하는지, 그리고 두 힘이 합쳐졌을 때(두 벡터가 상호 작용할 때) 그 힘이 얼마나 유효한지 그 의미를 파악하는 것이라고 할 수 있습니다.

예를 들어, 일(W)=힘벡터(F)*변위벡터(L)이라고 할 때, 힘벡터와 변위벡터의 방향이 얼마나 일치하는지에 따라서 힘의 물리량이 결정되는데, 힘과 이동하려는 방향, 즉 목표하는 일의 방향이 모두 아래 그림의 파란색으로 일치하면 최고의 효율을 낼 것이고, 이동 방향은 파란색 화살표인데, 힘의 방향이 빨간색 화살표라면 두 힘의 방향 사이의 각도만큼 일을 덜 하는 것이 될 것입니다.

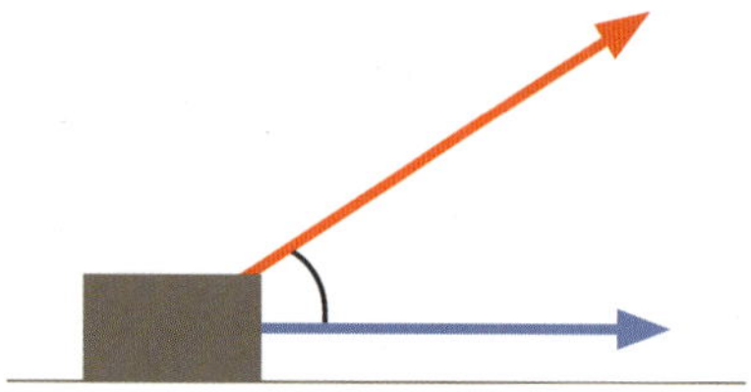

다시 말해, 두 벡터가 이루는 각이 0°, 즉 cos0=1이므로 두 벡터의 방향이 일치할 때, 최고의 효율이 생기며, 두 벡터가 이루는 각이 90°, 즉 cos90=0일 때, 어떤 일도 하지 않는 상태를 나타냅니다.

따라서 위의 그림에서 회색 박스처럼 생긴 물체에 얼마만큼의 유효한 힘이 가해지는지 알고 싶은 경우, 힘벡터(빨간색)를 물체의 방향벡터(파란색)에 정사영시켜야 하기 때문에, 힘벡터(빨간색)에 cos값을 곱해야 하고, 이때 사용되는 연산이 바로 내적인 것입니다.

결국 내적은 어떤 힘이 주어질 때, 어떤 물체에 가해지는 유효한 힘을 구하는 것이며, 벡터의 내적(Dot Product)를 구하는 방법을 정리하면 다음과 같습니다.

벡터의 내적 연산=두 벡터의 길이의 곱 x cosθ

이번에는 벡터의 외적에 대해 알아보겠습니다. 벡터의 외적은 서로 다른 두 벡터가 있을 때, 두 벡터와 서로 수직인 또 다른 벡터를 찾는 과정이라고 생각하면 이해하기가 쉽습니다.

벡터의 외적 연산=두 벡터의 수직 벡터를 구하는 것

즉, 내적은 두 개의 벡터를 연산하여 물리적인 힘을 나타내는 하나의 스칼라 양으로 변환하는 연산이기 때문에 두 벡터의 사이 각을 통해서 두 벡터의 앞과 뒤를 판별할 수 있는데 반해, 외적은 두 개의 벡터에서 스칼라를 만드는 내적과 달리, 방향과 힘을 갖는 새로운 한 개의 벡터를 만드는 연산이라고 할 수 있습니다.

따라서 단순히 어느 기준점으로부터 떨어진 거리인 크기만 비교하는 스칼라를 구하는 내적은 해당 벡터를 이루는 기본 스칼라와 방향 정보만을 나타내는 반면, 외적은 두 개 이상의 벡터가 만들어내는 새로운 공간을 의미하죠.

벡터의 내적은 x축이나 y축과 같은 기준축이나 혹은 기준축과 같은 의미를 부여

한 임의의 벡터에 수직으로 투영하는 크기(스칼라) 값을 찾는 연산이라면 외적은 두 벡터의 면적만큼의 크기를 갖는 두 벡터에 수직한 방향의 새로운 벡터를 의미합니다. 즉 물이 빨려 나가는 소용돌이를 전자기력이 발생하는 원인에서 찾을 수 있듯이 비록 연산 방향이 수직으로 고정되어 있지만 새로운 차원으로의 방향을 제시해주는 연산이 외적인 것입니다.

2 〉 벡터의 곱셈 : 외적

벡터의 외적(Vector Product)은 3차원 공간에서의 벡터 연산 중 하나로, 벡터 곱(vector product)이라고 하고, 외적의 결과는 행렬입니다.

3차원 공간에서 두 개의 벡터의 외적 결과를 cross product 또는 outer product 라고 합니다.

내적의 결과는 크기만 갖는 스칼라이지만, 외적의 결과는 3차원에서의 연산 결과이기 때문에 방향과 크기를 갖는 벡터입니다.

벡터 외적의 방향은 두 벡터 $\vec{a}$, $\vec{b}$에 동시에 수직이고, 크기는 $\vec{a}$와 $\vec{b}$의 크기를 변으로 하는 평생사변형의 넓이입니다.

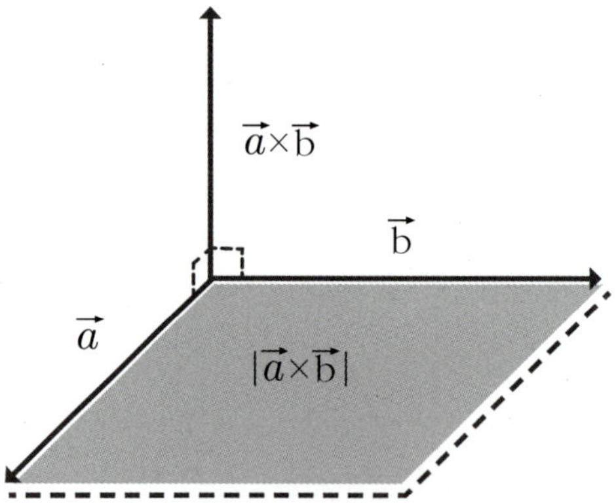

그림 9-1. 외적의 정의

벡터 외적의 크기를 구하는 공식은 다음과 같습니다.

$$\vec{a}\times\vec{b} = |\vec{a}|\,|\vec{b}|\sin\theta$$

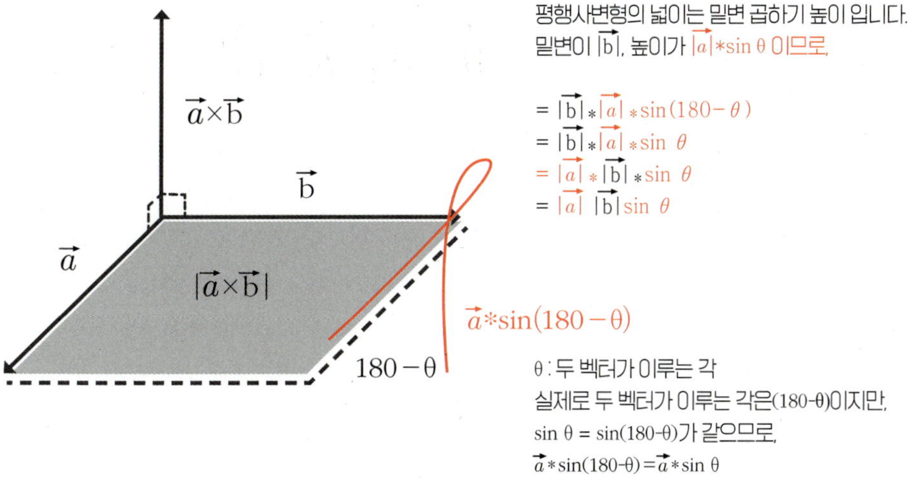

그림 9-2. 외적의 크기

$\vec{a}\times\vec{b} = |\vec{a}|\times|\vec{b}|\sin\theta$은 $\vec{a}\times\vec{b} = |\vec{a}|\times|\vec{b}|\sin(180-\theta)$과 같습니다. 그 이유는 아래 그림 9-3의 sin 그래프에서 보듯이 sin θ와 sin$(180-\theta)$는 같은 값을 가지기 때문입니다.

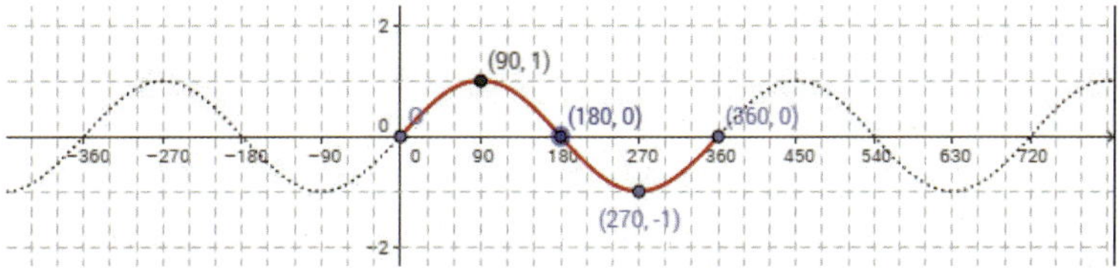

그림 9-3. sin θ의 그래프

2.1 벡터의 외적 연산 방법

벡터는 3차원 벡터 공간에서의 연산이기에, 두 벡터 $\vec{a}=(a_1, a_2, a_3)$, $\vec{b}=(b_1, b_2, b_3)$일 때의 외적의 연산 방법은 다음과 같습니다.

$$\vec{a}\times\vec{b} = a_2b_3 - a_3b_2, a_3b_1 - a_1b_3, a_1b_2 - a_2b_1$$

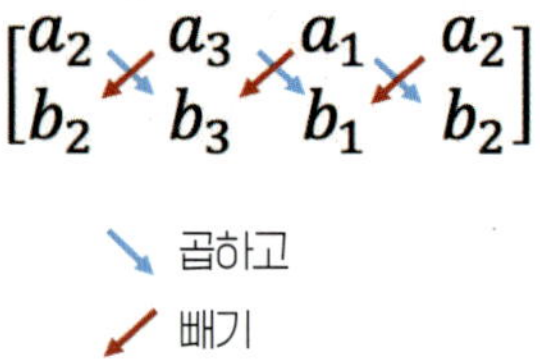

$$\vec{a} \times \vec{b} = [a_2b_3 - a_3b_2, \quad a_3b_1 - a_1b_3, \quad a_1b_2 - a_2b_1]$$

x좌표 y좌표 z좌표

다음의 예제로 외적을 계산해 보겠습니다. 두 벡터가 $\vec{a}$=(1, 2, 3), $\vec{b}$=(4, 5, 6)일 때, 두 벡터의 외적, $\vec{a} \times \vec{b}$을 구하세요.

$$[1\ 2\ 3]\begin{bmatrix}4\\5\\6\end{bmatrix} = \begin{bmatrix}2&3&1&2\\5&6&4&5\end{bmatrix} = [2*6-3*5,\ 3*4-1*6,\ 1*5-2*4] = [-3,\ 6,\ -3]$$

파이썬으로 벡터의 외적 구하기

파이썬 코드로 두 벡터 [1, 2, 3], [4, 5, 6]의 외적을 구하는 계산을 나타내 봅시다.

```
#numpy 라이브러리를 호출합니다.
#numpy는 Numerical Python의 줄임말로 벡터 및 행렬연산할 때 효율적으로 계산할 수 있는 함수들이 모아져 있습니다.
#numpy 라이브러리를 사용하여 수치연산을 쉽게 할 수 있습니다.

import numpy as np

x=[1,2,3]
y=[4,5,6]

a=np.array(x)
b=np.array(y)

#Numpy의 cross함수를 사용하여 두 벡터(a,b)의 외적을 구해서 변수 outerproduct에 넣습니다.
outproduct=np.cross(a,b)
print(outproduct)

[-3 6 -3]
```

벡터의 외적의 성질을 정리하면 다음과 같습니다.

❶ 교환법칙이 성립하지 않습니다

다음과 같이 –를 곱한 이후에는 교환법칙이 성립합니다.

$\vec{v} \times \vec{w} = -\vec{w} \times \vec{v}$

❷ 분배법칙

- $\vec{v} \times (\vec{w} + \vec{a}) = \vec{v} \times \vec{w} + \vec{v} \times \vec{a}$
- 벡터와 스칼라 곱에 대한 결합법칙

$(c\vec{v}) \times \vec{w} = c(\vec{v} \times \vec{w}) = \vec{v}(c \times \vec{w})$

연습 문제

연습 01 $\vec{a} = \begin{bmatrix} 2 \\ 1 \\ 5 \end{bmatrix}, \vec{b} = \begin{bmatrix} -4 \\ -2 \\ 1 \end{bmatrix}$ **일 때, 두 벡터의 외적을 먼저 계산하고, 파이썬 코드로 구현해 보세요.**

〈풀이〉

$\begin{bmatrix} 2 \\ 1 \\ 5 \end{bmatrix} \times \begin{bmatrix} -4 \\ -2 \\ 1 \end{bmatrix} = \begin{bmatrix} 1 & 5 & 2 & 1 \\ -2 & 1 & -4 & -2 \end{bmatrix} = [1*1-5*(-2),$

$5*(-4)-2*1, 2*(-2)-1*(-4)]$

$= [11, -22, 0]$

〈파이썬 코드〉

```
#numpy 라이브러리를 호출합니다.
#numpy는 Numerical Python의 줄임말로 벡터 및 행렬연산할 때 효율적으로 계산할
수 있는 함수들이 모아져 있습니다.
#numpy 라이브러리를 사용하여 수치연산을 쉽게 할 수 있습니다.

import numpy as np

x=[2,1,5]
y=[-4,-2,1]

a=np.array(x)
b=np.array(y)
```

```
#Numpy의 cross함수를 사용하여 두 벡터(a,b)의 외적을 구해서 변수 outerproduct
에 넣습니다.
outproduct=np.cross(a,b)
print(outproduct)

[ 11  -22 0]
```

연습 02 $\vec{a} = \begin{bmatrix} -2 \\ 2 \\ -4 \end{bmatrix}, \vec{b} = \begin{bmatrix} 3 \\ 6 \\ 1 \end{bmatrix}$**일 때, 두 벡터의 외적을 계산하세요.**

〈풀이〉

$$\begin{bmatrix} -2 \\ 2 \\ -4 \end{bmatrix} \times \begin{bmatrix} 3 \\ 6 \\ 1 \end{bmatrix} = \begin{bmatrix} 2 & -4 & -2 & 2 \\ 6 & 1 & 3 & 6 \end{bmatrix}$$

$$= [2*1-6*(-4), (-4)*3-(-2)*1, (-2)*6-2*3]$$

$$= [26, -10, -18]$$

2.2 벡터의 내적과 외적의 비교

다음은 벡터의 내적(Dot Product)과 외적(Vector Product)을 비교한 표입니다.

	벡터의 내적 (Dot Product)	벡터의 외적 (Vector Product)
표기	inner product, dot product, scalar product	outer product, cross product, vector product
	$\vec{A}\cdot\vec{B}$	$\vec{A}\times\vec{B}$
수학 표기	$\vec{A}\cdot\vec{B}=\lvert\vec{A}\rvert\lvert\vec{B}\rvert\cos\theta$	$\vec{A}\times\vec{B}=\lvert\vec{A}\rvert\lvert\vec{B}\rvert\sin\theta$
대상 벡터	$\vec{A}\cdot\vec{B}\in R^n$, n차에 모두 해당	$\vec{A}\times\vec{B}\in R^3$, 3차원 벡터 공간에서의 연산
계산 결과	스칼라	벡터
최대 최소	두 벡터가 평행일 때, (cos 0°) = 1 로 최대	두 벡터가 수직일 때, (sin 90°) = 0로 최소
	두 벡터가 수직일 때, (cos 90°) = 0로 최소	두 벡터가 평행일 때, (sin 0°) = 1로 최대
	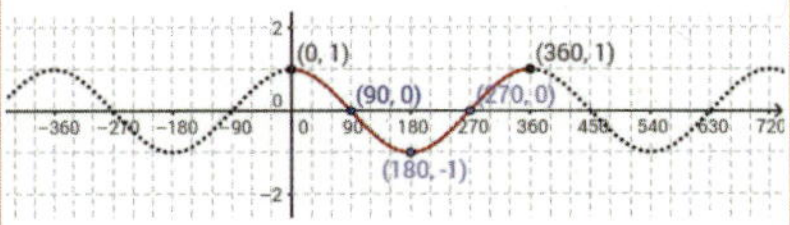	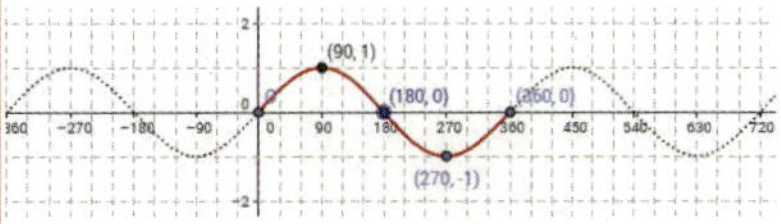
활용	벡터의 길이, 정사영 등 각도 이용	삼각형, 평행사변형의 넓이 계산

3 〉 특수 벡터 : 직교 벡터

직교 벡터(Orthogonal Vector)는 두 벡터 사이의 각도가 90°를 이루는 것을 의미합니다. 직교 벡터가 데이터사이언스에서 어떤 역할과 의미가 있을까요?

데이터사이언스를 공부하다 보면 데이터를 분류할 때, 해당 데이터가 어떤 범주에 속하는지 판별하는 분류 모델로, SVM(Support Vector Machine) 모델을 접하게 됩니다. SVM은 데이터를 분류하기 위해, 최대 마진 평면(Maximum Margin Hyperplane, MMH)이라는 것을 사용하는데, 아래 그림처럼 나누어지지 않은 데이터를 평면에서 공간으로 차원을 올려 데이터를 분류하는 방법입니다.

그림 9-4에서 2차원 평면에서의 데이터를 직선으로 분류할 수 있는데, 3차원 공간에 분포된 데이터는 선 가르는 식으로 쉽게 분류하기 힘들 수 있습니다.

즉 2차원 평면에서 쉽게 분류할 수 없는 데이터를 공간으로 차원을 올리면 분류할 수 있다는 방법이 SVM 모델입니다.

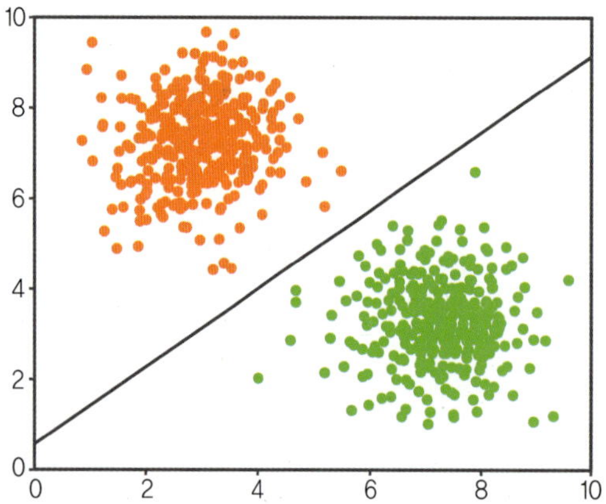

그림 9-4. 2차원 평면에서 데이터 분류

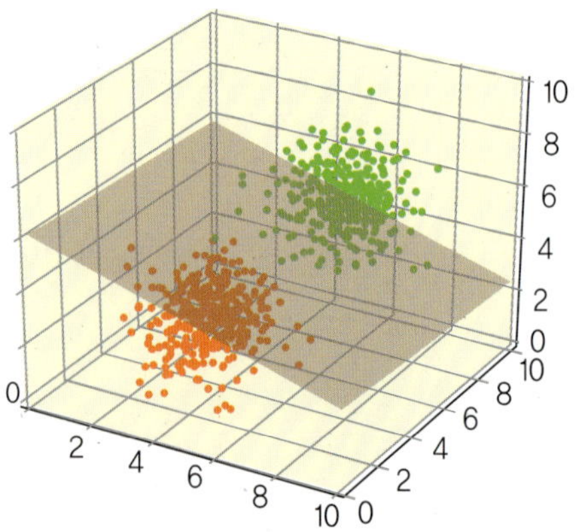

그림 9-5. SVM : 3차원 공간에서의 데이터 분류

SVM의 원리는 최대 마진 평면(Maximum Margin Hyperplane, MMH)이라는 것을 이용하여 데이터를 분류하는 결정 경계(Decision Boundary)로 사용한다는 것입니다. 그렇다면 최대 마진은 어떻게 찾을 수 있을까요? 이때 사용하는 것이 우리가 지금부터 배울 직교 벡터입니다.

3.1 SVM의 원리

먼저 SVM(Support Vector Machine)의 원리를 알기 위해, SVM의 마진과 결정 경계를 2차원으로 나타내 봅시다. 데이터를 두 분류로 나눌 때, 마진이 가장 클 때(최대 마진)는 아래 그림 9-6과 같이 데이터를 나누는 결정 경계와 직각을 이루는 선분을 그을 때입니다. 마진이 클수록 새로운 데이터가 들어오더라도 마진이 작은 경우보다 더 데이터를 분류하는 것이 더 수월하기 때문입니다.

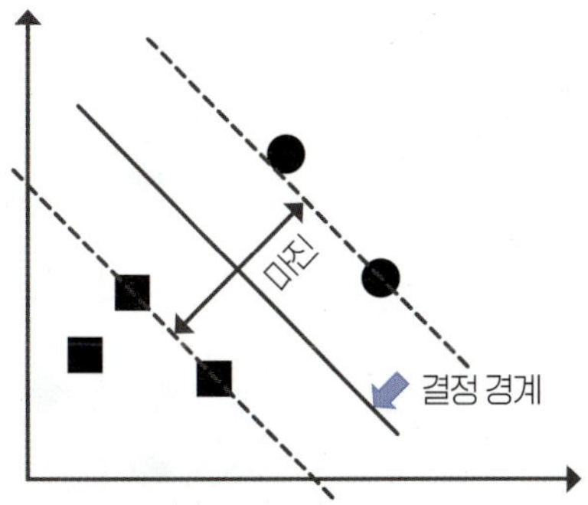

그림 9-6. 마진과 결정 경계

예를 들어, 원점을 지나는 두 개의 벡터($\vec{w}, \vec{u}$)가 있다고 가정해 봅시다.

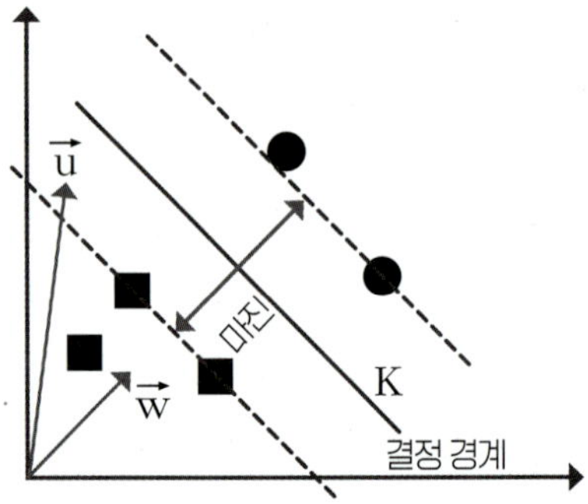

그림 9-7. 두 벡터와 마진, 결정 경계

결정 경계를 k라고 할 때, $\vec{w} \cdot \vec{u}$의 내적한 값(스칼라 값)과 비교하여 데이터 범주를 구분하게 됩니다.

만약, $\vec{w} \cdot \vec{u} \ge k$이면, ●에 속하고, $\vec{w} \cdot \vec{u} < k$이면, ■범주에 속하게 됩니다.

위의 그림 9-7을 회전시키면 아래의 그림 9-8처럼 만들 수 있는데, 결정 경계를 상수 함수 y = k라고 표현하고, ●는 y가 k 보다 높은 범주에 속할 것이고, ■는 y가 k 보다 작은 범주에 속할 것입니다.

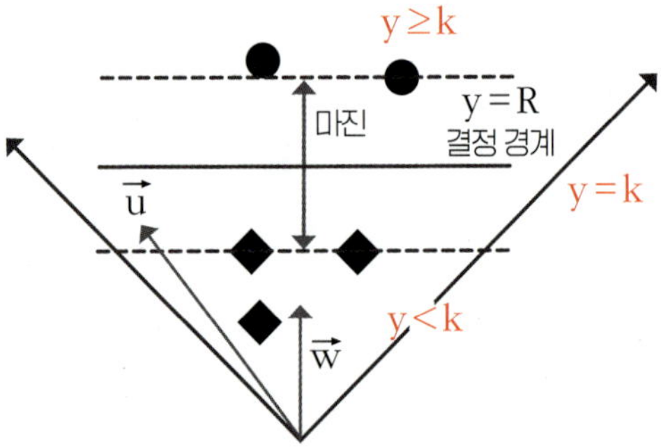

그림 9-8. 결정 경계와 분류

내적은 길이를 의미하기 때문에 ●, ■의 위치는 벡터의 내적으로 표현할 수 있습니다.

이를 다르게 표현하면, $\vec{u}$를 $\vec{w}$내에 투영(Projection) 하여 내적을 구한 후, 그 길이가 결정 경계 보다 길면 ●, 짧으면 ■에 속한다고 할 수 있습니다.

잠깐만요

투영과 내적의 관계를 살펴보기 위해서 내적의 연산 방법 가운데 정사영을 활용한 방법을 한번 생각해 봅시다.

앞서 내적을 구할 때, 정사영을 활용한 적이 있습니다. 정사영이란 '수직으로 투영(Projection)된 그림자'로 빛을 비추었을 때 나타나는 그림자를 의미합니다.

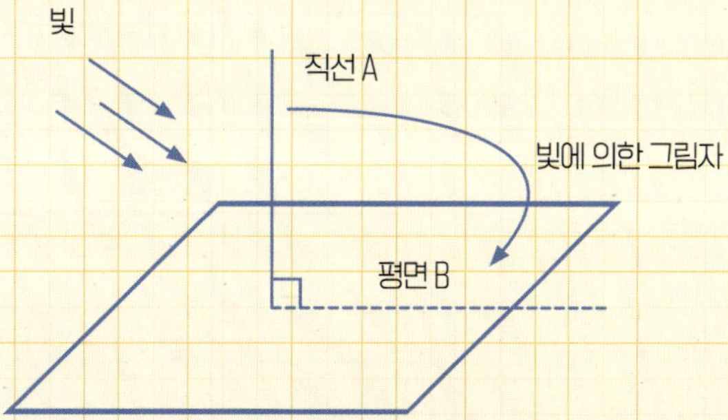

그림 9-9. 정사영

벡터의 내적은 결국 곱셈인데, 두 벡터를 곱하기 위해서는 두 벡터가 같은 방향을 가져야 하고, 방향이 같은 벡터를 구하기 위해서 정사영이라는 방법을 사용합니다.

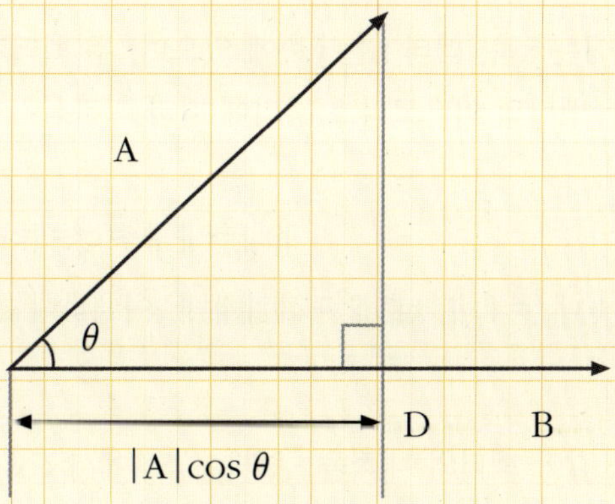

그림 9-10. 같은 방향의 벡터 만들기

위의 그림 9-10에서 cos 함수를 이용하면, 벡터 ($\vec{A}$)를 벡터 ($\vec{B}$)와 같은 방향을 갖는 벡터를 만들 수 있으며, 두 벡터의 내적은 두 벡터의 곱셈으로 구할 수 있습니다.

$$\vec{A}\cdot\vec{B}=|\vec{A}|\cos\theta\,|\vec{B}|=|\vec{A}||\vec{B}|\cos\theta$$

3.2 직교 벡터의 원리

직교 벡터의 원리를 이해하기 위해서 좌표평면에서 그림으로 설명하겠습니다.

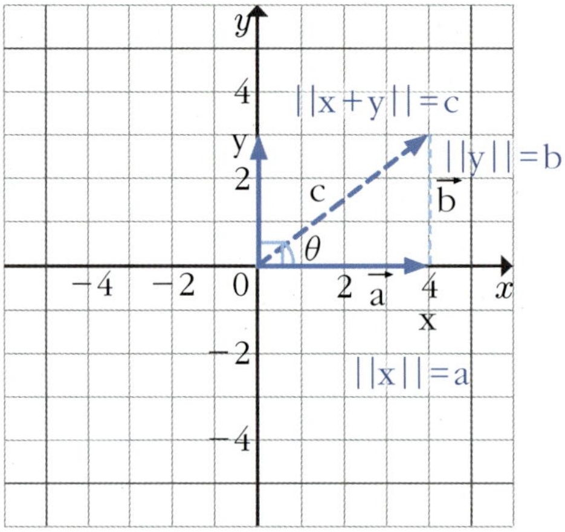

그림 9-11. 직교 벡터의 원리

벡터 $\vec{a}$는 x축, 벡터 $\vec{b}$는 y축에 있으며, 두 벡터가 이루는 각도는 직각입니다. 이때 두 벡터의 피타고라스 정리에 따라 직각삼각형의 대각선을 구하면 됩니다.

$$\|x\|^2+\|y\|^2=c^2=\|x+y\|^2$$

$\|x+y\|^2= \|x\|^2+\|y\|^2+2\|x\|\|y\|$, 이때 $\|x\|\|y\|$가 직교이기 때문에 0입니다.

위와 같이 벡터의 내적을 구하는 공식에서 cos 90°=0이기 때문에 $\vec{A}\cdot\vec{B}=0$이므로, $2\|x\|\|y\| = 0$이라고 할 수 있기 때문에 $\|x\|^2+\|y\|^2=\|x+y\|^2$이 성립합니다. 즉, 두 벡터가 직교이면, 내적은 0입니다.

$$\vec{A}\cdot\vec{B}= |\vec{A}||\vec{B}|\cos\theta$$

예제로 배우기

두 벡터 $\vec{a} = [2\ 1\ -3]$, $\vec{b} = [3\ 3\ 3]$일 때, 두 벡터가 직교 벡터라는 것과 $\|a\|^2 + \|b\|^2 = \|a+b\|^2$이 성립하는 것을 계산해 보세요.

$$\vec{A} \cdot \vec{B} = [2\ 1\ -3]\begin{bmatrix}3\\3\\3\end{bmatrix} = 2\times3+1\times3+(-3)\times3 = 0$$

두 벡터의 내적이 0이므로 직교 벡터입니다.

$\|a\|^2 + \|b\|^2 = \|a+b\|^2$

$(\sqrt{2^2+1^2+(-3)^2})^2+(\sqrt{3^2+3^2+3^2})^2=(\sqrt{5^2+4^2+0^2})^2=(\sqrt{14})^2+(\sqrt{27})^2=(\sqrt{41})^2$

$= 14 + 27 = 41$

이번에는 또 다른 방식으로 벡터 곱을 이용해서 계산해 보겠습니다.

$\|a\|^2 + \|b\|^2 = \|a+b\|^2$

❶ $\vec{a} = [2\ 1\ -3]$ 일 때, $\|a\|^2 = [2\ 1\ -3]\begin{bmatrix}2\\1\\-3\end{bmatrix}$

❷ $\vec{b} = [3\ 3\ 3]$ 일 때, $\|b\|^2 = [3\ 3\ 3]\begin{bmatrix}3\\3\\3\end{bmatrix}$

❸ $\|a\|^2 + \|b\|^2 = [2\ 1\ -3]\begin{bmatrix}2\\1\\-3\end{bmatrix} + [3\ 3\ 3]\begin{bmatrix}3\\3\\3\end{bmatrix} = 14 + 27 = 41$

❹ $\|a+b\|^2 = [2+3\ \ 1+3\ \ (-3)+3]\begin{bmatrix}2+3\\1+3\\(-3)+3\end{bmatrix} = [5\ 4\ 0]\begin{bmatrix}5\\4\\0\end{bmatrix} = 25 + 16 = 41$

❺ 따라서, $\|a\|^2 + \|b\|^2 = [2\ 1\ -3]\begin{bmatrix}2\\1\\-3\end{bmatrix} + [3\ 3\ 3]\begin{bmatrix}3\\3\\3\end{bmatrix} = [5\ 4\ 0]\begin{bmatrix}5\\4\\0\end{bmatrix} = \|a+b\|^2$

4 〉 벡터의 크기

벡터의 시작점에서 끝점까지의 거리를 벡터의 크기(norm)라고 하며, 기호로 $|\vec{v}|$ 또는 $\|\vec{v}\|$ 로 표시합니다.

벡터의 크기를 구하는 것은 두 벡터 $\vec{a} = (a_1, a_2)$ $\vec{b} = (b_1, b_2)$일 때, 다음과 같이 다양한 공식으로 크기(거리)를 구할 수 있습니다.

$$|\vec{a}| = \sqrt{{a_1}^2 + {a_2}^2}$$
$$|\vec{b}| = \sqrt{{b_1}^2 + {b_2}^2}$$
$$|\vec{a} + \vec{b}| = \sqrt{(a_1 + a_2)^2 + (b_1 + b_2)^2}$$
$$\vec{a} + \vec{b} = (a_1 + a_2, b_1 + b_2)$$

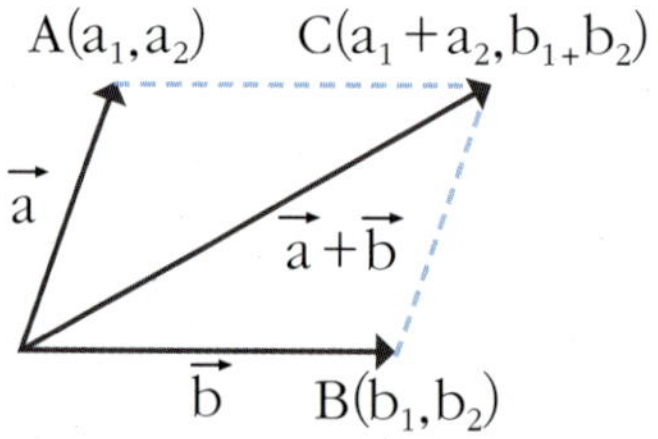

그림 9-12. $\vec{a} + \vec{b} = (a_1 + a_2, b_1 + b_2)$을 그림으로 표현하기

잠깐만요

이번에는 머신러닝에서 자주 사용하는 norm이라는 것에 대해 좀더 자세히 살펴보겠습니다. norm은 벡터의 길이 혹은 크기를 측정하는 함수입니다. norm이 측정한 벡터의 크기는 원점에서 벡터 좌표까지의 거리를 의미하고, Magnitude라고도 합니다.

$$L_p=\left(\sum_{i}^{n}|x_i|^p\right)^{\frac{1}{p}}$$

p는 norm의 차수를 의미하고 다음과 같이 표현합니다.

- p가 1이면, L1 Norm이고,
- p가 2이면, L2 Norm입니다.

이때, n은 벡터의 요소(원소) 수를 나타냅니다.

norm은 대체 언제 쓰이는 것인지 다음 수식을 보면서 알아봅시다.

L1 Norm : p가 1인 norm입니다. L1 Norm을 위의 공식에 대입해 보겠습니다.

$$L_1=\left(\sum_{i}^{n}|x_i|^1\right)^{\frac{1}{1}}$$

$$=\sum_{i}^{n}|x_i|$$

$$=|x_1|+|x_2|+|x_3|+\cdots\cdots|x_n|$$

1차원으로 길이를 구하는 것입니다.

다음 장에서 배울 내용 가운데 맨하튼 거리 구하는 방법이 이에 해당합니다.

L2 Norm : p가 2인 norm입니다. L2 Norm을 위의 공식에 대입해 보겠습니다.

$$L_2=\left(\sum_{i}^{n}|x_i|^2\right)^{\frac{1}{2}}$$

$$=\sqrt{\sum_{i}^{n}|x_i|^2}$$

$$=\sqrt{(x_1{}^2+x_2{}^2+x_3{}^2....+x_n{}^2)}$$

2차원을 활용해서 길이를 구하는 것인데, 피타고라스 정리를 생각하면 쉽게 이해할 수 있습니다. 2차원 평면에서 최단 거리를 구할 때 주로 사용되는 방법으로 L2 Norm은 유클리드 노름(Euclidean Norm) 또는 유클리드 거리라고 합니다. 다음 장에서 배울 다양한 거리 구하는 방법 중 유클리드 거리에 해당됩니다.

L1 Norm과 L2 Norm을 예제로 배워 보겠습니다.

L1 Norm은 그림 9-13에서 빨간색, 파란색, 노란색에 해당됩니다. A에서 B까지 가는 거리를 구할 때, 가로의 길이를 모두 더하고 세로의 길이를 모두 더하는 방법입니다. 1차원 식으로 표현할 수 있습니다. 가로의 길이 6개(칸)에 세로의 길이 6개(칸)을 세어서 더하면 A에서 B까지의 총 거리가 계산할 수 있습니다.

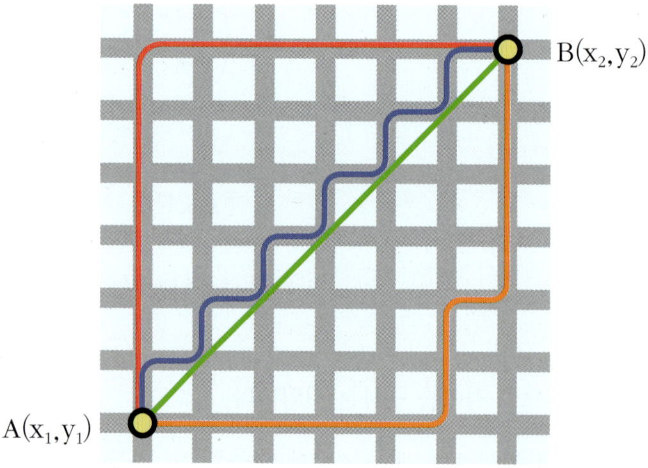

그림 9-13. L1 Norm, L2 Norm으로 거리 구하기

결론적으로 살펴보면, 파란색과 노란색, 빨간색 선의 길이는 같습니다. 이것이 바로 맨하튼 거리의 개념이고, 왼쪽 아래의 좌표를 x_1, y_1이라고 하고, 우측 상단의 좌표를 x_2, y_2라고 할 때, 맨하튼 거리 계산법으로 좌표의 거리를 구하는 공식은 다음과 같습니다.

$$|x_2 - x_1| + |y_2 - y_1|$$

이와 같이 x값의 차와 y값의 차를 각각 절댓값으로 바꾼 다음, 합한 값이 바로 맨하튼 거리 공식입니다.

L2 Norm은 그림 9-13 에서 초록색에 해당됩니다. A에서 B까지 가는 거리를 구할 때, 최단거리를 구하는 것입니다. 가로의 길이의 제곱과 세로의 길이의 제곱을 한 후, 루트($\sqrt{\ }$)를 씌우는 방식으로 2차원 식을 활용해서 구할 수 있습니다. 이것이 유클리디안 거리 개념입니다.

파이썬으로 L1 Norm과 L2 Norm 구하기

다음으로 파이썬 코드를 이용해서 L1 Norm과 L2 Norm를 구현해 봅시다.

$\vec{a}$ = (1,2,3)일 때, 벡터 $\vec{a}$의 길이를 구해 봅시다.

```
#numpy 라이브러리를 호출합니다.
#numpy는 Numerical Python의 줄임말로 벡터 및 행렬연산할 때 효율적으로 계산할 수 있는 함
수들이 모아져 있습니다.
#numpy 라이브러리를 사용하여 수치연산을 쉽게 할 수 있습니다.

import numpy as np

x=[1,2,3]

a=np.array(x)
print(a)

[1 2 3]
```

다른 방법으로 코드를 만들 수도 있습니다.
아래와 같이 벡터의 값을 바로 np.array 함수 안에 넣어도 같은 값이 계산되는 것을 알 수 있는데, 주로 위의 방법을 사용하는 이유는 함수 안의 값을 수정할 때 x값만 수정할 수 있어서 실수를 줄일 수 있고, 보다 쉽게 표현하여 사용할 수 있기 때문입니다.

```
#numpy 라이브러리를 호출합니다.
#numpy는 Numerical Python의 줄임말로 벡터 및 행렬연산할 때 효율적으로 계산할 수 있는 함
수들이 모아져 있습니다.
#numpy 라이브러리를 사용하여 수치연산을 쉽게 할 수 있습니다.

import numpy as np

a=np.array([1,2,3])
print(a)

[1 2 3]
```

이제, NumPy의 linalg(Linear Algebra) 안에 norm 함수를 이용해 길이를 한번 구해 봅시다.
파이썬에서, L1 Norm과 L2 Norm은 ord로 구분합니다. 예를 들면, ord :1은 L1 Norm을 의미하고, ord:2은 L2 Norm을 의미합니다. ord를 따로 명시하지 않으면 최단 거리를 구하는 방법 L2 norm이 default가 됩니다. ord=1이라는 조건을 주면, L1 Norm을 구하고, ord=2로 세팅하면, L2 Norm을 구할 수 있습니다.

```
np.linalg.norm(a)
3.7416573867739413
np.linalg.norm(a, ord=1) # L1 Norm 구하기
6.0
np.linalg.norm(a, ord=2) # L2 Norm 구하기
3.7416573867739413
```

연습 문제

연습 01

$\vec{a}$=(1, 2) $\vec{b}$=(4,6) 두 벡터의 크기(L2 norm)를 구하세요.

〈풀이〉

$\vec{a}$ = (1, 2) 크기는 $=\sqrt{1^2+2^2}=\sqrt{5}$

$\vec{b}$ = (4,6) 크기는 $=\sqrt{4^2+6^2}=\sqrt{52}$

〈파이썬 코드〉

```
#numpy 라이브러리를 호출합니다.
#numpy는 Numerical Python의 줄임말로 벡터 및 행렬연산할 때 효율적으로 계산할
수 있는 함수들이 모아져 있습니다.
#numpy 라이브러리를 사용하여 수치연산을 쉽게 할 수 있습니다.

import numpy as np

x=[1,2]
y=[4,6]

a=np.array(x)
b=np.array(y)
print(a)
print(b)

[1 2]
[4 6]

np.linalg.norm(a)
2.23606797749979
np.linalg.norm(a, ord=2)
```

```
2.23606797749979
np.linalg.norm(b)
7.211102550927978
np.linalg.norm(b, ord=2)
7.211102550927978
```

연습 02 $\vec{a}=(1, 2)$ $\vec{b}=(4,6)$ 두 벡터의 크기(L1 norm)를 구하세요.

〈풀이〉

$\vec{a} = (1, 2)$ 크기는 $|1| + |2| = 3$

$\vec{b} = (4,6)$ 크기는 $|4| + |6| = 10$

〈파이썬 코드〉

```
#numpy 라이브러리를 호출합니다.
#numpy는 Numerical Python의 줄임말로 벡터 및 행렬연산할 때 효율적으로 계산할
수 있는 함수들이 모아져 있습니다.
#numpy 라이브러리를 사용하여 수치연산을 쉽게 할 수 있습니다.

import numpy as np

x=[1,2]
y=[4,6]

a=np.array(x)
b=np.array(y)
print(a)
print(b)

[1 2]
[4 6]


np.linalg.norm(a, ord=1)
3.0

np.linalg.norm(b, ord=1)
10.0

a-220
```

5 〉 벡터의 활용

벡터가 데이터사이언스에서 중요한 이유는 벡터의 크기를 적용해서 두 벡터 사이의 거리(distance)를 구하는 것이 머신러닝에서 많이 쓰이기 때문입니다.

예를 들어, 문서를 검색할 때 비슷한 문서 찾기, 책장에서 지금 읽고 있는 책과 비슷한 책 찾기 등과 같이 유사도를 측정할 때 벡터의 거리가 많이 활용됩니다.

문서 검색 : 현재 보고 있는 문서/페이지와 비슷한 페이지를 검색
목적 : 유사한 기사를 함께 보기 위해

어떻게 유사한 문서를 찾을까? 유사한 문서의 기준이 무엇일까?
어떻게 많은 문서에서 유사한 문서를 효과적으로 찾을 수 있을까?
어떻게 추천해 줄 것인가?

그림 9-14. 벡터 거리의 활용 예 : 문서 검색 및 비슷한 책 찾기

그림 9-14는 문서를 검색할 때 벡터를 활용하는 예시입니다. 사람들이 어떤 기사를 좋아하면, 함께 읽을 기사를 검색합니다. 수많은 기사 가운데 어떤 것을 먼저 선택해서 보여 주어야 할지 벡터의 거리를 이용해서 해결할 수 있습니다.

기사 간의 유사도는 어떻게 측정할 수 있을까요?

- 어떤 기사가 지금 읽고 있는 기사와 유사하다고 판단할 것인가?
- 특정 기사들에 대해서 관심사가 아닐 것이라고 어떻게 판단할 수 있을까?

이와 같은 기준을 만드는데 벡터의 거리가 사용되는 것입니다.

이외에도 벡터의 거리를 구하는 것은 추천 시스템에서 아이템이나 사용자의 유사성을 찾을 때 유용하게 사용됩니다. 즉, 등산화를 구매한 고객에게 등산 장비를 추천하려면 등산화와 등산장비 사이의 유사성을 측정해야 하고, 이때 사용하는 것 역시 벡터의 거리라는 개념입니다.

6 벡터의 거리

벡터의 거리를 구하는 대표적인 두 가지 방법으로 맨하튼 거리(Manhattan Distance), 유클리드 거리(Euclidean Distance)가 있습니다.

6.1 맨하튼 거리

미국 뉴욕 도시의 맨하튼 거리(Manhattan Distance)를 가 본 적이 있나요?

맨하튼은 도시구획정리가 잘 되어 있어서 도시가 바둑판 모양으로 설계되어 있습니다.

그림 9-15. 맨하튼 전경

지금은 많은 도시들이 구획정리가 잘 되어 있어서 흔히 볼 수 있는 모습이지만, 예전에는 계획없이 건물이 들어선 도시가 많아서, 바둑판 모양의 맨하튼이 알고리즘 이름으로 부여 받게 되었습니다.

위의 그림 9-15에서 볼 수 있듯이 맨하튼 거리는 한 장소에서 다른 장소로 이동할 때, 건물을 피해서 가야 하기 때문에 대각선으로 가로질러 갈 수 없고 바둑판 모양의 길을 따라 가야 합니다.

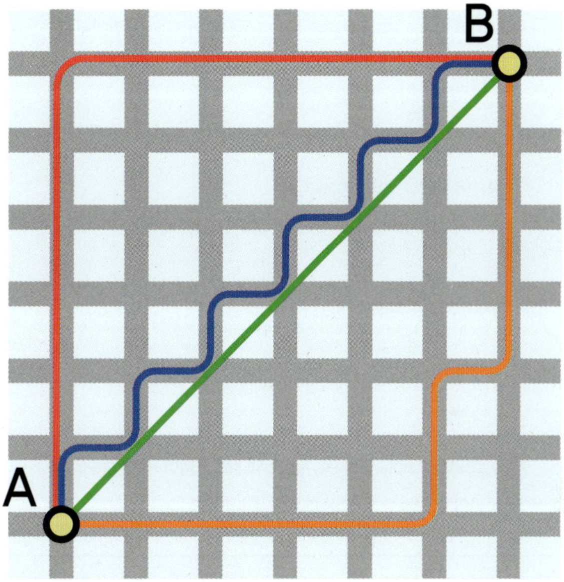

그림 9-16. L1 Norm, L2 Norm으로 거리 구하기

위의 그림 9-16은 벡터의 크기 L1 Norm, L2 Norm을 설명할 때 사용한 그림으로 맨하튼 거리는 초록색처럼 두 좌표 사이를 가로질러 갈 수 없습니다. 마치 바둑판 모양 위에 건물이 지어진 것처럼 흰색 사각형 모양을 피해 빨강색, 파랑색, 노랑색 길처럼 따라 가야 합니다. 상하좌우로만 이동이 가능하기 때문에 맨하튼 거리는 단순히 두 점의 세로축 차이와 가로축 차이를 더하면 되며, A가 (x_1, y_1)이고, B가(x_2, y_2)일 때 두 좌표의 거리는 다음의 공식으로 표현할 수 있습니다.

$$d(x, y) = |x_2 - x_1| + |y_2 - y_1|$$

d는 distance의 의미입니다.

파이썬으로 맨하튼 거리 구하기

파이썬 코드로 맨하튼 거리 계산법을 나타내 봅시다.

```
import math
x=(1,2,3)
y=(2,4,6)
def manhattan_distance(x,y):
    return sum(abs(a-b) for a,b in zip(x,y))

manhattan_distance(x,y)

6
```

위의 코드에서 zip(x,y)는 (x,y)를 순서대로 만들어 주는 함수입니다.

zip(x,y)의 결과는 (1,2) (2,4) (3,6)으로 나타납니다.

6.2 유클리드 거리

유클리드 거리(Euclidean Distance)를 구하는 것은 앞의 그림 9-16에서 초록색으로 A에서 B까지의 최단거리를 찾는 것과 같습니다. 피타고라스 정리를 생각하면 이해하기가 쉽습니다.

A가 $(x_1,\ y_1)$이고, B가$(x_2,\ y_2)$일 때 공식은 다음과 같습니다.

$$d(x,y)=\sqrt{(x_1+y_1)^2+(x_2+y_2)^2}$$

d는 distance의 의미입니다.

파이썬으로 유클리드 거리 구하기

파이썬 코드를 이용해서 유클리드 거리를 나타내 봅시다.

```
from scipy.spatial import distance

x=(1,2,3)
y=(2,4,6)

d=distance.euclidean(x,y)
print(d)

3.7416573867739413
```

앞의 맨하튼 거리와 비교해 보면, 유클리드 거리(3.741..)를 구현한 코드의 결과가 맨하튼 거리(6)보다 짧은 것을 알 수 있습니다. 그래서 보통 최단거리를 구할 때 유클리드 거리를 많이 사용합니다.

잠깐만요

KNN (k-Nearest Neighbors)과 K-means

KNN (k-Nearest Neighbors)과 K-means는 유사도를 기반으로 군집화하는 머신러닝 알고리즘 가운데 대표적인 알고리즘입니다.

kNN(k-Nearest Neighbors)

k개의 최근접 이웃을 구하는 군집화 알고리즘입니다.
아래 그림 9-17과 같이 책장에서 비슷한 책 찾기 예제를 예로 들어 이해해 봅시다.

지금 읽고 있는 책과 가장 유사한 책을 찾고 싶습니다.

- 거리 기준이 있어야 합니다. 이때 거리 기준이 k입니다.
- 가장 비슷한 k개

지금 읽고 있는 책 :

구하는 방법 : 벡터의 거리(책들간의 유사도)
결과 : 가장 유사한 책 k권
(여기서 k는 8입니다.)

전체 책 :

그림 9-17. kNN : k개의 비슷한 데이터를 찾기

k-means

데이터를 k개의 군집으로 만드는 알고리즘으로 그림 9-18과 같이 그룹핑합니다. 다음과 같은 순서로 진행합니다.

① k를 정합니다(몇 개의 군집을 만들 것인지 정합니다).
② k개의 초기 중심을 임의로 정합니다.
③ 각 데이터에서 k개의 중심 사이의 거리(벡터의 거리)를 구해서, 가장 가까운 군집으로 이동합니다.
④ 2번과 3번을 반복하되, 더 이상 군집 간의 이동이 없으면 종료합니다.

- K=3, 3개의 그룹을 만듭니다. 3개의 군집 중심이 있습니다.
- 군집 중심 : ★
- [A]는 Blue Cluster인지, Yellow Cluster인지 확실하지 않습니다.
- [A]가 어떤 Cluster에 속하는지 알기 위해
  1. 유사도 검사가 필수입니다.
     모든 데이터를 군집의 중심과의 거리로 유사도를 측정하여 최적의 군집을 만듭니다.
  2. 새로운 데이터 [A]가 들어왔을 때, [A]와 3개의 군집과의 거리(벡터의 거리)를 계산해서 군집에 할당됩니다.

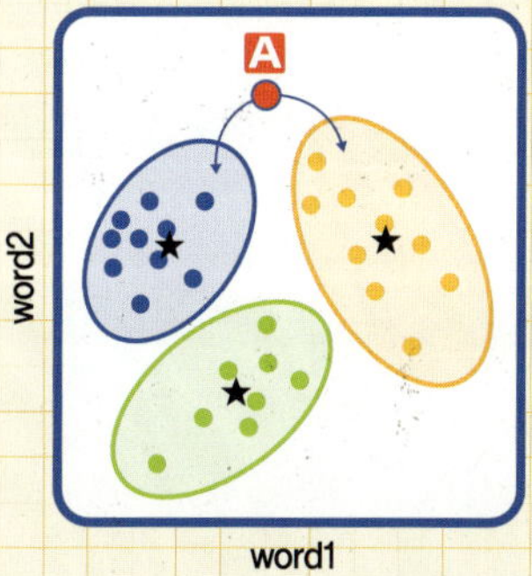

그림 9-18. K-means : k개의 군집 만들기

위의 예처럼 두 벡터 간의 크기 및 거리는 KNN, K-mean 등 머신러닝에서 유사도 거리를 구할 때 쓰입니다.

데이터사이언스는 데이터를 통해 미래의 일을 예측하는 학문입니다. 디지털시대가 도래하면서 우리 생활의 흔적이라고 할 수 있는 데이터가 빠르게 증가하고 있는데, 많은 양의 데이터를 활용하면 미래에 일어날 일을 예상할 수 있습니다.

예를 들어, 환자의 의료 기록을 통해 특정한 병에 걸릴 확률을 예측하거나 음식점의 PoS(Point of Sales) 데이터 분석을 통해, 시장 변화와 소비자 트렌드를 파악해서 매출을 예상할 수도 있죠. 또 사용자가 듣는 음악 패턴을 분석하여 좋아할 만한 음악이지만 아직 듣지 않았거나, 새로 출시된 음원 가운데 최적의 음악을 추천 받을 수도 있습니다.

이 밖에도 센서 기반으로 수집된 데이터를 활용해서 기후의 이상 탐지를 미리 예측하여 우리의 생명과 재산을 보호할 수도 있습니다. 이렇게 중요한 데이터를 이해하고 파악하기 위해서는 과거의 데이터를 자세히 살펴보아야 하는데, 그 대표적인 방법이 바로 통계입니다. 우리의 미래는 과거로부터 만들어지기 때문에, 통계를 기반으로 과거를 살펴보고, 이를 바탕으로 미래에 일어날 일에 대한 확률을 예측할 수 있습니다.

< 다섯째 마당 >

데이터사이언스에서 확률

| 10장 |

확률의 기초

학습 목표

확률의 개념을 비롯하여 독립 시행의 확률과 조건부 확률을 배웁니다.

1 〉 확률 시작하기 전에 : 통계와 머신러닝

통계와 데이터사이언스는 서로 밀접하게 연관되어 서로 한 방향을 바라보는 공통점도 있지만, 서로 다른 차이점도 있습니다.

지금부터 통계적 방법과 데이터사이언스 기반의 머신러닝을 활용한 분석 및 예측의 차이점에 대해 살펴보겠습니다.

통계적 분석은 입력 데이터가 바뀔 때마다 미리 만들어 놓은 알고리즘 및 통계 기법으로 출력 데이터를 추출하기 때문에 알고리즘이 업데이트되지 않습니다.

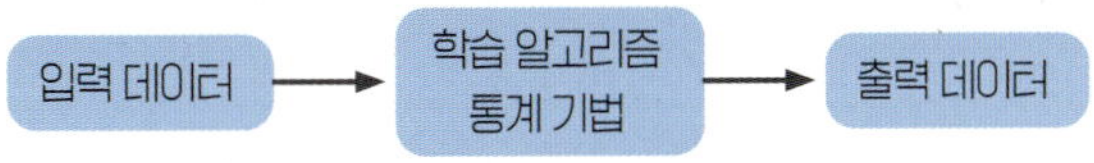

그림 10-1. 통계적 분석

반면에 데이터사이언스의 주된 분석 방법인 **머신러닝**은 입력과 출력 데이터 사이의 관계를 파악하여, 학습 알고리즘을 만든 후, 유사한 목적의 새로운 데이터가 입력될 때 학습된 알고리즘을 사용하여 결과 값을 예측합니다. 예측된 결과가 다시 출력 데이터가 되어 재학습이 이루어지며, 이를 통해 학습 알고리즘이 업데이트됩니다.

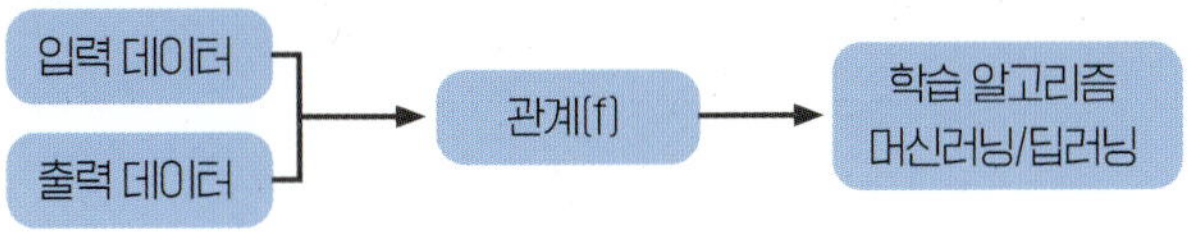

그림 10-2. 데이터사이언스의 동작원리

예를 들어 인터넷 검색 사이트에 수많은 뉴스 기사가 있다고 합시다. 매일 쏟아지는 기사의 홍수를 정치, 경제, 사회, 세계, 생활/문화, IT/과학으로 분류하는 알고리즘을 만든다면, 가장 먼저 생각할 수 있는 방법은 각 뉴스 기사에 출현하는 단어를 분석하는 일일 것입니다. 분류에 핵심이라고 할 수 있는 단어가 입력 데이터(x)가 될 것이고, 사용빈도가 가중치(기울기)가 될 것입니다. y를 특정 카테고리라고 할 때, 수학적으로 표현하면 아래와 같습니다.

y=f(x) → y=사용빈도 * 특정 단어들

결국, 카테고리 y를 제대로 분류하려면 다음의 조건을 만족해야 합니다.

- f(x)를 정확하게 만듭니다.
- 핵심어(x)를 잘 뽑아냅니다.
- 해당 단어의 사용빈도(가중치)를 설정합니다.

위의 조건 가운데 사용빈도를 설정할 때, 통계 기법을 사용하게 됩니다. 임의로 가중치를 설정하기 보다, 과거 데이터 속에서 핵심어의 사용빈도를 가중치로 사용하면 보다 정확한 예측이 가능합니다.

이와 같이 통계 기법과 데이터사이언스의 동작 원리는 서로 같기도 하면서 다른 톱니바퀴처럼 맞물려 있습니다. 과거 데이터를 살펴보면서 통계 자료를 만들고, 이를 기반으로 확률, 기댓값을 예측합니다. 또 이와 같은 작업을 반복 학습하면서 확률의 정확도를 보정합니다.

2 〉 확률이란

확률은 확실한 정도를 수치화한 값을 의미합니다. 다시 말해, 어떤 일이 발생할 것으로 기대되는 정도를 숫자로 표현한 것이라고 할 수 있는데, 우연에 의해서 발생하는 일을 예측하는 것이 아니라, 몇 번을 반복해도 기대할 수 있는 수학적으로 계산이 가능한 수치만을 의미합니다.

예를 들어, '내일 비가 올 확률은 30%입니다.'라는 문장은 일기예보의 과거 데이터를 기반으로 내일 비가 올 것이라는 수학적으로 계산 가능한 수치에 해당하는 것이므로 확률이라고 할 수 있고, '이번 과제가 선정될 확률은 50% 정도일 것 같습니다.'라는 말은 '이번 과제'라는 의미에서 과제마다 다른 주제와 특성을 갖고 있기 때문에, 한 번으로 끝나 버리는 일회성에 해당하는 경우이기 때문에 수치화하는 것이 부적합하여 확률로 나타낼 수 없습니다.

또 다른 경우를 살펴보겠습니다. '귀가가 늦어지면 아내가 화를 낼 확률이 높아집니다.'라는 경우는 조건이 달라지면 확률이 달라지기 때문에 이와 같이 인과관계나 조건문에서는 확률이라고 얘기하기에 적합하지 않습니다. '오늘의 운세', '이번 달에는 복권이 당첨될 확률이 높습니다.'라는 것도 확률이라고 할 수 없습니다. 복권에 당첨될 확률은 복권을 사야만 당첨이 되는 인과관계가 있고, 심지어 평생에 한 번 일어나기도 힘든 일이기 때문에 수치화하기 부적합하여, 이 경우에도 확률이라고 할 수 없습니다.

이와 같이 확률은 우연히 일어나는 경우가 아니라, 몇 번을 반복해도 기대할 수 있는 기대치를 의미하기 때문에 수학적으로 계산하여 수치화할 수 있는 것을 의미합니다.

2.1 수학적 확률 vs. 통계적 확률

확률의 개념을 크게 수학적 확률과 통계적 확률의 두 가지로 나눌 수 있습니다.

수학적 확률은 실제 경험이나 실험 결과를 바탕으로 하지 않고, 인간의 이성으로 자연스럽게 인식되는 '확실한 정도'를 수치화한 확률을 의미합니다.

보통 우리가 고등학교 때 배우는 확률이 이에 해당하는데, 예를 들어 '주사위를 던져서 짝수가 나오는 확률은 얼마일까요?'와 같은 문제입니다.

1	3	5
2	4	6

그림 10-3. 주사위의 눈이 될 수 있는 경우 : 6가지

주사위는 1, 2, 3, 4, 5, 6개의 숫자가 각 면에 적혀 있기 때문에, 6개의 숫자 가운데 짝수는 3개이므로 주사위를 던져 짝수가 나올 확률은 1/2(50%)입니다. 이와 같이 수치화할 수 있고 누구나 공통으로 인식될 수 있는 확실한 정도를 나타내는 확률을 수학적 확률이라고 합니다.

통계적 확률은 실생활에서 일어날 수 있는 데이터를 모은 다음, 충분한 개수의 표본을 추출해서, 확률을 구하는 것입니다. 과거의 통계 자료가 확률의 기준이 되며, 우리가 배우는 데이터사이언스에서 주로 다루는 영역이라고 할 수 있습니다.

이 책에서는 확률의 이해를 돕기 위해 수학적 확률에 대해서 먼저 살펴봅니다.

2.2 확률의 기본 용어

확률에서 사용하는 용어는 우리가 일상에서 잘 사용하지 않는 단어가 많아서 생소한 경우가 많은데, 다음의 확률 용어부터 알아봅시다.

- **시행(trials)** : 반복해서 실험하거나 관측하는 것을 의미합니다.

  예) 주사위 던지기, 동전 던지기

- **표본 공간(sample space)** : 시행할 때 일어날 수 있는 모든 결과를 모은 집합입니다.

  예) 주사위를 던지는 시행의 표본 공간 : {1,2,3,4,5,6}

  예) 동전을 던지는 시행의 표본 공간 : {앞, 뒤}

- **사건(event)** : 표본 공간의 부분 집합, 시행에서 일어날 있는 결과 가운데 하나를 의미합니다.

  예) 짝수 눈이 나오는 경우 : 주사위를 던져서 {2,4,6} 중 하나가 나오는 경우

  예) 앞이 나오는 경우 : 동전을 던져서 {앞}이 나오는 경우

- **근원 사건(atom)** : 표본 공간에서 단 하나의 성분으로 만들어지는 부분 집합을 의미합니다.

  예) 주사위를 던지는 시행의 근원 사건은 {1}, {2}, {3}, {4}, {5}, {6}으로 6개입니다.

  예) 동전을 던지는 시행의 근원 사건은 {앞}, {뒤}으로 2개입니다.

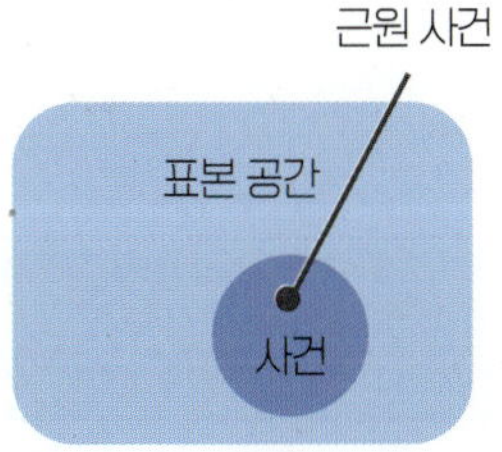

그림 10-4. 확률의 기본 용어

2.3 확률의 정의 및 성질

어떤 사건 A가 일어날 가능성을 수치화한 것이 확률이며, P(A)로 표현합니다. P는 Probability의 약어입니다.

사건의 확률은 같은 조건에서 실험을 반복할 때, 동일한 사건이 일어나리라 예상되는 횟수의 비율을 의미합니다. 실험에서 표본 공간의 개수를 n(S), 사건 A의

원소 개수를 n(A)라 할 때, 사건 A가 발생할 확률 P(A)는 다음과 같이 표현할 수 있습니다.

$$P(A) = \frac{\text{A가 일어나리라 예상되는 횟수}}{\text{전체 실험의 횟수}} = \frac{n(A)}{n(S)}$$

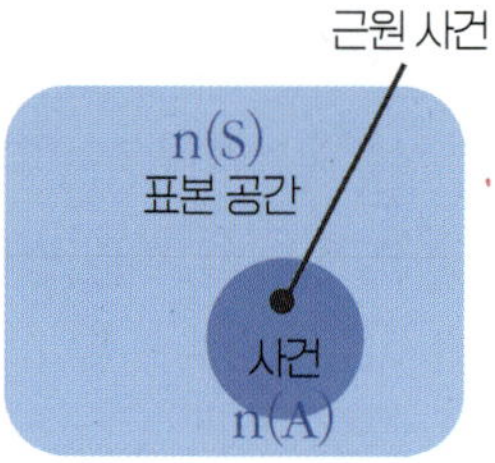

확률은 다음과 같이 세 가지의 성질을 갖습니다.(P(A)의 범위는 $0 \le P(A) \le 1$이고, 확률의 최소는 0, 최대는 1입니다.) 정리하면,

1. 임의의 사건 A에 대해 확률입니다.
2. 반드시 일어나는 사건 S의 확률은 P(S)=1입니다.
3. 절대로 일어나지 않는 사건 ø의 확률은 P(ø)=0입니다.

연습 문제

연습 01 **10원짜리 1개와 100원짜리 1개를 동시에 던지는 시행(trial)에서 '10원짜리가 앞이고 100원짜리가 뒤'인 사건(event)을 (앞, 뒤)로 표기한다고 합시다. 이때 시행의 표본 공간(sample place)과 근원 사건(atom)을 각각 적으세요.**

〈풀이〉

표본 공간 :
{(앞, 앞),(앞, 뒤), (뒤, 앞), (뒤, 뒤)}

근원 사건 :
{(앞, 앞)}, {(앞, 뒤)}, {(뒤, 앞)}, {(뒤, 뒤)}

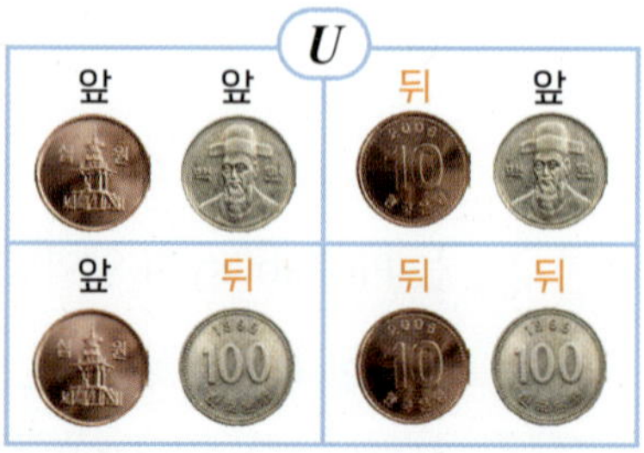

3 〉 독립 시행의 확률

여러 개의 시행이 있을 때, 어떤 시행의 결과도 다른 시행의 결과에 영향을 미치지 않을 때 각 시행을 독립 시행(independent trial)이라고 합니다.

예를 들어, 10원짜리 1개와 100원짜리 1개를 동시에 던지는 시행(trial)에서 나는 10원짜리를 던지고, 친구를 100원짜리 동전을 던집니다. 이때 내가 10원짜리를 던지는 시행과 친구가 100원짜리를 던지는 시행은 서로 영향을 미치지 않기 때문에 내가 동전을 던지는 것과 친구가 동전을 던지는 시행은 각각 독립 시행이라고 할 수 있습니다.

연습 문제

연습 01 **슈니가 주사위 1개를 두 번 던집니다. 처음으로 던지는 시행을 T_1, 두 번째로 던지는 시행을 T_2라고 하면, 두 시행 T_1과 T_2는 독립 시행일까요?**

〈풀이〉

T_1과 T_2의 두 시행 결과는 서로 영향을 미치지 않기 때문에 T_1과 T_2는 독립 시행입니다.

연습 02 **슈니가 버스를 타고 출퇴근합니다. 슈니에게는 아침에 버스를 탔을 때 그날따라 앉을 좌석이 없어 서서 오면, 당일 회사 일이 잘 풀리지 않는다는 징크스가 있습니다. 버스에 좌석이 있을지, 없을지에 해당하는 시행이 T_1, 회사에서 일이 잘 풀릴지, 안 풀리지 해당하는 시행을 T_2라고 한다면, 두 시행 T_1과 T_2는 독립 시행일까요?**

〈풀이〉

T_1 과 T_2의 두 시행 결과는 서로 영향을 미치지 않기 때문에 T_1과 T_2는 독립 시행입니다.

연습 03

주머니에 노란 구슬 2개와 흰 구슬 2개가 들어 있습니다. A와 B가 순서대로 구슬을 뽑을 때, A가 구슬을 뽑는 시행이 T_1, B가 구슬을 뽑는 시행이 T_2일 때, B가 흰 구슬을 뽑을 확률을 구해 봅시다.

〈풀이〉

위의 문제를 풀이하기 위해서는 복원 추출과 비복원 추출에 대한 개념을 이해해야 합니다.

먼저, **복원 추출**(with replacement)이라는 것은 한번 추출한 표본이 다시 추출 대상이 될 수 있을 때, 표본이 원래대로 복원된 후 추출하는 것을 의미합니다. 표본이 원래대로 복원되었기에, 앞의 시행에 영향을 받지 않기 때문에 **독립 시행**(independent trial)입니다.

반면, **비복원 추출**(without replacement)은 한번 추출한 표본이 다시 추출 대상이 될 수 없을 때, 즉, 표본이 원래대로 복원되지 않았다는 의미입니다. 표본이 원래대로 복원되지 않았기에, 뒤의 시행이 앞의 시행에 영향을 받기 때문에 **종속 시행**(dependent trial)이라고 할 수 있습니다.

위의 내용에 따라서, 복원 추출인 경우와 비복원 추출인 경우로 나누어 문제를 풀어보겠습니다.

복원 추출인 경우

① A가 흰 구슬을 뽑아서 확인하고, 뽑았던 흰 구슬을 다시 주머니에 넣었습니다.
→ 주머니 안에는 그대로 노란 구슬 2개와 흰 구슬 2개가 있습니다.

② A가 노란 구슬을 뽑아서 확인하고, 뽑았던 노란 구슬을 다시 주머니에 넣었습니다.
→ 주머니 안에는 그대로 노란 구슬 2개와 흰 구슬 2개가 있습니다.

이때 B가 흰 구슬을 뽑을 확률은 1과 2의 경우 모두 $\frac{1}{2}$입니다. 즉 A가 흰 구슬을 뽑을 때나 노란 구슬을 뽑을 때 영향을 미치지 않고 서로 상관이 없기 때문에, A가 구슬을 뽑은 시행 T_1, B가 구슬을 뽑는 시행을 T_2라고 할 때, T_1과 T_2는 독립 시행입니다.

문제가 비복원 추출인 경우

① A가 흰 구슬을 뽑아서 확인하고, 뽑았던 흰 구슬을 다시 주머니에 넣지 않습니다.
→ 주머니 안에는 노란 구슬 2개와 흰 구슬 1개가 있습니다.

② A가 노란 구슬을 뽑아서 확인하고, 뽑았던 노란 구슬을 다시 주머니에 넣지 않습니다.
→ 주머니 안에는 노란 구슬 1개와 흰 구슬 2개가 있습니다.

이때 B가 흰 구슬을 뽑을 확률은 다음과 같습니다.

- 경우 1에서의 확률은 $\frac{1}{3}$입니다.
- 경우 2에서의 확률은 $\frac{2}{3}$입니다.

A가 흰 구슬을 뽑을 때와 노란 구슬을 뽑을 때에 따라 B가 흰 구슬을 뽑을 확률이 달라집니다. A가 구슬을 뽑는 시행 T_1은 B가 구슬을 뽑는 시행 T_2에 영향을 미치기 때문에 T_1과 T_2는 독립 시행이 아닙니다. 이와 같이 독립 시행이 아닐 때 종속 시행(dependent trial)이라고 합니다.

표 10-1은 복원 추출과 비복원 추출을 정리한 표입니다.

표 10-1. 복원 추출 vs. 비복원 추출(독립 시행 vs. 종속 시행)

한번 추출한 표본이 다시 추출 대상이 될 수 있을 때	표본이 원래대로 복원된 후 추출하므로 **복원 추출**(with replacement)	표본이 원래대로 복원되었기에, 앞의 시행에 영향을 받지 않기 때문에 **독립 시행**(independent trial)
한번 추출한 표본이 다시 추출 대상이 될 수 없을 때	표본이 원래대로 복원되지 않았다는 의미이므로 **비복원 추출**(without replacement)	표본이 원래대로 복원되지 않았기에, 앞의 시행에 영향을 받기 때문에 **종속 시행**(dependent trial)

3.1 독립 시행의 확률 구하기 : 곱으로 구하기

주머니 A에는 노란 구슬 2개와 흰 구슬 2개가 들어 있고, 주머니 B에는 노란 구슬 2개와 흰 구슬 1개가 들어 있습니다. 각 주머니에서 1개씩 구슬을 꺼낼 때 2개 모두 노란 구슬일 확률을 구해 봅시다.

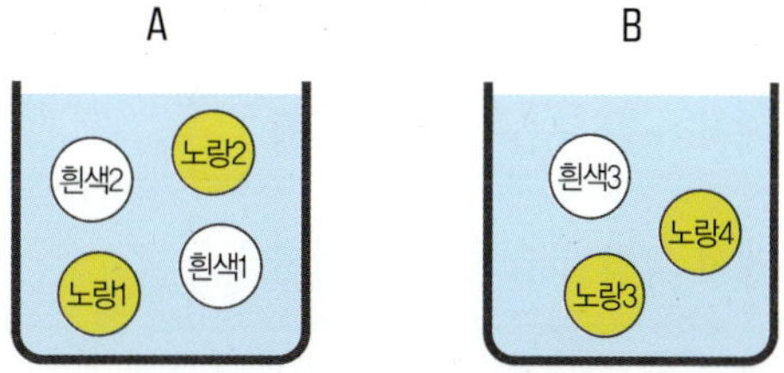

그림 10-5. 독립 시행의 예

- 주머니 A에서 구슬을 꺼낼 수 있는 방법은 주머니 안에 노랑1, 노랑2, 흰색1, 흰색2의 4가지 구슬이 있으므로 모두 4가지입니다.
- 주머니 B에서 구슬을 꺼내는 방법은 주머니 안에 노랑3, 노랑4, 흰색3의 3가지 구슬이 있으므로 모두 3가지입니다.

주머니 A와 B에서 각각 1개씩 뽑는 경우의 총 가지 수는 $4 \times 3=12$입니다.

아래 그림 10-6에서 볼 수 있듯이, 가로가 A주머니에서 추출될 수 있는 경우의 수를 나타내며, 세로는 B주머니에서 추출될 수 있는 경우의 수를 의미할 때, 모든 경우의 수는 가로×세로=4×3=12개입니다.

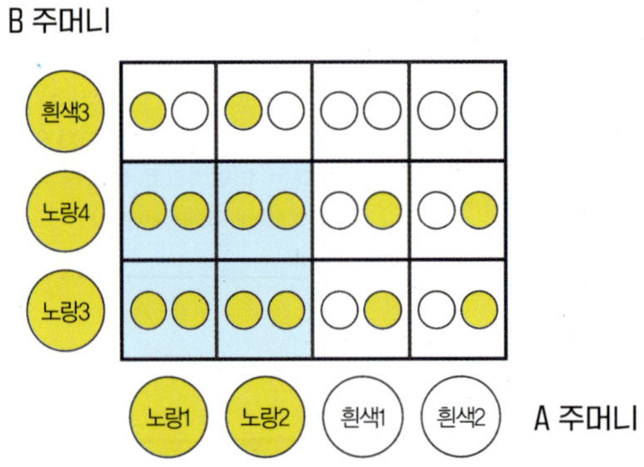

그림 10-6. 독립 시행 후의 결과

각 주머니에서 구슬을 1개씩 꺼낼 때 2개의 구슬이 모두 노란 색일 확률은 가로, 세로가 모두 노란색인 경우를 의미하므로 위의 그림에서 12칸 가운데 노란색으로 표시된 4칸에 해당하기 때문에 확률은 $\frac{4}{12} = \frac{1}{3}$ 입니다.

그림으로 표현하는 방법과 달리, 곱셈으로 확률을 구하는 간단한 방법이 있습니다.

- A에서 노란 구슬을 꺼낼 확률 : $\frac{2}{4}$,
- B에서 노란 구슬을 꺼낼 확률 : $\frac{2}{3}$,
- A와 B 모두 노란 구슬을 꺼낼 확률은 $\frac{2}{4} \times \frac{2}{3} = \frac{1}{3}$

주머니 A에서 구슬을 꺼내는 시행과 주머니 B에서 구슬을 꺼내는 시행이 서로 상관이 없는 독립 시행이기 때문에 서로 영향을 주고 받지 않으므로 각 주머니에서 노란 구슬을 뽑을 확률을 모두 구해서 곱하면 되는 것입니다.

이번에는 독립 시행이 아닌 경우를 살펴봅시다.

주머니 A에는 노란 구슬 2개와 흰 구슬 2개가 들어 있고, 주머니 B에는 노란 구슬 2개와 흰 구슬 1개가 들어 있습니다. 각 주머니에서 1개씩 구슬을 꺼낼 때

2개 모두 노란 구슬일 확률을 구해 봅시다.

단, 주머니 A에서 꺼낸 구슬을 주머니 B에 넣는다는 조건을 추가합니다. 이 경우는 A에서 꺼낸 구슬이 노란 구슬인지, 흰 구슬인지에 따라 B에서 꺼낼 수 있는 구슬 색의 확률이 달라지기 때문에 독립 시행이 아닙니다. 따라서 주머니 A에서 노란 구슬을 꺼낼 확률과 주머니 B에서 노란 구슬을 꺼낼 확률의 계산을 단순히 곱하는 방식을 구할 수 없습니다.

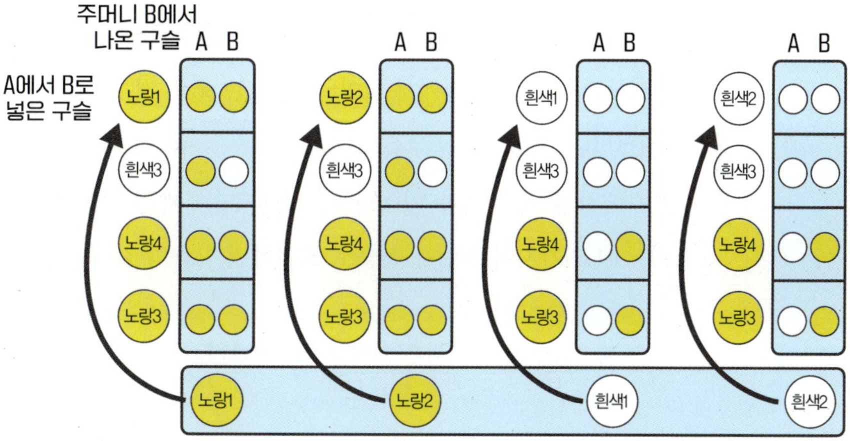

그림 10-7. 주머니 A에서 꺼낸 구슬을 주머니 B에 넣었을 경우의 확률 연산

위의 그림 10-7에서 볼 수 있듯이, 16가지 경우 가운데 주머니 A와 주머니 B 모두에서 노란 구슬이 나올 경우는 노란색으로 칠해진 6가지이고 전체 경우의 수가 16가지이므로, 주머니 A와 주머니 B 모두에서 노란 구슬이 나올 확률은 $\frac{6}{16}=\frac{3}{8}$입니다.

만약, 독립 시행이라고 잘못 판단하여, 위의 확률을 곱셈으로 풀면 다음과 같은 계산이 가능합니다.

- 16가지에서 주머니 A에서 노란 구슬이 나올 확률 : $\frac{8}{16}=\frac{1}{2}$
- 16가지에서 주머니 B에서 노란 구슬이 나올 확률 : $\frac{10}{16}=\frac{5}{8}$
- 독립 시행의 방법대로 곱의 연산을 적용하면, $\frac{1}{2}\times\frac{5}{8}=\frac{5}{16}$

즉, $\frac{3}{8} \neq \frac{5}{16}$의 경우이므로, 독립 시행일 때 확률을 계산하는 곱셈과 독립 시행이 아닌 경우의 확률이 다릅니다. 따라서 데이터를 분석하는 과정에서 독립 시행인지 아닌지를 구분하는 것은 매우 중요합니다.

앞에서 배운 독립 시행일 때의 확률 연산을 다시 한번 살펴봅시다.

시행을 의미하는 T_1과 T_2가 서로 독립일 때, T_1 시행에서 일어날 수 있는 전체 사건의 경우의 수를 U_1, T_2 시행에서 일어날 수 있는 전체 사건의 경우의 수를 U_2라고 가정하면, T_1, T_2 시행에서 일어날 수 있는 모든 경우의 수는 $n(U_1)\times n(U_2)$가지입니다.

시행 T_1에서는 사건 A가 일어나고, 시행 T_2 에서는 사건 B가 일어날 확률은 $n(A)\times n(B)$가지이고 이를 확률로 표현하면 다음과 같이 구할 수 있습니다.

$$P(A)P(B) = \frac{n(A_1)\times n(A_2)}{n(U_1)\times n(U_2)} = \frac{n(A_1)}{n(U_1)}\times\frac{n(A_2)}{n(U_2)} = P(A)\times P(B)$$

예제를 통해 살펴봅시다. 주사위를 던지는 시행 T_1과 동전을 던지는 시행 T_2이 있다고 해 봅시다. T_1 시행에서 일어날 수 있는 전체 사건의 경우의 수를 U_1, T_2 시행에서 일어날 수 있는 전체 사건의 경우의 수를 U_2라고 가정하면 U_1={1,2,3,4,5,6}, U_2={앞, 뒤}입니다.

이때 주사위의 눈은 홀수가 나오고, 동전은 앞이 나오는 경우를 구해 봅시다. 주사위의 눈이 홀수가 나오는 경우는 3가지이고, 전체 U_1가 6가지이므로, 확률은 $\frac{3}{6} = \frac{1}{2}$이며, 동전의 앞이 나오는 경우는 1가지, 전체 U_2가 앞과 뒤의 2가지이므로, 확률은 $\frac{1}{2}$입니다.

주사위는 홀수가 나오고, 동전은 앞면이 나올 확률은 두 시행이 독립이기 때문에, 서로에게 영향을 주지 않습니다. 따라서 위의 확률을 곱하면 $\frac{1}{2}\times\frac{1}{2} = \frac{1}{4}$과 같은 결과를 구할 수 있습니다.

이번에는 세 개의 시행 T_1, T_2, T_3이 독립적이라고 할 때의 경우를 살펴봅시다.

즉, T_1에서는 A가 일어나고, T_2에서는 B가 일어나고, T_3에서는 C가 일어날 때, 3개의 독립 시행에서 일어날 확률은 $P(A)\times P(B)\times P(C)$와 같습니다.

연습 문제

연습 01 **슈니가 A대학교에 입학할 확률이 0.5, B대학교에 입학할 확률이 0.7, C대학교에 입학할 확률이 0.3이라고 합니다. 슈니가 세 학교에 지원할 때, 적어도 1개의 학교에 합격할 확률을 구하세요. 단 다른 학교의 합격 여부는 서로 영향을 미치지 않습니다.**

〈풀이〉

합격 여부가 서로 영향을 미치지 않기 때문에 독립 시행입니다.
각 대학교를 지원하는 시행에서 A대학교에 합격하는 사건을 A, B대학교에 합격하는 사건을 B, C대학교에 합격하는 사건을 C라고 하면, 세 학교 각각에 대해서 불합격할 확률은 다음과 같이 구할 수 있습니다.

- $P(\bar{A})=1-P(A)=1-0.5=0.5$
- $P(\bar{B})=1-P(B)=1-0.7=0.3$
- $P(\bar{C})=1-P(C)=1-0.3=0.7$

세 학교에 모두 불합격될 확률 $P(\bar{A})P(\bar{B})P(\bar{C})=0.5\times0.3\times0.7=0.105$입니다.
적어도 학교에 합격할 확률은 전체에서 모두 불합격할 확률을 빼주면 됩니다. 따라서, 적어도 1개의 학교에 합격할 확률도 $1-P(\bar{A})P(\bar{B})P(\bar{C})=1-0.105=0.895$입니다.

잠깐만요

주어진 자료나 조건을 분석할 때 '적어도 ~'의 경우의 수(확률)를 구할 때는 여집합의 개념을 활용하면 좋습니다. 즉, 적어도 1개의 대학에 합격할 확률을 구해야 한다는 것은 집합의 개념을 활용해서 1-(모든 대학에 불합격할 확률)을 구하면 쉽게 구할 수 있기 때문입니다. 연습 문제에서와 같이 전체에서 모두 불합격할 확률을 제외하면, 3개 학교 모두 합격하거나, 2개의 대학교에 합격하거나, 1개의 대학교에 합격할 확률이므로 여집합의 개념과 같다고 이해할 수 있습니다.

4 〉 조건부 확률

4.1 독립 사건과 종속 사건

두 사건이 서로 영향을 주지 않을 때 독립 사건이라고 하며, 반대로 하나의 사건의 결과가 다른 사건에 영향을 줄 때 종속 사건이라고 합니다.

두 사건 A, B가 있다고 가정해 봅시다. 사건 A가 일어나는 여부에 따라서 사건 B가 일어날 확률에 영향을 미치지 않을 때, 사건 A와 B는 서로 독립이며, 다음과 같이 표현할 수 있습니다.

$$P(B|A)=P(B|A^c)=P(B),\ 단,\ 0 \leq P(A),\ P(B) \leq 1$$

여기에서 $P(B|A)$는 A사건이 일어날 때, 사건 B가 일어날 확률을 의미하고 $P(B|A^c)$는 A사건이 일어나지 않을 때, 사건 B가 일어날 확률을 나타내며, 위의 공식을 그림으로 표현하면 그림 10-8과 같습니다.

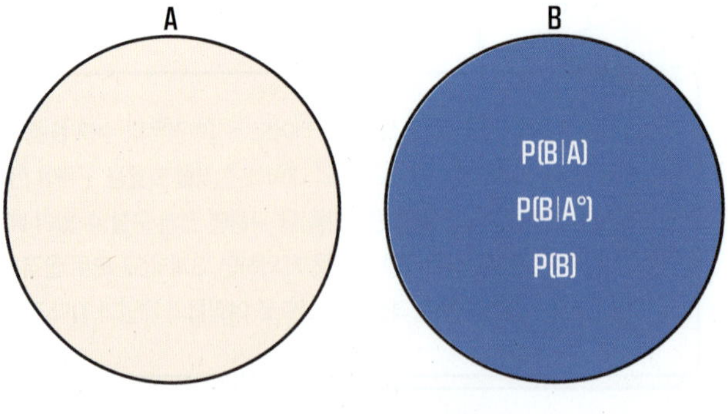

그림 10-8. 독립 사건일 때

독립일 때는 두 사건이 서로 영향을 미치지 않기 때문에 교집합이 없습니다. 사건 A가 일어나든지, 일어나지 않든지 간에 상관 없이 사건 B가 일어날 확률은 같습니다.

$P(B|A) = P(B|A^c) = P(B)$이 성립합니다.

두 사건이 서로 독립일 경우의 필요 충분 조건은 다음과 같습니다.

$P(A \cap B)=P(A)P(B|A)=P(A)P(B)$ (단, $0 \le P(A)$, $P(B) \le 1$)

그림 10-8과 달리, 그림 10-9와 같이 교집합이 있다는 의미는 두 사건이 서로 영향을 받는다는 의미로 해석할 수 있습니다. 즉, $P(B|A)=P(B|A^c)=P(B)$이 성립하지 않습니다.

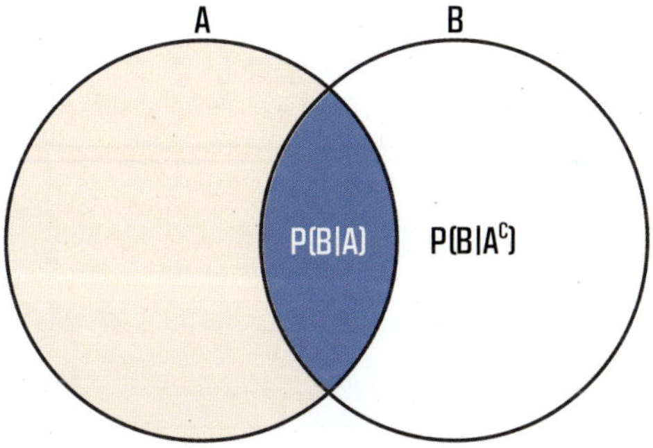

그림 10-9. 종속 사건일 때

- $P(B|A) \neq P(B|A^c)$
- $P(B|A^c) \neq P(B)$
- $P(B|A) \neq P(B)$
- $P(B|A) \neq P(B|A^c) \neq P(B)$

종속사건을 살펴보기 전에 교집합에 대해서 살펴보겠습니다. A와 B의 교집합은 A가 일어날 확률P(A)과 B가 일어날 때 A가 일어날 확률P(A|B)을 곱한 것입니다. 곱셈으로 확률을 구하는 것은 독립 시행일 때 가능합니다. 따라서 P(A)와

P(B|A)가 서로 독립이어야 하고, P(A)와 P(B|A)의 교집합은 0이어야 합니다.

A와 B의 교집합은 A가 일어날 확률과 B가 일어날 확률을 곱한 것입니다. 곱셈은 독립 시행일 때 가능하기 때문에 P(A)와 P(B)가 서로 독립이고 교집합이 0이어야 합니다.

$P(A \cap B)=P(A)P(B|A)=P(A)P(B)$이 성립하려면, 교집합이 없어야 하며, 서로 독립 시행일 때만 가능합니다.

그러나 그림 10-9와 같이 종속사건일 때는 A와 B의 교집합이 0이 아니기 때문에 확률의 곱셈이 성립되지 않고, 이에 따라, $P(A \cap B)=P(A)P(B|A)=P(A)P(B)$가 성립되지 않습니다. $P(B|A) \neq P(B|A^c) \neq P(B)$가 됩니다.

잠깐만요

지금 배우는 내용이 당장 이해되지 않아도 걱정하지 마세요. 다음 장의 베이즈 이론을 설명하면서 다시 한번 짚어서 자세히 다루겠습니다.

4.2 조건부 확률

어떤 사건 A가 일어났다는 조건 하에서 다른 사건 B가 일어날 확률을 조건부 확률(Conditional Probability)이라고 하고, 다음과 같이 표현합니다.

$$P(B|A)$$

사건 A가 일어났을 때, 사건 B에 대한 조건부 확률 법칙은 다음과 같습니다.

$$P(B|A) = \frac{P(A \cap B)}{P(A)} = P_A(B)$$

위의 공식은 A가 일어난 사건에 대한 A사건과 B사건 모두 일어날 사건을 구하는 것입니다.

예를 들어, 휴대폰 회사에서 새로운 휴대폰을 만든다고 가정해 봅시다. 두 개의 사업장이 있는데, A라는 사업장에서 80%를 만들고, B 사업장에서는 나머지 20%를 만든다고 할 때, A사업장에서 만드는 휴대폰의 불량품 비율은 10%이고, B사업장에서 만드는 휴대폰의 불량품 비율도 10%라고 할 때, 이 경우를 100칸짜리 사각형을 사용하면 다음과 같이 표현할 수 있을 것입니다.

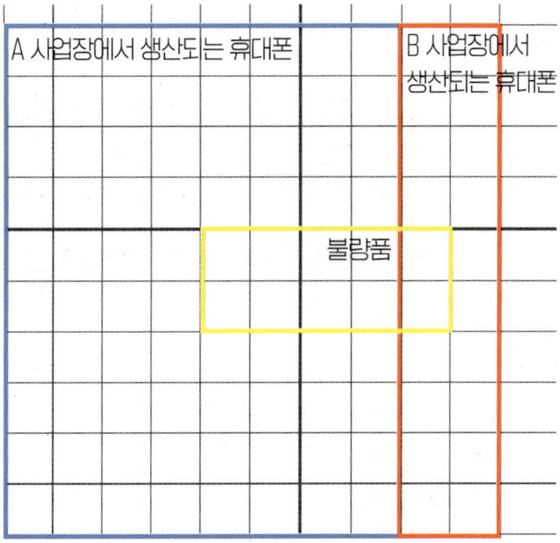

그림 10-10. 휴대폰 회사 사례

이 회사의 휴대폰을 임의로 1개 꺼낼 때, A 사업장에서 만들어진 휴대폰을 뽑는 사건을 A, 뽑은 휴대폰이 불량인 사건을 D라고 하면, 슈니가 뽑은 휴대폰이 A사업장에서 만든 불량품일 확률을 구해봅시다.

A 사업장에서 만든 휴대폰을 구매했을 때, 사건 D가 일어날 확률을 구하는 것과 같은 의미이며, P(D|A) 또는 $P_A(D)$로 표현할 수 있고, $P_A(D)$=10%입니다.

$$P(D|A)=\frac{P(A \cap D)}{P(A)}=P_A(D)$$

위의 공식에 대입하면, A사업장에서 일어난 것이므로, 파란색 칸 전체(80칸)를 분모로 봅니다. A 사업장에서 만든 불량품이므로, (A∩D)=파랑색 위의 노란색 = 8칸이므로 다음과 같이 확률을 구할 수 있습니다.

$$\frac{P(A\cap D)}{P(A)}=P_A(D)=\frac{8}{80}=10\%$$

위의 예시와 같은 경우를 사건 A가 일어났을 때 사건 B가 일어날 조건부 확률(conditional probability)이라 부릅니다.

연습 문제

연습 01 **J 중학교의 학생 중 50%가 안경을 썼고, 그 중 여학생이 안경을 쓴 경우는 40%입니다.**

이 학교의 학생 중 임의로 1명을 뽑은 학생이 안경을 쓴 학생이었을 때, 그 학생이 여학생일 확률을 구하세요.

〈풀이〉

전체 학생 중 안경을 쓴 학생의 확률을 P(A)로 표현하고, P(A)=0.5입니다. 여학생일 확률을 P(B)로 나타내면, 여학생이면서 안경을 쓴 확률은 P(A∩B)는 0.4입니다.
따라서, 학생 중 임의로 1명을 뽑은 학생이 안경을 쓴 학생이었을 때, 그 학생이 여학생일 확률은 0.8입니다.

$$P(B|A)=\frac{P(A\cap B)}{P(A)}=\frac{0.4}{0.5}=0.8=P_A(B)$$

연습 02 **주머니에 흰 구슬 5개와 빨간 구슬 3개가 있습니다. A와 B가 순서대로 1개씩 뽑고, 뽑은 구슬을 다시 돌려 놓지 않았습니다. 이때 A가 흰 구슬을 뽑는 사건을 A, B 가 흰 구슬을 뽑는 사건을 B라 할 때, B가 흰 구슬을 뽑을 확률을 구하세요.**

〈풀이〉

- A가 흰 구슬을 뽑는 경우의 수는 주머니 안에 흰 구슬이 5개이므로, $P(A)=\frac{5}{8}$
- B가 흰 구슬을 뽑는 경우의 수는, 다음과 같이 A가 흰 구슬을 뽑았을 경우와 빨간 구슬을 뽑았을 경우로 나누어서 살펴봐야 합니다.

• A가 흰 구슬을 뽑았을 경우 :

$$P_A(B)=\frac{5(\text{흰 구슬 개수})-1(A\text{가 뽑은 흰 구슬})}{8(\text{전체 구슬})-1(A\text{가 뽑은 구슬})}=\frac{4}{7}$$

• A가 빨간 구슬을 뽑았을 경우(=A가 흰 구슬을 뽑지 않았을 경우) :

$$P_A(B)=\frac{5(\text{흰 구슬 개수})-0(A\text{가 뽑은 흰 구슬 개수})}{8(\text{전체 구슬})-1(A\text{가 뽑은 구슬})}=\frac{5}{7}$$

연습 03 **다음의 표는 2학년 1반 학생 40명의 영어와 수학 점수의 분포를 나타내는 표입니다.**

	영어 80점 이상 받은 학생수	영어 80점 미만 받은 학생 수	합계
수학 80점 이상 받은 학생 수	10	15	25
수학 80점 미만 받은 학생 수	11	4	15
합계	21	19	40

– 수학 점수가 80점 이상인 사건을 A
– 영어 점수가 80점 이상인 사건을 B
위와 같은 조건에서 다음의 확률을 구하세요.

① $P(A)$ ② $P(B)$
③ $P_A(B)$ ④ $P_{\bar{A}}(B)$
⑤ $P_B(A)$ ⑥ $P_{\bar{B}}(A)$

〈풀이〉

아래 표에서 주황색이 A, 파란색이 B를 나타냅니다.

	영어 80점 이상 받은 학생수	영어 80점 미만 받은 학생 수	합계
수학 80점 이상 받은 학생 수	10	15	25
수학 80점 미만 받은 학생 수	11	4	15
합계	21	19	40

	영어 80점 이상 받은 학생수	영어 80점 미만 받은 학생 수	합계
수학 80점 이상 받은 학생 수	10	15	25
수학 80점 미만 받은 학생 수	11	4	15
합계	21	19	40

① $P(A)=\frac{25}{40}$

② $P(B)=\frac{21}{40}$

③ $P_A(B)=\frac{10}{25}$

④ $P_{\bar{A}}(B)=\frac{11}{15}$

⑤ $P_B(A)=\frac{10}{21}$

⑥ $P_{\bar{B}}(A)=\frac{15}{19}$

| 11장 |

베이지안 확률

학습 목표

베이지안 확률에 대해서 배웁니다.

데이터사이언스를 공부할 때 필요한 확률이론 가운데 '빈도주의' 관점의 패러다임을 획기적으로 수정한 베이지안 확률(bayesian probability)에 대해서 공부하고자 합니다. 여기서 확률의 빈도주의적 관점이란 우리가 흔히 알고 있는 확률 계산 방법이라고 할 수 있는 전체 사건 집합을 먼저 파악한 뒤, 특정 사건이 일어날 확률을 계산하는 방식을 의미합니다.

반면, 베이지안 확률은 아직 일어나지 않았거나 불확실한 사건에 대한 확률을 구하기 위한 방법 중 하나로 귀납적 추론에 해당합니다. 추가적인 근거의 확보를 통해 진리로 더 나아갈 수 있다는 측면에서 확률론 패러다임에 변화를 가져왔다고 볼 수 있습니다. 방법은 다음과 같습니다.

1. 가설을 세우고, 이에 대한 확률을 정합니다(사전 확률).
2. 관찰된 데이터를 기반으로 가능성(probability)을 계산합니다.
3. 추가적인 정보를 바탕으로 처음 설정한 주관적 사전 확률을 갱신하여 보정합니다.

잠깐만요

딥러닝/머신러닝 원리와 베이지안 확률을 구하는 방법은 학습을 하면서 보정을 통해 최적의 값을 도출하는 방식이 매우 유사하다고 할 수 있습니다. 그래서 베이지안 확률은 머신러닝과 딥러닝에서 많이 사용하는 확률 이론입니다.

잠깐만요

복습하기 : $P(A \cap B)$ vs $P_A(B)$, $P(B|A)$

$P(A|B)$와 $P_A(B)$, $P(B|A)$의 차이를 구분하면 다음과 같습니다.

- $P(A \cap B)$: 사건 A 와 사건 B가 함께 일어날 확률(동시발생)
- $P_A(B)$, $P(B|A)$: 사건 A가 일어났을 때 사건 B가 함께 일어날 확률

확률에서 사용하는 용어는 보통 일상에서 잘 사용되지 않기 때문에 많이 생소할 수 있습니다. 이번 기회에 다시 한번 확률 기본 용어에 대해 살펴보겠습니다.

- **시행(trials)** : 반복해서 실험하거나 관측하는 것을 의미합니다.
  - 주사위 던지기, 동전 던지기
- **표본 공간(sample space)** : 어떤 시행을 했을 때 일어날 수 있는 모든 결과를 모은 집합입니다.
  - 주사위를 던지는 시행의 표본 공간 : {1,2,3,4,5,6}
  - 동전을 던지는 시행의 표본 공간 : {앞, 뒤}
- **사건(event)** : 표본 공간의 부분집합이자 시행에서 일어날 있는 수 결과 중 하나를 의미합니다.
  - 짝수 눈이 나오는 경우 : 주사위를 던져서 {2,4,6} 중 하나가 나오는 경우
  - 앞이 나오는 경우 : 동전을 던져서 {앞}이 나오는 경우
- **근원 사건(atom)** : 표본 공간에서 단 하나의 성분으로 만들어지는 부분집합을 의미합니다.
  - 주사위를 던지는 시행의 근원 사건은 {1},{2},{3},{4},{5},{6}으로 6개입니다.
  - 동전을 던지는 시행의 근원 사건은 {앞},{뒤}로 2개입니다.

1 〉 곱셈 정리

$P(A \cap B) = P(A)P_A(B)$를 아래 벤다이어 그램으로 공식을 증명해 봅시다.

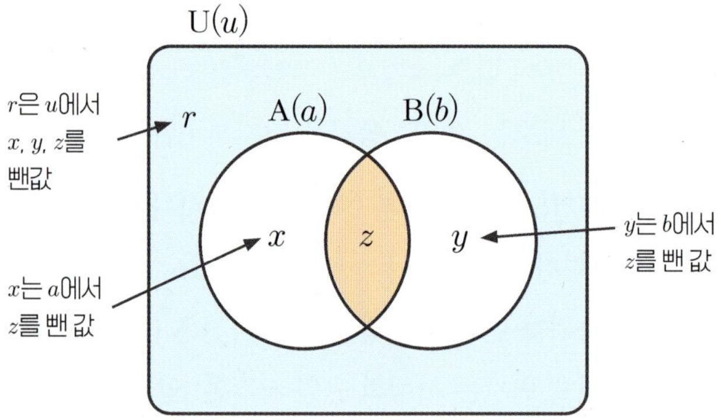

$n(U) = u \qquad n(A) = a \qquad n(B) = b \qquad n(A \cap B) = z$

$$P(A \cap B) = \frac{z}{u} = \frac{z}{x+y+z+r}$$

$$P_A(B) = \frac{z}{a} = \frac{z}{x+z}$$

$$P(A) = \frac{a}{u} = \frac{x+z}{x+y+z+r}$$

$$P(A \cap B) = \frac{z}{x+y+z+r}$$

$$= \frac{x+z}{x+y+z+r} \times \frac{z}{x+z} = P(A) \times P_A B$$

$$\Rightarrow P(A \cap B) = P(A) \times P_A(B)$$

그림 11-1. $P(A \cap B) = P(A)P_A(B)$

연습 문제

연습 01 주머니에 노랑 구슬 3개와 흰 구슬 1개가 들어 있습니다. A와 B가 순서대로 구슬을 뽑을 때, A가 노란 구슬을 뽑는 시행을 T_1, B가 노란 구슬을 뽑는 시행을 T_2라고 할 때, A가 노란 구슬을 뽑을 때 $P(A \cap B)$을 구해 봅시다(단, A가 뽑은 구슬을 다시 주머니에 넣지 않습니다.).

〈풀이〉

$$P(A \cap B) = P(A)P_A(B) = \frac{3}{4} \times \frac{2}{3} = \frac{1}{2}$$

$$P(A) = \frac{3}{4}$$

$$P_A(B) = \frac{2}{3}$$

연습 02 주머니에 노랑 구슬 3개와 흰 구슬 1개가 들어 있습니다. A와 B가 순서대로 구슬을 뽑을 때, A가 노란 구슬을 뽑는 시행을 T_1, B가 노란 구슬을 뽑는 시행을 T_2라고 할 때, A가 노란 구슬을 뽑지 않았을 때 을 구해 봅시다(단, A가 뽑은 구슬을 다시 주머니에 넣지 않습니다).

〈풀이〉

$$P(\overline{A} \cap B) = P(\overline{A})P_{\overline{A}}(B) = \frac{1}{4} \times \frac{3}{3} = \frac{3}{12} = \frac{1}{4}$$

$$P(\overline{A}) = \frac{1}{4}$$

$$P_{\overline{A}}(B) = \frac{3}{3} = 1$$

2 〉 베이즈 정리(베이지안 확률)

베이지안 확률은 원인의 확률입니다. 즉, 사건 A가 먼저 일어난 후, 사건 B가 일어날 때, A와 B가 함께 일어난다는 것은 'A∩B와 B∩A는 같다'일 것입니다.

위의 내용을 곱셈 정리 $P(A\cap B) = P(A)P_A(B)$에 적용해 보면 다음과 같이 정리할 수 있습니다.

- $P(A\cap B) = P(A)P_A(B)$
- $P(B\cap A) = P(B)P_B(A)$

이와 같이 곱셈 정리를 활용해서 사건 B가 일어난 원인을 찾는 정리가 베이즈 정리입니다. 수식으로 정리하면 다음과 같습니다.

$$(B\cap A) = P(B)P_B(A)$$

$$P_B(A) = \frac{P(A\cap B)}{P(B)}$$

$$= \frac{P(A\cap B)}{P(A\cap B)+P(\bar{A}\cap B)}$$

벤다이어 그램으로 위의 수식을 증명해 봅시다.

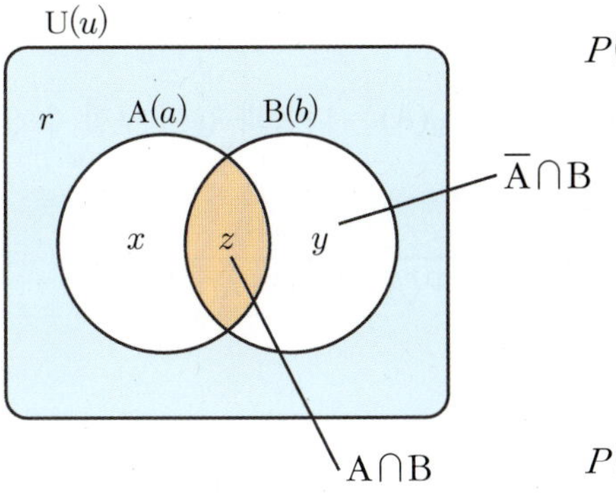

$$P(B) = \frac{b}{u}$$

$$= \frac{z+y}{x+y+z+r}$$

$$= \frac{z+y}{x+y+z+r} + \frac{y}{x+y+z+r}$$

$$= P(A \cap B) + P(\overline{A} \cap B)$$

$$P(B) \times P_B(A) = P(A \cap B)$$

$$= P_B(A) = \frac{P(A \cap B)}{P(B)}$$

$$\Rightarrow P_B(A) = \frac{P(A \cap B)}{P(A \cap B) + P(\overline{A} \cap B)}$$

그림 11-2. 베이즈 정리

다음 예제를 통해 사건 B가 일어난 원인을 찾는 베이즈 정리에 대해서 좀더 자세히 살펴봅시다.

예제 1

휴대폰 회사에서 새로운 휴대폰을 두 개의 사업장에서 나누어 만든다고 합니다.

- 사업장 1에서 전체 휴대폰 물량의 80%를 만들고, 사업장 2에서 나머지 20%를 만듭니다.
- 이때, 사업장 1에서의 만드는 휴대폰의 불량품 비율은 10%이고, 사업장 2에서 만드는 불량품의 비율은 10%입니다.
- 사업장 1에서 만들어진 휴대폰을 구매하는 사건을 A, 구매한 휴대폰이 불량품인 사건을 B라고 가정합니다.

구매한 휴대폰이 불량일 때, 해당 제품이 사업장1에서 만들어진 제품일 확률을 구하세요.

풀이 1

그림 11-2의 베이즈 정리에 의해 $P_B(A)$는 다음과 같이 구할 수 있습니다.

$$P_B(A) = \frac{P(A \cap B)}{P(A \cap B) + P(\bar{A} \cap B)}$$

문제의 내용을 그림으로 나타내면 다음과 같습니다.

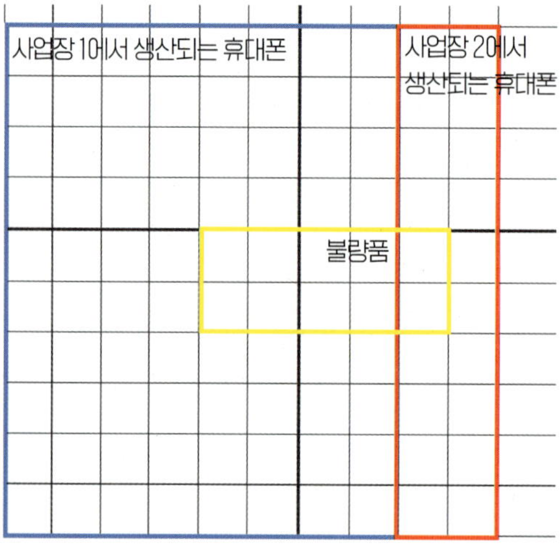

그림 11-3. 휴대폰 사업장에서 휴대폰 생산 및 불량 비율

❶ 사업장 1에서 만든 휴대폰을 뽑을 확률 : $P(A) = 80\%$

❷ 사업장 1에서 만든 휴대폰이 불량일 확률 : $P_A(B) = 10\%$

❸ $P(A \cap B) = P(A)P_A(B) = \dfrac{80}{100} \times \dfrac{10}{100} = \dfrac{4}{50}$

위의 예제에서 휴대폰을 만드는 사업장은 두 개밖에 없으므로 사업장 1을 A라고 하면, 사업장 2를 (1−A) 즉, A의 여집합 로 표현할 수 있습니다.

❶ 사업장 2에서 만든 휴대폰을 뽑을 확률 : $P(\bar{A}) = 20\%$

❷ 사업장 2에서 만든 휴대폰이 불량일 확률 : $P_{\bar{A}}(B) = 10\%$

❸ $P(\overline{A} \cap B) = P(\overline{A})P_{\overline{A}}(B) = \dfrac{20}{100} \times \dfrac{10}{100} = \dfrac{1}{50}$

베이즈의 정리에 의해 $P_B(A)$는 아래와 같이 구할 수 있습니다.

$$P_B(A) = \frac{P(A \cap B)}{P(A \cap B) + P(\bar{A} \cap B)} = \frac{\frac{4}{50}}{\frac{4}{50} + \frac{1}{50}} = \frac{4}{4+1} = \frac{4}{5} = 80\%$$

결국 구매한 휴대폰이 불량일 때, 해당 제품이 사업장 1에서 만들어진 제품일 확률, $P_B(A)$는 80%입니다.

위의 예제를 그림으로 표현하면 다음과 같이 풀이할 수 있습니다.

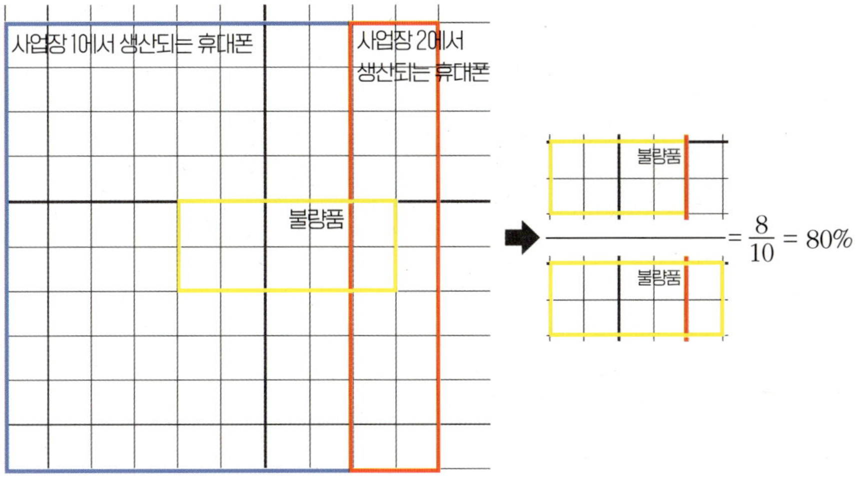

그림 11–4. 불량품 관점에서 보기

그림 11–4의 왼쪽그림에서, 전체 불량품은 10칸입니다. 이 가운데, 사업장 1에서 만든 불량품이 8칸이고 오른쪽 그림과 같이 표현할 수 있습니다. 즉, $P_B(A) = \frac{8}{10} = 80\%$입니다.

예제 2

J 중학교의 학생 가운데 남학생과 여학생 비율이 1:1(각 50%)이고, 여학생 가운데 40%, 남학생 가운데 60%가 안경을 착용한다고 합니다.

- J 중학교의 학생 중 임의로 한 명을 뽑을 때 여학생일 사건을 A라고 합니다.
- 안경을 쓴 학생을 뽑는 사건을 B라고 가정합니다.

학생 가운데 임의로 1명을 뽑을 때, 해당 학생이 안경을 쓰고(B), 여학생(A)일 확률, $P_B(A)$를 구하세요.

풀이 2

베이즈의 정리를 활용하여 문제를 해결할 수 있습니다.

$$P_B(A) = \frac{P(A \cap B)}{P(A \cap B) + P(\bar{A} \cap B)}$$

❶ 여학생이 뽑힐 확률 : $P(A) = 50\%$

❷ 여학생이면서 안경을 착용한 확률 : $P_A(B) = 40\%$

❸ $P(A \cap B) = P(A)P_A(B) = \frac{50}{100} \times \frac{40}{100} = 0.2$

성별은 남자와 여자로 두 가지인 경우이므로, 남학생은 전체에서 여학생을 제외한 여집합($\overline{A}$)의 개념으로 표현할 수 있습니다.

❶ 남학생이 뽑힐 확률 : $P(\overline{A}) = 50\%$

❷ 남학생이면서 안경을 착용한 확률 : $P_{\bar{A}}(B) = 60\%$

❸ $P(\bar{A} \cap B) = P(\bar{A})P_{\bar{A}}(B) = \frac{50}{100} \times \frac{60}{100} = 0.3$

베이즈의 정리에 의해 다음의 수식으로 문제를 풀이합니다.

$$P_B(A) = \frac{P(A \cap B)}{P(A \cap B) + P(\bar{A} \cap B)} = \frac{0.2}{0.2 + 0.3} = \frac{0.2}{0.5} = 0.4$$

따라서 학생 가운데 임의로 1명을 뽑았을 때, 해당 학생이 안경을 쓰고(B), 여학생(A)일 확률 $P_B(A)$는 40%입니다.

예제 3

슈니는 건강검진을 해야 하는데, 건강검진의 결과는 99%의 정확도를 가지고 있지만, 슈니는 건강검진을 받고 불치병이나 희귀병 진단을 받을까 두렵습니다.

건강검진을 받은 대상자 1만 명 가운데 1명이 불치병이 있다고 진단 받는다고 할 때 슈니가 건강검진을 받고 불치병이 걸릴 확률은 얼마나 되는지 구하세요.

풀이 3

불치병인 경우의 사건이 A, 검사 결과가 양성일 경우를 B라고 가정합니다. 건강검진에서 양성으로 진단 받을 때(B), 실제 불치병일 확률(A)로 $P_B(A)$를 구하는 문제입니다.

베이즈의 정리에 의해 $P_B(A)$를 수식으로 정리하면 다음과 같습니다.

$$P_B(A) = \frac{P(A \cap B)}{P(A \cap B) + P(\bar{A} \cap B)}$$

❶ 불치병일 확률 : $P(A) = \frac{1}{10000}$

❷ 불치병일 때, 검사결과가 양성일 확률 : $P_A(B) = \frac{99}{100}$

- 불치병일 때, 검사결과가 양성일 확률을 다른 말로 표현하면, 검진 결과의 정확도를 구한다는 의미와 같습니다.
- 검사의 정확도를 구합니다. 문제에서 정확도가 99%라고 하였으므로, $\frac{99}{100}$입니다.

❸ $P(A \cap B) = P(A)P_A(B) = \frac{1}{10000} \times \frac{99}{100} = \frac{99}{1000000}$

건강검진에서 불치병($1 - P(A) = P(\overline{A})$)이 아닐 때, 검사결과가 양성일 확률 P(B)(불치병이 아닌데, 불치병이라고 검사결과가 나온 경우를 의미)를 구해 봅시다.

❶ 불치병이 아닐 확률 : $P(\bar{A}) = \frac{9999}{10000}$

❷ 불치병이 아닐 때, 검사결과가 양성일 확률 : $P_{\bar{A}}(B) = \frac{1}{100}$

- 불치병이 아닐 때, 검사결과가 양성일 확률은 다르게 표현하면 검진 결과가 틀렸다는 의미입니다. 불치병이 아닌데 불치병이라고 진단한 확률입니다.
- (1−정확도)를 구하면 됩니다. $1-\frac{99}{100}=\frac{1}{100}$입니다.

❸ $P(\bar{A}\cap B) = P(\bar{A})P_{\bar{A}}(B) = \frac{9999}{10000} \times \frac{1}{100} = \frac{9999}{1000000}$

베이즈의 정리에 의해 수식을 정리하면 다음과 같습니다.

$$P_B(A) = \frac{P(A\cap B)}{P(A\cap B)+P(\bar{A}\cap B)} = \frac{\frac{99}{1000000}}{\frac{99}{1000000}+\frac{9999}{1000000}} = \frac{99}{10098} = 0.00980..$$

100만 명이 건강검진을 받았을 때, 양성판정을 받은 사람은 10,098명입니다. 10,098명 가운데 실제로 불치병인 사람은 99명이므로, 양성판정을 받은 후, 실제로 불치병일 확률은 약 0.98%입니다.

위의 예제를 그림으로 표현해보면 다음과 같이 풀이할 수 있습니다.

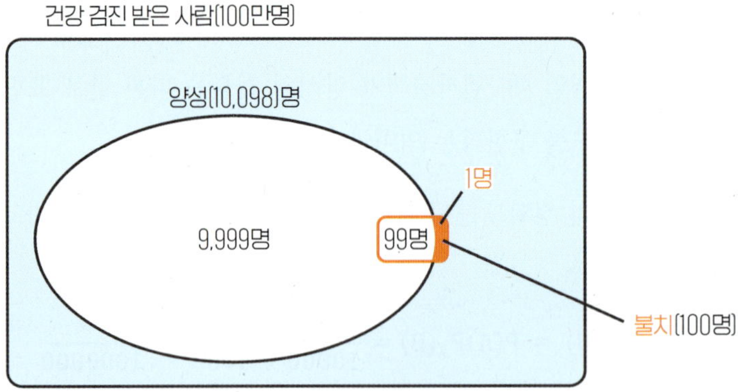

그림 11−5. 건강검진과 불치병

데이터를 살펴보고 분석한 후, 결과를 정확히 해석하는 것은 무엇보다 중요합니다. 위의 문제를 다음과 같이 다시 한번 해석해 봅시다.

- 건강검진을 받은 사람은 100만 명입니다.
- 건강검진에서 불치병으로 진단된 사람이 10,098명입니다.
- 불치병으로 진단받은 사람(10,098명) 가운데 정말로 불치병이 있는 사람은 99명입니다.
- 위의 그림 11–5에서 주황색으로 칠해진 1명은 실제로 불치병이지만, 음성으로 오진 판정을 받은 사람입니다.

예제 4

0과 1이라는 신호를 송수신하는 기계가 있습니다. 0을 송신할 확률은 0.3이고, 1을 송신할 확률은 0.7이며, 이 송수신기의 정확도는 0.9입니다. 이 기기에 1이 수신되었을 때, 송신 신호가 1일 확률을 구하세요.

풀이 4

송신 신호가 1인 사건을 A, 수신 신호가 1인 사건을 B라고 가정하고, 이 문제는 수신 신호가 1일 때(B), 송신 신호가 1인 경우(A), 즉, $P_B(A)$를 구하는 것입니다.

베이즈의 정리에 의해 $P_B(A)$를 구하는 문제를 수식으로 정리하면 다음과 같습니다.

$$P_B(A) = \frac{P(A \cap B)}{P(A \cap B) + P(\bar{A} \cap B)}$$

❶ 송신 신호가 1일 확률 : $P(A) = \frac{7}{10}$

❷ 송신 신호가 1일 때, 수신 신호가 1일 확률 : $P_A(B) = \frac{9}{10}$

- 송신 신호가 1일 때, 수신 신호가 1일 경우는 정확하게 송수신되었다는 의미입니다.
- 정확도가 0.9이므로, $P_A(B) = \frac{9}{10}$ 입니다.

❸ $P(A \cap B) = P(A)P_A(B) = \frac{7}{10} \times \frac{9}{10} = \frac{63}{100}$

송신 신호가 1이 아닐 때 1-P(A)=P($\bar{A}$), 수신 신호가 1일 때의 P(B) 확률을 구해 봅시다.

❶ 송신 신호가 1이 아닐 확률(0과 1밖에 없으므로 0일 확률) : $P(\bar{A}) = \frac{3}{10}$

❷ 송신 신호가 1이 아닐 때 수신 신호가 1일 확률 : $P_{\bar{A}}(B) = \frac{1}{10}$

송신 신호가 1이 아닐 때 수신 신호가 1일 확률을 다르게 표현하면, 송수신을 제대로 받지 못한 것이므로 결국 틀렸다는 의미입니다. 따라서 정확하게 송수신될 확률을 빼면 1−0.9(정확하게 송수신될 확률)인 0.1이 됩니다.

❸ $P(\bar{A} \cap B) = P(\bar{A})P_{\bar{A}}(B) = \frac{3}{10} \times \frac{1}{10} = \frac{3}{100}$

위의 내용을 베이즈의 정리에 의해 수식으로 표현하면 다음과 같습니다.

$$P_B(A) = \frac{P(A \cap B)}{P(A \cap B) + P(\bar{A} \cap B)} = \frac{\frac{63}{100}}{\frac{63}{100} + \frac{3}{100}} = \frac{63}{66} = \frac{21}{22} = 0.95$$

따라서 1이 수신되었을 경우, 송신 신호가 1일 확률은 약 95%입니다.

3 〉 베이지안 확률 응용 : 데이터사이언스에 적용하기

메일 본문의 단어를 분석해서, 스팸분류기를 만들려고 합니다. 이때 단어의 순서는 고려하지 않고 빈도수만 고려하여 다음과 같이 두 가지 경우를 가정하겠습니다.

- 본문의 내용을 미리 단어 벡터화해서 테이블에 넣어둡니다.
- 해당 본문이 스팸인지 아닌지 알 수 있는 정답지(레이블링)가 미리 준비되어 있습니다.

표 11-1. 본문의 단어와 분류

문서번호	메일 본문 단어(단어를 벡터화해서 미리 저장)	분류
1	datascience apply	정상
2	ticket free congratulation	스팸
3	free ticket congratulation	스팸
4	feel free contact congratulation	정상
5	datascience accept	정상

표 11-1과 같이 단어벡터 테이블과 정답지(스팸인지, 정상인지 분류값)를 제공한다고 할 때, 입력이 "datascience congratulation"인 경우, 해당 메일이 정상 메일인지 스팸메일인지 알아봅시다.

'datascience congratulation'이라는 단어가 포함된 이메일을 받을 때, 해당 메일이 정상 메일일 확률은 얼마인지 구해 보세요.

풀이

메일 본문을 한 단어씩 먼저 살펴보고, 그런 다음에 두 단어를 합쳐서 살펴보겠습니다.

- 메일이 정상일 확률 A
- 단어가 본문에 있을 확률 B

❶ $P(A)$: 정상

❷ $P(\bar{A})$: 스팸

❸ $P_A(B)$: 정상일 때, 단어가 본문에 있을 경우

❹ $P_{\bar{A}}(B)$: 정상이 아닐 때, 단어가 본문에 있을 경우

❺ $P(B)$: 메일 본문에 단어가 있는 경우

❻ $P(\bar{B})$: 메일 본문에 단어가 없는 경우

본문에 주어진 입력 단어가 포함될 때, 해당 메일이 정상인지 스팸인지 확인하는 문제이므로, 베이즈의 정리 $P_B(A)$에 의해 해결할 수 있습니다.

$$P_B(A) = \frac{P(A \cap B)}{P(A \cap B) + P(\bar{A} \cap B)}$$

메일 본문을 한 단어씩 먼저 살펴보고, 그런 다음에 두 단어를 합쳐서 살펴보겠습니다.

첫 번째로, datascience 단어가 입력으로 들어오는 경우를 살펴봅시다.

❶ 메일이 정상일 확률 : $P(A) = \frac{3}{5}$

❷ 메일이 정상이고, datascience 단어가 입력으로 들어올 때 :

$$P_A(B) = \frac{\text{정상메일에서 datascience가 등장한 빈도수}}{\text{정상메일에 등장한 모든 단어의 빈도수 총합}} = \frac{2}{8}$$

❸ $P(A \cap B) = P(A)P_A(B) = \frac{3}{5} \times \frac{1}{4} = \frac{3}{20}$

스팸 메일일 때 datascience 단어가 포함될 확률도 구하겠습니다.

❶ 메일이 스팸일 확률(정상과 스팸 밖에 없으므로 1−P(A)) : $P(\bar{A}) = \frac{2}{5}$

❷ 메일이 스팸일 때, datascience 단어가 입력으로 들어올 때 : $P_{\bar{A}}(B) = \frac{0}{6}$

❸ $P(\bar{A} \cap B) = P(\bar{A})P_{\bar{A}}(B) = \frac{2}{5} \times \frac{0}{6} = 0$

위의 내용을 베이즈의 정리에 의해 수식으로 정리하면 다음과 같습니다.

$$P_B(A) = \frac{P(A \cap B)}{P(A \cap B) + P(\bar{A} \cap B)} = \frac{\frac{3}{20}}{\frac{3}{20}+0} = 1$$

메일 본문에 datascience 단어가 입력될 때, 메일이 정상일 확률은 1입니다.

두 번째로, congratulation이라는 단어가 입력될 때 메일이 정상인지 살펴보겠습니다.

❶ 메일이 정상일 확률 : $P(A) = \frac{3}{5}$

❷ 메일이 정상이고, congratulation 단어가 입력으로 들어올 때 :

$$P_A(B) = \frac{\text{정상메일에서 congratulation가 등장한 빈도수}}{\text{정상메일에 등장한 모든 단어의 빈도수 총합}} = \frac{1}{8}$$

❸ $P(A \cap B) = P(A)P_A(B) = \frac{3}{5} \times \frac{1}{8} = \frac{3}{40}$

스팸 메일일 때, congrtulation단어가 포함될 확률을 구하겠습니다.

❶ 메일이 스팸일 확률(정상과 스팸밖에 없으므로 1−) : $P(\bar{A}) = \frac{2}{5}$

❷ 메일이 스팸일 때, congratulation 단어가 입력으로 들어올 때 : $P_{\bar{A}}(B) = \frac{2}{6}$

❸ $P(\bar{A} \cap B) = P(\bar{A})P_{\bar{A}}(B) = \frac{2}{5} * \frac{2}{6} = \frac{2}{15}$

위의 내용을 베이즈의 정리에 의해 수식으로 정리하면 다음과 같습니다.

$$P_B(A) = \frac{P(A \cap B)}{P(A \cap B) + P(\bar{A} \cap B)} = \frac{\frac{3}{40}}{\frac{3}{40} + \frac{2}{15}} = \frac{0.075}{0.2083} = 0.360$$

congratulation 단어가 입력될 때, 메일이 정상일 확률은 0.36=36%입니다.

그런데 처음에 우리에게 주어진 문제는 'datascience congratulation'이라는 단어가 본문에 있을 때 해당 메일이 정상인지 아닌지 알아보는 것이었기 때문에 두 단어가 나올 확률을 연결해야 합니다. 다음과 같이 다시 정리해 볼 수 있습니다.

- datascience 단어가 본문에 나오는 확률과 congratulation 단어가 본문에 나오는 확률은 서로 영향을 주지 않기 때문에, 독립 시행입니다.
- 독립 시행은 곱의 법칙(두 확률의 곱)으로 구할 수 있습니다.

따라서, 'datascience congratulation'라는 단어가 본문에 있는 메일이 정상일 확률은 'datascience가 본문에 포함되어 있을 때 정상일 확률' * 'congratulation 단어가 본문에 포함되어 있을 때 정상일 확률'이라고 할 수 있습니다.

- datascience가 본문에 포함되어 있을 때 해당 메일이 정상일 확률 P(D) :

$$P_B(A) = \frac{P(A \cap B)}{P(A \cap B) + P(\bar{A} \cap B)} = \frac{\frac{3}{20}}{\frac{3}{20} + 0} = 1$$

- congratulation 단어가 본문에 포함되어 있을 때 해당 메일이 정상일 확률 P(C) :

$$(A) = \frac{P(A \cap B)}{P(A \cap B) + P(\bar{A} \cap B)} = \frac{\frac{3}{40}}{\frac{3}{40} + \frac{2}{15}} = \frac{0.075}{0.2083} = 0.360$$

• P(D) × P(C) =

$$P_B(A) = \frac{P(A \cap B)}{P(A \cap B) + P(\bar{A} \cap B)} = \frac{\frac{3}{20}}{\frac{3}{20} + 0} = 1$$

$$\times$$

$$P_B(A) = \frac{P(A \cap B)}{P(A \cap B) + P(\bar{A} \cap B)} = \frac{\frac{3}{40}}{\frac{3}{40} + \frac{2}{15}} = \frac{0.075}{0.2083} = 0.360$$

$$= 1 * 0.036 = 0.036$$

따라서, 'datascience congratulation'이라는 단어가 본문에 있는 메일이 정상일 확률은 0.036, 3.6%입니다.

잠깐만요

다음의 두 가지 정리 공식은 꼭 머리 속에 기억해 두고 잊어버리지 맙시다!

• 곱셈 정리 $P(A \cap B) = P(A)P_A(B)$

• 베이즈 정리 $P_B(A) = \frac{P(A \cap B)}{P(A \cap B) + P(\bar{A} \cap B)}$

데이터사이언스를 공부한다는 것은 과거의 데이터를 분석해서 미래를 예측하는 과정입니다.

이때 필요한 것이 데이터의 전처리 과정인데, 전처리만 잘해도 학습 및 예측 성공률이 올라가기 때문입니다. 전처리할 때, 과거의 데이터를 분석을 위해 통계학이 사용되는데, 이번 장에서는 통계학의 기본적인 수학적 개념을 짚고 넘어갈 것입니다.

우리는 모두 미래를 알고 싶어하지만 하루하루가 쌓여서 만들어지는 미래를 정확히 알 수는 없습니다. 하지만 우리의 하루하루가 미래를 만드는 데이터가 된다는 것은 알 수 있습니다. 곧 과거로부터 현재를 분석해서 미래를 예측할 수 있다는 뜻이죠.

미래를 좀 더 정확하게 예측하기 위해, 과거와 현재 데이터를 살펴봐야 하고, 이렇게 과거에서 현재까지의 기록을 살펴보는 것을 통계라고 합니다.

일상생활에서 만나는 통계에 대해 살펴봅시다.

대한민국은 4년마다 국회의원 선거, 5년마다 대통령 선거를 합니다. 선거일 전후로 방송사나 조사기관에서 결과를 미리 예측하기 위해 여론을 알아보곤 합니다. 우리나라의 인구가 4천만 명이 넘기 때문에 모두 조사를 하기에 한계가 있습니다. 따라서 여론조사기관에서는 무작위(랜덤)로 선택한 10,000명을 조사하여 평균과 표준편차를 계산하는 방식으로 여론을 미리 예측합니다.

이번 장에서의 우리의 목표는 대한민국의 모든 국민 4천만 명을 대상으로 조사하는 것이 아니라 일부를 랜덤하게 추출해서 조사할 때 나타나는 특성(평균, 표준편차)이 모든 대상을 상대로 조사했을 때와 '얼마나 차이가 날 것인가?'를 수학적으로 고찰하는 것입니다.

< 여섯째 마당 >

데이터사이언스에서의 통계

| 12장 |

통계

학습 목표

통계의 기본이 되는 확률변수와 확률분포에 대해 배웁니다.

1 〉 확률변수

확률변수는 무엇일까요? 확률변수라는 말은 확률과 변수라는 단어의 결합이므로, 먼저 변수에 대해서 살펴보겠습니다.

변수(variable)는 알지 못할(미지수) 뿐만 아니라 정해져 있지 않은 것을 가리킵니다. 즉 상황에 따라 계속 바뀌는 것이죠. 수학에서는 수식에 따라 변하는 값을 뜻합니다. 변수는 미지수의 확장판이라고 할 수 있습니다.

미지수는 우리가 알지 못하는 수이지만 답이 정해져 있는 수라고 볼 수 있습니다.

그럼, 미지수의 경우를 예로 들어 살펴보겠습니다. $2x - 1 = 5$라는 식이 주어졌을 때, 우리는 $x = 3$이라는 답을 알 수 있습니다. 이처럼 아직 알지 못하는 수 x가 분명히 존재하지만, x의 값이 정해져 있을 때, 그 수를 미지수라고 합니다.

변수는 $y = 2x + 4$처럼, 미지수 x와 y는 알지 못할 뿐만 아니라 x의 값에 따라서 y의 값이 변하는, 즉 정해져 있지 않은 수를 의미합니다. 심지어 x와 y에 해당하는 수는 무수히 많기도 하죠.

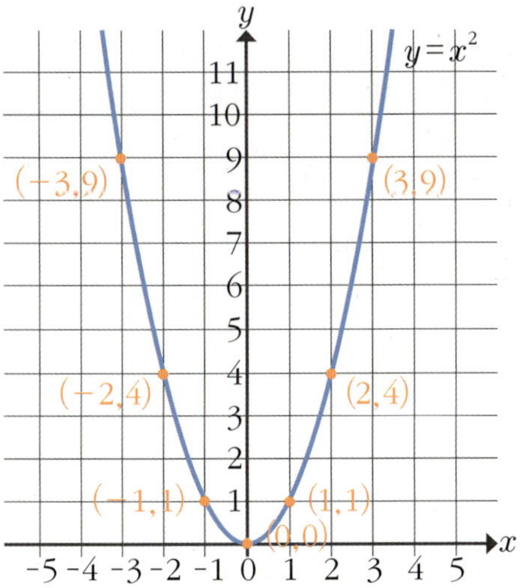

그림 12−1. x값에 따라 y값이 변하는 그래프

다음의 다른 예도 함께 살펴보겠습니다. $y=x^2$를 그림으로 그리면, 그림 12−1처럼 x값에 따라 y값이 변합니다. 즉 (−3, 9), (−2,4), (−1,1), (1,1), (2,4), (3,9)와 같이 무수히 많은 x와 y를 생성하죠. 이때의 x, y는 알지 못할 뿐만 아니라, 값이 정해져 있지도 않습니다. 이런 x, y를 변수라고 합니다.

변수라는 개념에 대해서는 어느 정도 이해했다면 **확률변수**는 과연 무엇일까요? 말 그대로 풀이하면 변수에 확률 개념을 얹은 것이라고 할 수 있는데, 이해하기 쉽게 주사위를 생각해 봅시다.

주사위 눈의 경우의 수를 X라고 할 때, X에 넣을 수 있는 경우의 수가 6가지이고, 주사위를 던졌을 때 해당 경우의 수가 일정한 확률로 나타나고, 이때의 해당 변수 X를 확률변수라고 합니다.

즉, 주사위를 한 번 던져서 나올 수 있는 눈의 수를 X라고 하면, X=1이 될 확률은 주사위를 던져서 1, 2, 3, 4, 5, 6 가운데 한 개의 숫자가 나올 확률은 모두 동등하기 때문에 $\frac{1}{6}$입니다. 이것을 수학식으로 나타내면 다음과 같습니다.

$$P(X=1)=\frac{1}{6}$$

위의 수식의 의미를 글로 표현하면, "( ) 안의 사건이 일어날 확률이 ~입니다." 라는 의미입니다.

따라서, $P(X=1)=\frac{1}{6}$을 해석하면, X=1이 일어날 확률이 $\frac{1}{6}$ 입니다. 주사위를 던져서 나오는 눈(X)이 1일 확률이 $\frac{1}{6}$이라는 의미입니다.

그렇다면, $P(X=2)$, $P(X=3)$, $P(X=4)$, $P(X=5)$, $P(X=6)$은 얼마일까요? 주사위를 던져서 각 눈이 나오는 확률은 모두 같으므로, 모두 $\frac{1}{6}$입니다.

X는 1~6 가운데 하나의 값을 갖는 변수이고, X가 1~6 가운데 하나의 값을 갖을 확률이 모두 $\frac{1}{6}$로 정해져 있을 때, 변수 X를 확률변수(Random Variable)라고 합니다.

이번에는 동전 던지기 게임으로 확률변수를 살펴봅시다.

예제

슈니가 100원짜리 동전 1개를 2번 던진다고 할 때, 첫 번째 던질 때 나올 수 있는 경우의 수는 동전의 앞면과 뒷면 2개이고, 두번째 던져서 나오는 경우의 수 역시 앞면과 뒷면 2개입니다.

따라서 동전을 두 번 던져서 나올 수 있는 모든 경우의 수를 의미하는 표본 공간은 {(앞, 앞), (앞, 뒤), (뒤, 앞), (뒤, 뒤)}라고 할 수 있으며, 근원 사건 (앞, 앞), (앞, 뒤), (뒤, 앞), (뒤, 뒤) 각각이 나올 확률은 모두 $\frac{1}{4}$입니다.

이때, 슈니가 동전을 던지는 시행에서 앞이 나오는 횟수를 X라고 할 때, 확률변수 X가 가질 수 있는 값과 그에 대한 확률 값을 구하세요.

풀이

(앞, 앞)이 될 확률 ⋯ $\frac{1}{4}$ → 이때 $X=2$ ⇒ $P(X=2)=\frac{1}{4}$

(앞, 뒤)이 될 확률 ⋯ $\frac{1}{4}$ → 이때 $X=1$

(뒤, 앞)이 될 확률 ⋯ $\frac{1}{4}$ → 이때 $X=1$

⇒ $P(X=1)=\frac{1}{4}+\frac{1}{4}=\frac{1}{2}$

(뒤, 뒤)이 될 확률 ⋯ $\frac{1}{4}$ → 이때 $X=0$ ⇒ $P(X=0)=\frac{1}{4}$

$$P(0 \le X \le 1)=\frac{1}{4}+\frac{1}{2}=\frac{3}{4},\quad P(1 \le X \le 2)=\frac{1}{2}+\frac{1}{4}=\frac{3}{4}$$

❶ (앞, 앞) : 앞이 나오는 경우가 2가지입니다. 그래서 X=2가 됩니다. 확률은 모든 경우의 수가 같기 때문에 $\frac{1}{4}$가 됩니다. 수학식으로 표현하면, P(X=2)= $\frac{1}{4}$이 됩니다.

❷ (앞, 뒤) : 앞이 나오는 경우가 1가지입니다. 그래서 X=1가 됩니다. 확률은 모든 경우의 수가 같기 때문에 $\frac{1}{4}$가 됩니다. 수학식으로 표현하면, P(X=1)= $\frac{1}{4}$이 됩니다.

❸ (뒤, 앞) : 앞이 나오는 경우가 1가지입니다. 그래서 X=1가 됩니다. 확률은

모든 경우의 수가 같기 때문에 $\frac{1}{4}$가 됩니다. 수학식으로 표현하면, P(X=1)= $\frac{1}{4}$이 됩니다.

→ 2와 3의 경우의 수가 모두 1이기 때문에, 두 경우의 수를 모두 합해서 표현하면, P(X=1)= $\frac{1}{2}$

❹ (뒤, 앞) : 앞이 나오는 경우가 없습니다. 그래서 X=0가 됩니다. 이때 확률 역시 각 근원사건의 경우의 수가 모두 같기 때문에 $\frac{1}{4}$이 되고, 이를 수학식으로 표현하면 P(X=0) = $\frac{1}{4}$이 됩니다.

따라서 슈니가 동전을 던지는 시행에서 앞이 나오는 횟수를 X라고 할 때, 확률변수 X가 가질 수 있는 값은 0, 1, 2이고, 이때의 확률 값은 $\frac{1}{4}$, $\frac{1}{2}$, $\frac{1}{4}$입니다.

위의 내용을 그림으로 표현하면 아래와 같습니다.

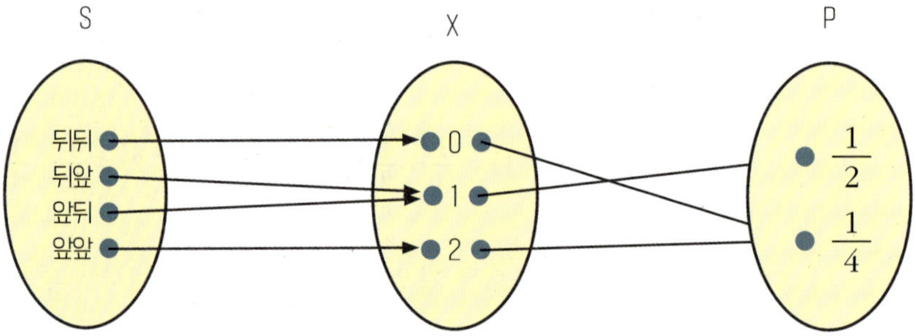

그림 12-2. 표본 공간(S), 확률변수(X), 확률 값(P)

- S(Sample Space) : 표본 공간
- X(Random Variable) : 확률변수
- P(Probability) : 확률 값

잠깐만요

이쯤되면 확률 기본 용어가 가물가물해서 기억이 잘 나지 않을 수 있습니다. 다시 한 번 확률에 대한 용어를 확인하며 복습해 봅시다.

- **시행(trials) :** 반복해서 실험하거나 관측하는 것을 의미합니다.
  - 주사위 던지기, 동전 던지기
- **표본 공간(sample space) :** 어떤 시행을 했을 때 일어날 수 있는 모든 결과를 모은 집합입니다.
  - 주사위를 던지는 시행의 표본 공간 : {1,2,3,4,5,6}
  - 동전을 던지는 시행의 표본 공간 : {앞, 뒤}
- **사건(event) :** 표본 공간의 부분집합이자, 시행에서 일어날 있는 경우의 수의 결과 가운데 하나를 의미합니다.
  - 짝수 눈이 나오는 경우 : 주사위를 던져서 {2,4,6} 가운데 하나가 나오는 경우
  - 앞이 나오는 경우 : 동전을 던져서 {앞}이 나오는 경우
- **근원 사건(atom) :** 표본 공간에서 단 하나의 성분으로 만들어지는 부분 집합을 의미합니다.
  - 주사위를 던지는 시행의 근원 사건은 {1}, {2}, {3}, {4}, {5}, {6}으로 6개입니다.
  - 동전을 던지는 시행의 근원 사건은 {앞}, {뒤}로 2개입니다.

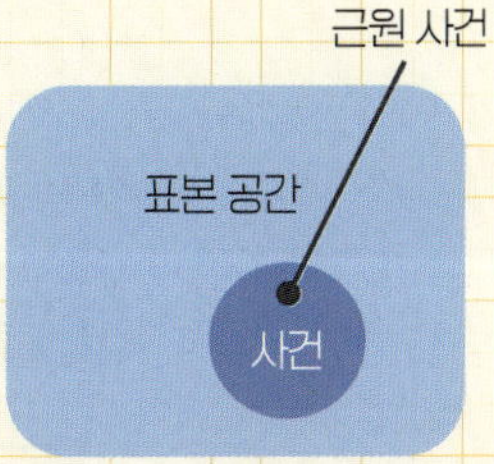

그림 12-3. 확률의 기본 용어

1.1 확률변수의 유형

확률변수의 유형에는 이산확률변수(discrete random variable)와 연속확률변수(continuous random variable)가 있습니다.

이산확률변수

확률변수 X가 어느 구간의 모든 실수 값을 택하지 않고 0, 1, 2 … 등 특정 값만 택할 때의 확률변수를 의미합니다. 예를 들어 주사위를 두 개 던졌을 때 두 눈의 합을 구한다고 하면 그 값은 {2, 3, 4, 5, 6, 7, 8, 9, 10, 11, 12}로 끊어져 있기 때문에 이산확률변수라고 할 수 있습니다.

연속확률변수

확률변수 X가 어떤 구간의 모든 실수 값을 택할 때의 확률변수를 의미합니다. 예를 들어 정밀히 측정할 수 없는 키, 몸무게와 같은 값은 연속확률변수라고 합니다.

확률변수 X가 슈니의 키를 나타낼 때 키가 160과 가깝다고 한다면, 슈니의 키에 따른 확률은 다음과 같은 범위로 연속적인 값을 나타낼 수 있습니다.

$$P(159 < x < 161)$$

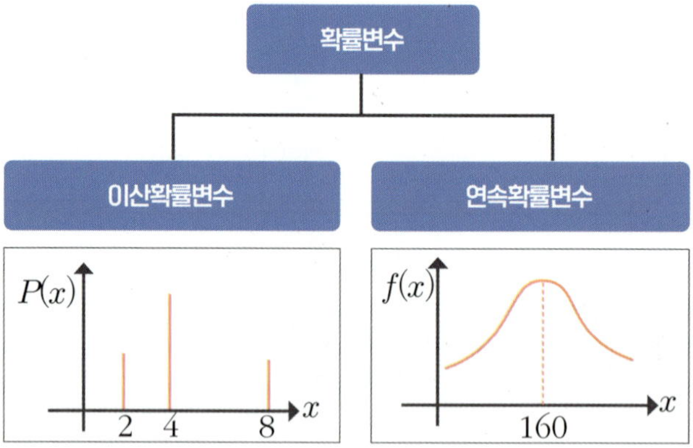

그림 12-4. 확률변수의 종류

1.2 확률변수와 확률함수와의 관계

그럼 우리는 왜 확률변수와 확률함수의 관계를 공부해야 할까요? 확률함수는 확률을 나타내는 함수입니다. 특정 확률변수(X)의 확률함수(f)를 알고 있다면, 특정 사건이 일어날 확률(Y=f(X=x))을 구할 수 있습니다. 즉, 확률변수(x)가 특정한 x 값을 취하는 확률을 확률함수라고 하며, f(x)로 표기합니다.

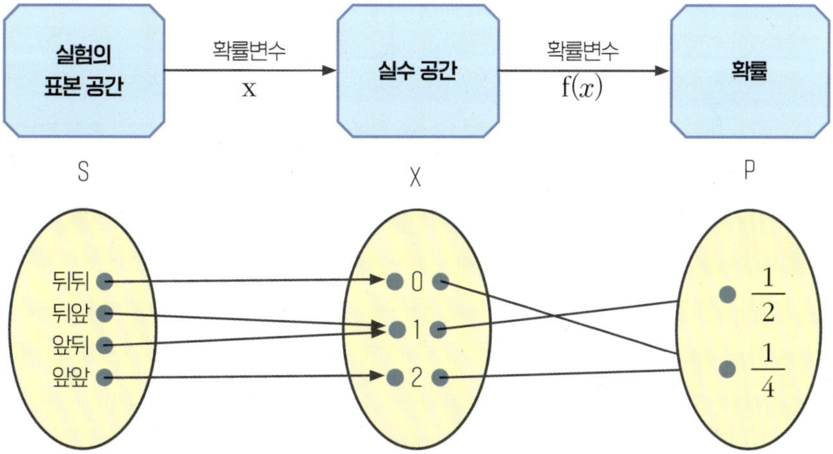

그림 12-5. 확률변수와 확률함수의 관계

1.3 확률함수의 유형

확률함수에는 확률질량함수와 확률밀도함수 두 종류가 있습니다.

이산확률변수(discrete random variable)가 나타낼 확률을 나타내는 확률함수인 확률질량함수(Probability Mass Functio, PMF)와 연속확률변수(continuous random variable)가 나타낼 확률을 나타내는 확률밀도함수(Probability Density Function, PDF)가 있습니다.

확률변수가 취할 수 있는 값(경우의 수)이 유한 개이거나 자연수처럼 셀 수 있는 이산확률변수일 때, 그 불연속한 값에 대한 확률을 나타내는 함수가 확률질량함수이기 때문에 실제로 그래프를 그려보면, 연속적인 그래프가 되지 않습니다. 그림 12-6은 동전 한 개를 두 번 던질 때의 확률변수와 확률 값을 그래프로 표현한 것입니다.

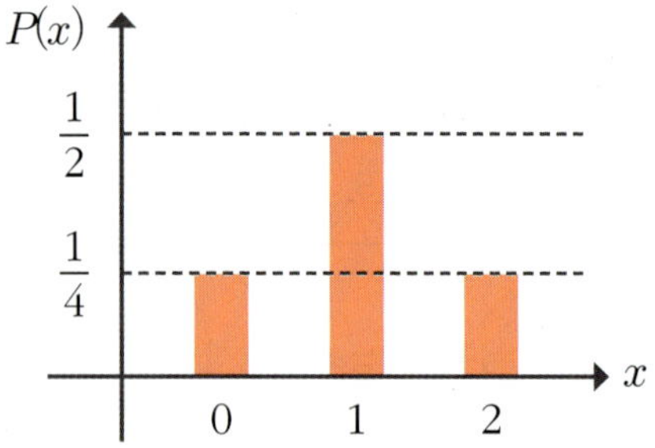

그림 12-6. 확률질량함수(X : 확률변수, Y : 확률 값)

- $P(X=0) = \frac{1}{4}$
- $P(X=1) = \frac{1}{2}$
- $P(X=2) = \frac{1}{4}$

연속확률변수는 확률변수가 취할 수 있는 값이 연속적이며 무한하기 때문에 분포를 표현하는 것이 불가능합니다. 이러한 문제를 해결하려면 확률밀도함수(Probability Density Function, PDF)가 필요합니다. 확률밀도함수는 특정 구간에 속할 확률을 계산하는 함수로 함수가 나타내는 그래프에서 '특정 구간에 속한 넓이=특정 구간에 속할 확률'입니다.

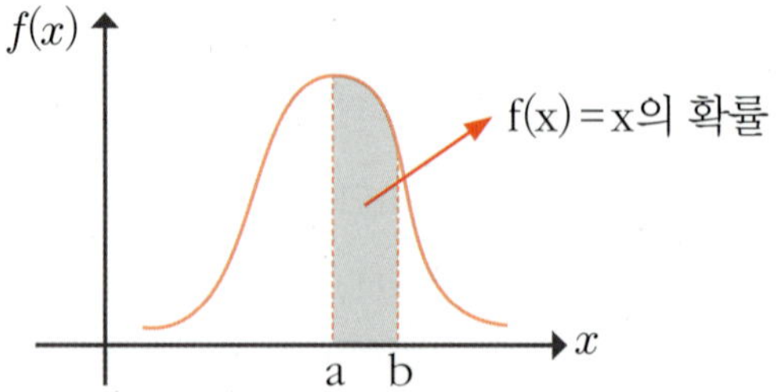

그림 12-7. 확률밀도함수

확률밀도함수는 다음과 같은 특징을 갖습니다.

❶ 모든 x값에 대해 $f(x) \geq 0$입니다(확률의 세 가지 성질 가운데 '모든 확률 값은 0보다는 크다'는 성질 참조). 즉 x의 모든 실수 값에 대해 확률밀도함수는 0 이상입니다.

x의 모든 가능한 값의 확률은 적분 $\int_{-\infty}^{\infty} f(x)dx$로 구하며, 이 값은 항상 1입니다. 모든 경우의 수를 나타냅니다.

❷ 구간(a, b)의 확률은 $\int_{a}^{b} f(x)dx$입니다. 구간 (a, b)에 대한 x의 확률은 그림 12-7과 같이 해당 구간에서 확률밀도함수 f(x)로 만들어지는 면적의 크기입니다.

잠깐만요

확률은 세 가지 성질을 갖습니다.

- P(A)는 임의의 사건 A에 대해 확률입니다.
- 반드시 일어나는 사건 S의 확률은 P(S)=1입니다.
- 절대로 일어나지 않는 사건 ø의 확률은 P(ø)=0입니다.

확률 P(A)의 범위는 $0 \leq P(A) \leq 1$, 확률의 최소는 0, 최대는 1입니다.

1.4 확률질량함수 vs. 확률밀도함수

확률질량함수와 확률밀도함수를 요약해 보겠습니다.

표 12-1. 확률질량함수 vs. 확률밀도함수

	확률질량함수	확률밀도함수
확률변수	이산형 확률변수	연속형 확률변수
의미	• 확률변수가 취할 수 있는 값이 유한 개이거나 자연수처럼 셀 수 있을 때의 확률을 나타내는 함수 • 불연속한 값에 대한 확률을 나타내는 함수	확률변수가 취할 수 있는 값이 연속적이며 무한한 분포를 갖는 값에 대한 확률을 나타내는 함수
그래프	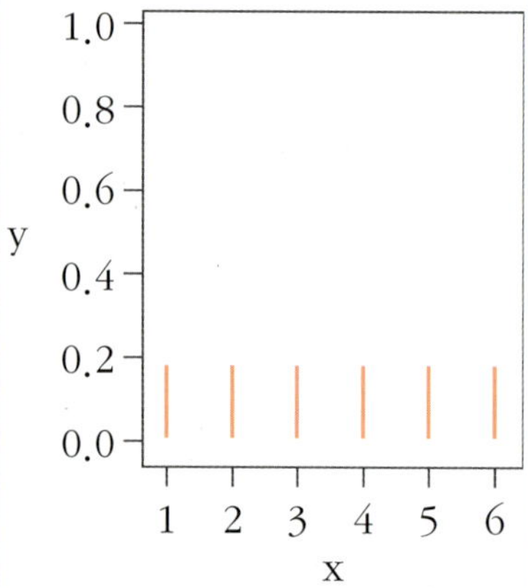 이산값, 유한한 값	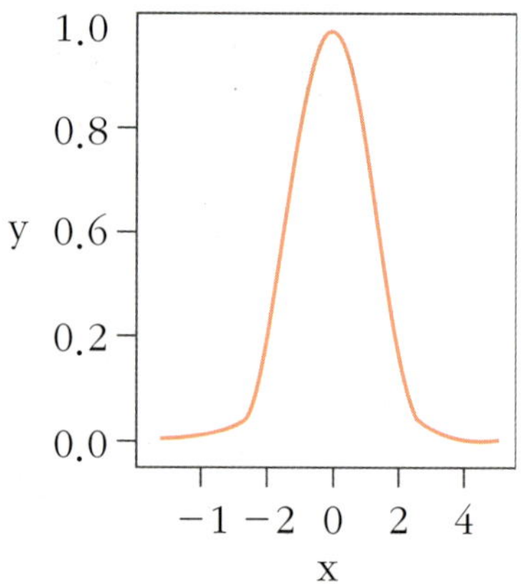 연속 값, 무한대
확률	y 값	구간에 대한 면적

2 〉 확률분포

2.1 확률변수의 기댓값

확률분포를 이해하려면 기댓값이라는 의미를 알아야 하는데, 확률변수의 기댓값은 평균적으로 기대되는 값을 의미합니다.

슈니가 골프를 치기 위해 9홀 라운딩한다고 합시다.

슈니가 첫 홀에서는 파(+0), 두 번째 홀에서는 보기(+1), 세번째 홀에서도 보기(+1), 네번째 홀에서는 버디(−1), 다섯 번째 홀에서는 보기(+1), 여섯 번째 홀에서는 버디(−1), 일곱 번째 홀에서도 버디(−1), 여덟 번째 홀에서는 더블보기(+2), 아홉 번째 홀에서는 파(+0)를 했다고 할 때, 슈니의 9홀 라운딩 성적의 평균을 구해 봅시다.

잠깐만요

참고로 골프는 타수가 적을수록 성적이 좋은 운동입니다. 매 홀마다 타수가 정해져 있는데 파(par) 3홀이라고 하면, 공을 세 번 쳐서 홀에 넣어야 한다는 뜻이며, 파(par) 5홀이라고 하면, 공을 다섯 번 쳐서 홀에 넣어야 한다는 의미죠. 흔히 말하는 홀인원(Hole in one)은 공을 딱 한번 쳤는데, 바로 홀에 넣는 경우로 실력도 실력이지만 운도 많이 따라줘야 하는 어려운 일입니다.

- 파(par)인 경우, 정해진 타수에 맞춰서 공을 홀에 넣은 경우에 해당합니다.
- 버디(Birdie)는 정해진 타수 보다 공을 1번 적게 쳐서 홀에 공을 넣은 것을 의미합니다. 예를 들어, 파(par)4 홀에서 공을 세 번 쳐서 홀에 공을 넣은 경우입니다.

- 이글(Eagle)은 정해진 타수 보다 공을 2번 적게 쳐서 홀에 공을 넣은 것입니다. 참고로, 파(par)3 홀에서 한번만에 홀에 넣는 경우입니다.
- 알바트로스(Albatross)는 정해진 타수 보다 3개 덜 친 것으로 파(par)4 홀에서 홀인원을 하면 알바트로스를 달성한 경우에 해당합니다.
- 반대로 보기(Bogey)는 정해진 타수 보다 공을 1번 더 친 경우를 의미합니다. 예를 들어, 파(par)3 홀에서 공을 4번쳐서 홀에 넣은 것입니다.
- 더블보기(Double Bogey), 트리플보기(Tripple Bogey), 쿼드러플보기(Quardruple Bogey)는 각각 정해진 타수보다 공을 2번, 3번, 4번을 더 친 경우를 가리킵니다.

골프게임 룰을 쉽게 다시 한번 설명하면, 슈니는 공을 출발점에서 도착점까지 보내야 합니다. 한 홀당 출발점에서 도착점까지는 대략 400m입니다. 공을 한번 쳐서 바로 도착점에 도달하면 좋겠지만, 한번에 400m를 날려보내기가 여간해서는 쉽지 않습니다.

그래서 골프에는 출발점에서 도착점까지의 거리에 따라 공을 칠 수 있는 횟수에 대한 규칙이 있습니다. 예를 들어 출발점과 도착점까지의 거리가 400m일 때, 공을 4번 쳐서 도착점에 도달해야 한다는 규칙이 있습니다. 이것을 파(par) 4홀이라고 합니다.

위에 설명한 룰에 적용해 보면, 슈니가 공을 4번 쳐서 도착점에 도달하면 파(+0), 5번을 쳐서 도착점에 도달하면 보기(+1), 3번 쳐서 도착점에 도달하면, 버디(−1)의 성적을 거두는 것입니다.

공을 치는 횟수를 줄여서 출발점에서 목표점에 도달한다는 의미는 한번에 공을 멀리 보낸다는 의미이기도 합니다. 즉 정해진 횟수보다 적게 쳐서 공을 홀에 넣은 버디 플레이어는 공을 멀리 칠 수 있는 사람이자, 공을 잘 치는 사람입니다. 다음으로 파 플레이어, 보기 플레이어, 더블보기 플레이어의 순서로 생각하면 이해하기 쉽습니다.

간단하게 골프 용어를 살펴봤습니다. 이제 다시 슈니의 골프 라운딩 성적을 다음의 표 11-2를 보면서 확인하겠습니다.

표 11-2. 슈니의 골프 라운딩 성적표 : 버디 3번, 파 2번, 보기 3번, 더블보기 1번

타수	버디(-1)	파(+0)	보기(+1)	더블보기(+2)	합계
횟수	3	2	3	1	9

(1)의 풀이

슈니는 보통 한 라운드 마다 파(0)나 보기(+1)를 치는 플레이어입니다 이것을 수식으로 표현하면 다음과 같습니다.

표 11-3. 각 변량의 횟수

x	x_1	x_2	x_3	……	x_n	계
횟수	f_1	f_2	f_3	……	f_n	N

$$\text{홀 당 성적 평균} = \frac{\text{전체 9홀의 성적}}{\text{홀 수}} = \frac{(-1)\times 3 + 0\times 2 + (+1)\times 3) + (+2)\times 1)}{9} = \frac{2}{9}$$

변량 x의 평균값 $\bar{x}$는 아래와 같이 나타낼 수 있습니다.

$$\bar{x} = \frac{x_1 f_1 + x_2 f_2 + x_3 f_3 + \cdots\cdots + x_n f_n}{f_1 + f_2 + f_3 + \cdots\cdots + f_n} = \frac{x_1 f_1 + x_2 f_2 + x_3 f_3 + \cdots\cdots + x_n f_n}{N}$$

(단, 분모의 N은 $f_1+f_2+f_3+\cdots\cdots f_n$으로 확률의 합을 나타낸다.)

$$\bar{x} = \frac{x_1 f_1 + x_2 f_2 + x_3 f_3 + \cdots\cdots + x_n f_n}{N}$$

$$= \frac{1}{N}(x_1 f_1 + x_2 f_2 + x_3 f_3 + \cdots\cdots + x_n f_n)$$

$$\Rightarrow \bar{x} = \frac{1}{N}\sum_{k=1}^{n} x_k f_k$$

(2)의 풀이

확률변수와 확률 값으로 바꾸어서 풀어보면, 다음과 같습니다.

$$m = \frac{x_1p_1 + x_2p_2 + x_3p_3 + \cdots\cdots + x_np_n}{p_1 + p_2 + p_3 + \cdots\cdots + p_n} = \frac{x_1p_1 + x_2p_2 + x_3p_3 + \cdots\cdots + x_np_n}{1}$$

(단, 분모의 1은 $p_1+p_2+p_3+\cdots\cdots p_n$으로 확률의 합을 나타낸다.)

$$m = \frac{x_1p_1 + x_2p_2 + x_3p_3 + \cdots\cdots + x_np_n}{1}$$

$$= x_1p_1 + x_2p_2 + x_3p_3 + \cdots\cdots + x_np_n$$

$$\Rightarrow m = \sum_{k=1}^{n} x_kp_k$$

표 11-4. 확률변수(X)와 확률 값(P)

X	x_1	x_2	x_3	……	x_n	계
P	p_1	p_2	p_3	……	p_n	1

확률 값($P(x_1)=P_1$)이므로, 모든 확률 값의 합은 $P_1+P_2+P_3+P_4+\cdots P_n=1$이고, m(mean)은 확률변수 X의 평균이면서 기댓값(E(X) : expectation)을 의미합니다.

따라서, 확률변수의 기댓값(E(X))은 다음과 같습니다.

$$E(X) = m = x_1p_1 + x_2p_2 + x_3p_3 + \cdots\cdots + x_np_n$$

$$= \sum_{k=1}^{n} x_kp_k$$

(기댓값(평균)=(각 값×각 확률)의 합)

골프 라운딩에 확률변수와 확률 값의 연산을 대입해 보겠습니다.

❶ $x_1 \times p_1 => 버디(-1) \times \frac{버디\ 횟수}{전체\ 횟수} = (-1) \times \frac{3}{9} = -\frac{3}{9}$

❷ $x_2 \times p_2 => 파(0) \times \frac{파\ 횟수}{전체\ 횟수} = (0) \times \frac{2}{9} = \frac{0}{9}$

③ $x_3 \times p_3 => \text{보기}(+1) \times \dfrac{\text{보기 횟수}}{\text{전체 횟수}} = (+1) \times \dfrac{3}{9} = \dfrac{3}{9}$

④ $x_4 \times p_4 => \text{더블보기}(+2) \times \dfrac{\text{더블보기 횟수}}{\text{전체 횟수}} = (+2) \times \dfrac{1}{9} = \dfrac{2}{9}$

$$m = \frac{2 - \dfrac{3}{9} + 0 + \dfrac{3}{9} + \dfrac{2}{9}}{P_1 + P_2 + P_3 + P_4 + \cdots P_n} = \frac{-\dfrac{3}{9} + 0 + \dfrac{3}{9} + \dfrac{2}{9}}{1} = \frac{2}{9}$$

$$E(X) = m = \frac{2}{9}$$

여기서 우리는 (1)과 (2)의 풀이가 결국 같은 값으로 연산되는 것을 알 수 있습니다.

연습 문제

연습 01 복권 당첨금액의 기댓값 구하기

슈니가 복권을 구입하려고 합니다. 복권의 당첨금액(X)과 해당 금액의 당첨확률(P)을 알고 있습니다. 복권을 구입할 때 당첨금액의 기대값을 구하세요.

당첨금액 (X)	1등 (10억 원)	2등 (1억 원)	3등 (1천만 원)	4등 (100만 원)	5등 (10만 원)	꽝 (0원)	합계
당첨확률 (P)	$\frac{1}{10,000,000}$	$\frac{1}{1,000,000}$	$\frac{1}{100,000}$	$\frac{1}{10,000}$	$\frac{1}{1,000}$	$\frac{9,988,889}{10,000,000}$	1

〈풀이〉

$$E(X) = m = x_1p_1 + x_2p_2 + x_3p_3 + \cdots\cdots + x_np_n$$
$$= \sum_{k=1}^{n} x_kp_k$$

(기댓값(평균)=(각 값×각 확률)의 합)

위의 공식에 대입해서 풀이하면 다음과 같습니다.

$$E(X) = 0 \times \frac{9,988,889}{10,000,000} + 100,000 \times \frac{1}{1,000} + 10,000,000 \times \frac{1}{100,000} +$$
$$100,000,000 \times \frac{1}{1,000,000} + 1,000,000,000 \times \frac{1}{10,000,000} = 500$$

따라서 복권의 기댓값 E(X)은 500원입니다.

연습 02

경품 지급금 정하기

슈니는 동문회에 참가하면서 참가비로 10,000원을 냅니다. 동문회에서는 제비뽑기를 해서 경품을 지급하기로 하는데, 전체 100개의 제비 중에 1등 제비가 5개, 2등 제비가 7개, 3등 제비가 20개, 나머지는 4등 제비로 준비되어 있습니다. 2등을 뽑으면 30,000원, 3등을 뽑으면 3,000원, 4등을 뽑으면 꽝이라고 합니다. 1등 상금이 얼마일 때, 주최측이 손해를 보지 않을지 계산해 봅시다.

상금액(X)	1등 (x원)	2등(30,000원)	3등(3,000원)	4등(0원)
확률(P)	$\frac{5}{100}$	$\frac{7}{100}$	$\frac{20}{100}$	$\frac{68}{100}$

〈풀이〉

$$E(X) = m = x_1p_1 + x_2p_2 + x_3p_3 + \cdots\cdots + x_np_n$$
$$= \sum_{k=1}^{n} x_k p_k$$

(기댓값(평균)=(각 값×각 확률)의 합)

위의 공식에 대입해서 풀이하면 다음과 같습니다.

$$\text{E(X)} = x * \frac{5}{100} + 30{,}000 * \frac{7}{100} + 3{,}000 * \frac{20}{100} + 0 * \frac{68}{100} = x * \frac{5}{100} + 2100 + 600 = x * \frac{1}{20} + 2700$$

주최측이 손해를 보지 않고 행사를 운영하려면, **"상금의 기댓값 ≤ 회비"**어야 합니다.

$$x * \frac{1}{20} + 2700 \le 10{,}000$$

$$x * \frac{1}{20} \le 10{,}000 - 2700 = 7300$$

$$x \le 7300 * 20 = 146000$$

즉, 참가비가 10,000원일 때, 주최측이 손해를 보지 않으려면, 1등 상금이 146,000원 이하여야 한다는 결과를 얻을 수 있습니다.

2.2 분산($V(X)$)과 표준편차($\sigma(X)$)

분산과 표준편차는 데이터의 흩어진 정도이면서, 데이터의 분포를 나타내는 지표입니다. 특히, 데이터의 기댓값을 기준으로 데이터의 분포를 나타내는 지표입니다.

위의 예에서 슈니는 동문회에 참가하면서 참가비를 10,000원을 냈다고 했습니다. 동문회에서는 제비뽑기 행사를 진행해서 경품을 지급하기로 하고, 모두 100개의 제비 가운데 1등 제비 5개, 2등 제비 7개, 3등 제비 20개, 나머지는 4등 제비라고 할 때, 2등 경품으로 30,000원, 3등 경품으로 3,000원, 4등은 꽝이라는 조건에서 1등 상금이 146,000원일 때, 기댓값은 10,000원입니다.

상금액(X)	1등 (146,000원)	2등(30,000원)	3등(3,000원)	4등(0원)
확률(P)	$\frac{5}{100}$	$\frac{7}{100}$	$\frac{20}{100}$	$\frac{65}{100}$

$$E(X) = m = x_1p_1 + x_2p_2 + x_3p_3 + \cdots\cdots + x_np_n$$
$$= \sum_{k=1}^{n} x_kp_k$$

(기댓값(평균)=(각 값×각 확률)의 합)

$$E(X) = 146000 \times \frac{5}{100} + 30,000 \times \frac{7}{100} + 3,000 \times \frac{20}{100} + 0 \times \frac{65}{100} = 52800 \times \frac{5}{100} + 2100 + 600 =$$
$$146000 \times \frac{1}{20} + 2700 = \ + 7300 + 2700 = 10,000 = m$$

분산은 평균에서 떨어진 정도를 나타내는 지표이므로, 다음과 같은 수식으로 표현할 수 있습니다.

$$V = \frac{(x_1 - \overline{x})^2 + (x_2 - \overline{x})^2 + (x_3 - \overline{x})^2 + \cdots\cdots + (x_n - \overline{x})^2}{n}$$
$$= \frac{1}{n}\sum_{k=1}^{n}(x_k - \overline{x})^2$$

$x_1,\ x_2,\ x_3, \cdots x_n$: X의 각 값

위의 제비뽑기 행사의 경품에 적용해 보면, 다음과 같습니다.

$\bar{x}$:X 의 평균(기댓값) =10,000 = m

상금액(X)	1등(146,000원)	2등(30,000원)	3등(3,000원)	4등(0원)
X − m	136,000	20,000	−7,000	0
$(X-m)^2$	$136,000^2$	$20,000^2$	$(-7,000)^2$	0^2
확률(P)	$\frac{5}{100}$	$\frac{7}{100}$	$\frac{20}{100}$	$\frac{65}{100}$

$$V(X) = E((X-m)^2) =$$

$$136,000^2 \times \frac{5}{100} + 20,000^2 \times \frac{7}{100} + (-7,000)^2 \times \frac{20}{100} = 962,600,000$$

위의 수식에 값을 대입해서 풀어 보면, $V(X)$ = 962,6000,000와 같은 결과가 나오는데, 값이 너무 커지고 단위가 복잡해지는 것을 보완하기 위해, $\sqrt{V(X)}$를 구해서 표시하는데, 이를 표준편차라고 하며, σ(X)로 표현합니다.

위의 값에 대입해 보면, $V(X)$ = 962,6000,000가 31025.795719로 단위를 줄여서 데이터의 분포를 표현할 수 있습니다.

$$\sigma(X) = \sqrt{V(X)} = \sqrt{974,600,000} = (974,600,000)^{\frac{1}{2}} = 31025.795719\text{원}$$

위의 식을 확률변수(X)와 확률 값(P)으로 바꾸어서 표현해 보겠습니다.

X	x_1	x_2	x_3	……	x_n	계
P	p_1	p_2	p_3	……	p_n	1

$$\begin{aligned} V(X) &= \sum_{k=1}^{n}(x_k - m)^2 p_k \\ &= (x_1-m)^2p_1 + (x_2-m)^2p_2 + (x_3-m)^2p_3 + \cdots\cdots + (x_n-m)^2p_n \end{aligned}$$

$$V(X) = E((X-m)^2) = \sum_{k=1}^{n}(x_k - m)^2 p_k$$

$$\sigma(X) = \sqrt{V(X)}$$

지금까지 배운 내용을 정리해 봅시다.

평균값(기댓값), 분산, 표준편차를 수식으로 나타내면 아래와 같습니다.

$$E(X) = m = x_1p_1 + x_2p_2 + x_3p_3 + \cdots\cdots + x_np_n$$
$$= \sum_{k=1}^{n} x_k p_k$$
$$V(X) = E((X-m)^2) = \sum_{k=1}^{n}(x_k - m)^2 p_k$$
$$\sigma(X) = \sqrt{V(X)}$$

데이터/확률변수의 표준편차가 크다는 말은 데이터가 평균(기댓값)에서 얼마나 떨어진 값인지를 나타내는 의미이며, 이를 자연어로 바꾸어 표현해 보면 다음과 같습니다.

	데이터	확률변수
평편하게 균일하게 만든다.	평균	평균=기댓값
흩어진 정도를 조사한다.	분산	분산
	$\sqrt{\text{분산}}$=표준편차	$\sqrt{\text{분산}}$=표준편차

잠깐만요

이번에는 분산과 평균과의 관계를 생각해 봅시다.
우리는 자주 아래와 같은 분산과 평균과의 관계와 공식을 볼 수 있습니다.

$$V(X) = E(X^2) - \{E(X)\}^2$$

분산 = 제곱의 평균 - 평균의 제곱

위의 공식에서 나오는 과정을 함께 유도해 보면서, 분산과 평균의 관계를 파악해 봅시다.

$$V(X) = E((X-m)^2)$$
$$= \sum_{k=1}^{n}(x_k - m)^2 p_k$$
$$= \sum_{k=1}^{n}(x_k^2 - 2x_k m + m^2)p_k$$
$$= \sum_{k=1}^{n}(x_k^2 p_k - 2mx_k p_k + m^2 p_k)$$

$$= \sum_{k=1}^{n} x_k^2 p_k - 2m\sum_{k=1}^{n} x_k p_k + m^2 \sum_{k=1}^{n} p_k$$

$$= E(X^2) - 2m \cdot m + m^2 \cdot 1$$

$$= E(X^2) - 2m^2 + m^2$$

$$= E(X^2) - m^2$$

$\sum_{k=1}^{n} x_k^2 p_k = E(X^2)$

$\sum_{k=1}^{n} x_k p_k = m = E(X)$

$\sum_{k=1}^{n} p_k = 1$

m : 기댓값

$\sum_{k=1}^{n} x_k^2 p_k = E(X^2)$ X^2의 기댓값

X	x_1	x_2	x_3	……	x_n	계
X^2	x_1^2	x_2^2	x_3^2	……	x_n^2	
P	p_1	p_2	p_3	……	p_n	1

$E(X) = x_1p_1 + x_2p_2 + x_3p_3 + \cdots\cdots + x_np_n = \sum_{k=1}^{n} x_k p_k$

$E(X^2) = x_1^2p_1 + x_2^2p_2 + x_3^2p_3 + \cdots\cdots + x_n^2p_n = \sum_{k=1}^{n} x_k^2 p_k$

$\sum_{k=1}^{n} p_k = 1$ $p_1 + p_2 + p_3 + \cdots\cdots + p_n = 1$

연습 문제

연습 01

카드 뽑기 게임(추후 숫자 바꾸기….)

1이라고 쓰인 카드가 1장, 2라고 쓰인 카드가 2장, 3이라고 쓰인 카드가 3장 있다고 합시다. 총 6장의 카드를 섞어서 1장을 뽑았을 때 뽑힌 카드에 쓰여 있는 수를 X라고 하고, X의 기댓값(E(X))과 분산(V(X))을 각각 구하세요.

〈풀이〉

- 1이라고 쓰인 카드를 뽑을 확률 : $\frac{1}{6}$
- 2라고 쓰인 카드를 뽑을 확률 : $\frac{2}{6} = \frac{1}{3}$
- 3이라고 쓰인 카드를 뽑을 확률 : $\frac{3}{6} = \frac{1}{2}$

$V(X) = E(X^2) - \{E(X)\}^2$을 이용해서 구할 수 있습니다.

X와 X^2의 확률분포를 정리해 보면, 다음과 같습니다.

X	1	2	3	계
X^2	1^2	2^2	3^2	
P	$\frac{1}{6}$	$\frac{1}{3}$	$\frac{1}{2}$	1

$$E(X)=1\times\frac{1}{6}+2\times\frac{1}{3}+3\times\frac{1}{2}=\frac{1+4+9}{6}=\frac{14}{6}=\frac{7}{3}$$

$$E(X^2)=1^2\times\frac{1}{6}+2^2\times\frac{1}{3}+3^2\times\frac{1}{2}=\frac{1}{6}+\frac{4}{3}+\frac{9}{2}=\frac{1+8+27}{6}=\frac{36}{6}=6$$

$$V(X)=E(X^2)-\{E(X)\}^2=6-\left(\frac{7}{3}\right)^2+6-\frac{49}{9}=\frac{54-49}{9}=\frac{5}{9}$$

답 … 기댓값 : $\frac{7}{3}$, 분산 : $\frac{5}{9}$

2.3 확률 분포 유형

정규분포와 표준 정규분포

정규분포(Normal Distribution)는 평균에서 가까울수록 발생할 확률이 높고, 평균에서 멀어질수록 발생할 확률이 낮게 나타나는 분포를 의미합니다.

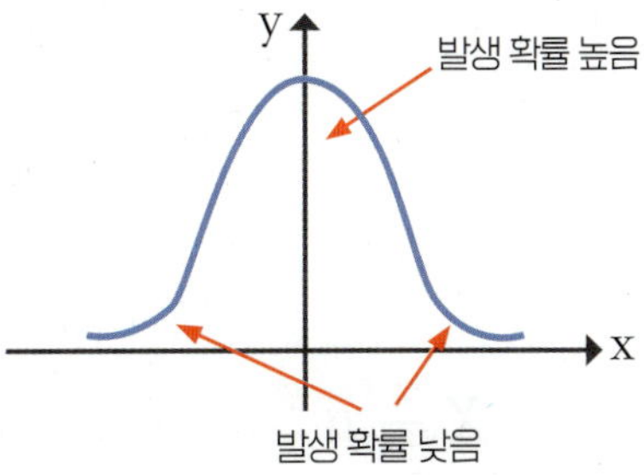

그림 12-8. 정규분포

정규분포를 수학적으로 표현하면, 평균이 μ, 표준편차가 σ인 연속확률분포로, 표준편차 σ이 클수록 퍼진 종 모양이 되고, σ이 작을수록 평균으로 집중되어 뾰족하게 생긴 것을 의미합니다.

정규분포의 특징을 정리하면 다음과 같습니다.

❶ 직선 x = μ에 대칭입니다.

❷ 전체 면적은 1입니다.

❸ μ이 일정할 때, σ가 커질수록 그래프 폭은 넓어집니다.

❹ σ이 일정할 때, μ이 클수록 오른쪽으로 이동합니다.

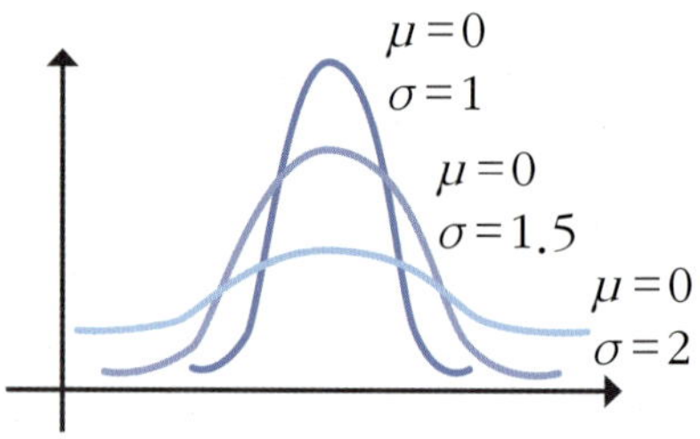

그림 12-9. 정규분포의 특징 ❸

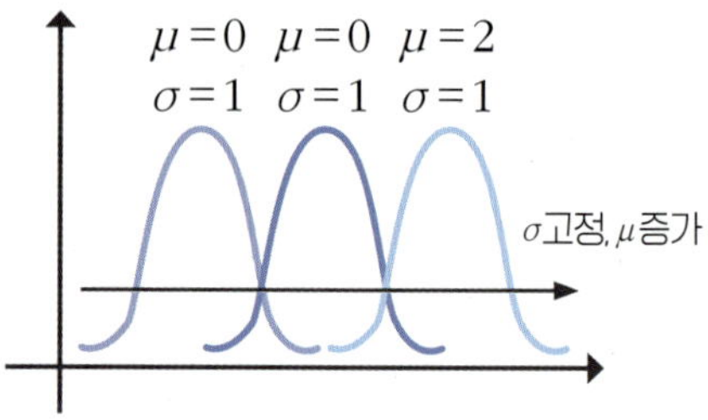

그림 12-10. 정규분포의 특징 ❹

표준정규분포는 정규분포의 평균을 0으로 만들고, 표준편차를 1로 만들어 정규분포를 표준화하는 것입니다. 표준화 점수(Z-score)라는 것을 이용해서 평가하며, Z-score는 평균이 0이고, 표준편차가 1인 정규분포의 확률변수가 됩니다. 즉, 표준정규분포의 x축이 되는 것이죠.

평균을 0으로 만드는 방법은 평균점을 0으로 이동하면 되고, 표준편차를 1로 만드는 방법은 평균과의 차이를 기존의 표준편차로 나누면 됩니다. 이를 식으로 표현하면 다음과 같습니다.

$$z = \frac{X - \mu}{\sigma}$$

X : 표준화 하기 전 원래 자료의 수치
Z : 표준화 된 후 수치
μ : X의 평균
σ : X의 표준편차

❶ X − μ : 개별 데이터에서 전체 데이터의 평균만큼 뺐기 때문에 평균을 다시 구하면 0이 됩니다. 평균을 0으로 수평 이동한 것입니다.

❷ $\frac{X - \mu}{\sigma}$: 개별 데이터와 평균의 차이를 표준편차로 나누었기 때문에, 표준편차의 크기를 1로 만드는 것입니다. y축의 범위를 2(−1~1)로 줄인 것입니다.

표준정규분포에 대해 다음의 예제를 통해 구현해 봅시다.

예제

대한민국 성인 남성의 평균 키가 173cm, 그리고 표준편차는 5cm라고 할 때 대한민국 남성 슈니의 키가 185cm이상일 확률을 표준정규분포로 구하세요.

풀이

평균 μ = 173이고 표준편차 σ = 5이므로, 공식을 사용하면 다음과 같습니다.

$$z = \frac{X - \mu}{\sigma}$$

X : 표준화 하기 전 원래 자료의 수치
Z : 표준화 된 후 수치
μ : X의 평균
σ : X의 표준편차

키가 173cm일 때, z-score를 계산하면 다음과 같습니다.

$$z = \frac{173 - 173}{5} = 0$$

키가 185cm일 때, z-score를 계산하면 다음과 같습니다.

$$z = \frac{185 - 173}{5} = 2.4$$

표준화를 하면, 평균 173 cm의 z값=0이 나오고(표준정규분포의 평균은 항상 0), 185cm의 z값=2.4가 나옵니다.

위의 내용을 그림으로 살펴보면 다음과 같습니다.

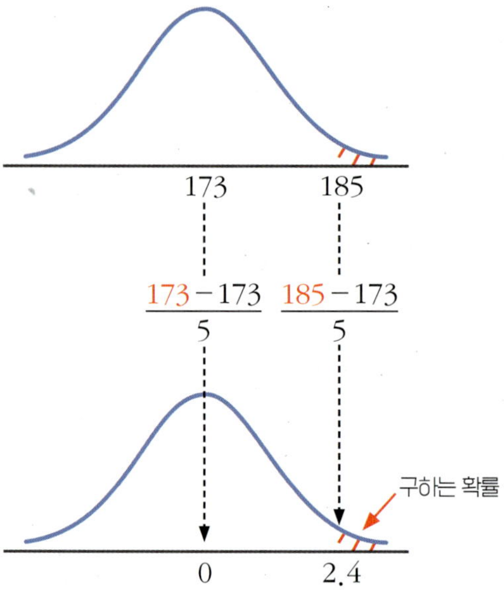

그림 12-11. 표준정규분포 예제

표준정규분포는 평균과 표준편차가 다른 데이터 셋을 서로 비교할 때 사용합니다. 예를 들어, 대학교에서 파이썬 프로그래밍 과목을 2개의 분반으로 운영한다고 할 때, 두 분반 가운데 어느 분반의 학생이 더 우수한지 확인하고 싶을 때 사용할 수 있습니다.

- 01반의 중간고사 점수는 평균 80점이고 표준편차가 40점입니다.
- 02반의 중간고사 점수는 평균 78점이고 표준편차는 15점입니다.

위와 같은 경우에서 01반과 02반 중 어느 분반이 더 성적이 좋은지 쉽게 확인할 수 있을까요? 이 경우에는 각 반의 평균과 표준편차가 각각 다르기 때문에 데이터를 비교하기 쉽지 않습니다. 이때 평균과 표준편차를 기반으로 정규분포를 그린 후, 이를 표준화하면 비교를 쉽게 할 수 있습니다.

표준화된 표준정규분포에서 평균이 0, 표준편차가 −1~1 사이이기 때문에, 두 분반을 같은 조건에서 비교할 수 있습니다.

카이제곱 분포

카이제곱 분포(Chi-squared Distribution)는 제곱이 이름에 포함되어 있듯이, 제곱의 분포를 나타냅니다. 집단의 분산을 추정하고 검정할 때 많이 사용합니다.

다음 그림 12-12의 왼쪽그림은 정규분포를 의미하고, 오른쪽 그림은 정규분포를 제곱한 그래프이면서, 카이제곱 분포를 나타냅니다.

- 0에 가까운 값일수록 분포가 많고, 0에서 멀어질수록 분포가 감소합니다.
- 제곱의 분포이기 때문에 x축의 범위가 0보다 크거나 같습니다.

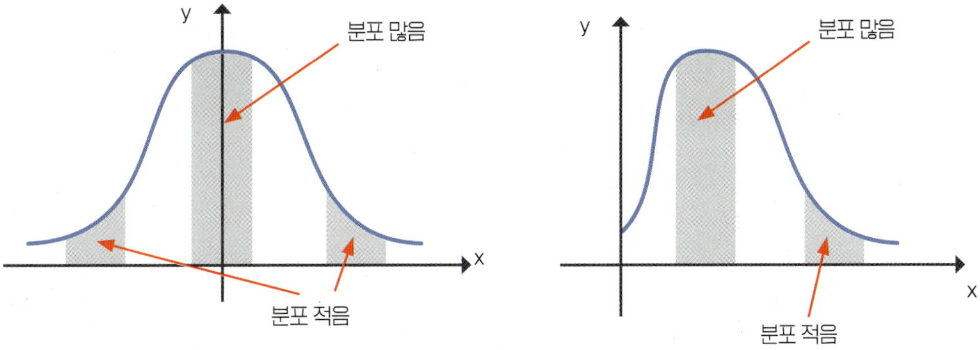

그림 12-12. 정규 분포와 카이제곱 분포

예를 들어 정규 분포가 평균 μ =173이고, 그림 12-12의 왼쪽 곡선을 따른다고 가정하면, 대한민국 성인 남자의 평균 키가 173cm라는 것은 169.8cm, 181.2cm 등 키가 평균과 가까운 사람이 많고, 키가 150.2cm, 193.3cm와 같이 평균에서 많이 벗어난 사람은 많지 않다는 것을 의미합니다.

분산은 평균에서 떨어진 정도를 나타내는 지표이면서, 해당 지표의 수식은 '실제 데이터 값-평균'의 제곱의 평균입니다. 제곱으로 표현되는 지표이기 때문에 분산을 추정하고 검정할 때 카이 제곱 분포가 많이 사용됩니다.

이항 분포

이항 분포(binomial distribution)는 베르누이 분포를 기반으로 합니다. 베르누이 분포는 베르누이 실험으로부터 나옵니다.

베르누이 실험(bernoulli experiment)은 결과가 '예'나 '아니요'의 두 가지인 확률 실험을 의미합니다. 이때 성공률은 실험 결과가 성공인 것으로, 성공의 확률을 p라고 합니다.

예를 들어 동전을 한 번 던져 앞면이 나오거나 뒷면이 나오는 것도 베르누이 실험입니다. 베르누이 시행(bernoulli trial)은 베루누이 실험을 독립적으로 반복하는 것입니다.

베르누이 실험의 조건은 아래와 같습니다.

❶ 각 실험 결과는 상호 배타적인 두 사건으로 구분됩니다(성공 혹은 실패).

❷ 각 실험에서 결과가 아래와 같습니다.

A. 성공할 확률은 $p = P(S)$로 나타냅니다.

B. 실패할 확률은 $q = P(F) = 1 - p$로 나타냅니다.

❸ $p + q = 1$ 입니다.

❹ 각 실험은 독립적으로 한 실험 결과가 다음 실험 결과에 영향을 주지 않습니다.

베르누이 실험의 결과를 실수 0 또는 1로 바꾼 것을 베르누이 확률변수(bernoulli random variable)라고 합니다. 베르누이 확률변수는 0과 1, 두 가지 값만 가질 수 있기 때문에 이산확률변수라고도 합니다(보통은 0과 1로 표현하지만 1과 −1로 표현하는 경우도 있습니다).

베르누이 분포(bernoulli distribution)는 실험 횟수가 1회고, 실험 결과가 오직 두 가지인 분포입니다. 즉, 성공일 확률이 p, 실패할 확률이 $q=1-p$라고 할 때, 그 결과가 성공이면 확률변수 X 가 1을 갖고, 실패이면 0을 갖습니다. 이때 확률분포는 $f(1) = p, f(0) = 1 - p$입니다.

이항 분포는 베르누이 시행이라고도 하며, n번의 베르누이 시행에 대한 p 확률을 가진 사건의 발생 확률입니다.

베르누이 분포에서 동전을 예로 들어 설명했습니다. 베르누이 실험이 한번 시행한 것이라면, 이항 분포는 베르누이 실험을 n번 시행한 것과 같습니다.

예를 들어, 동전을 두 번 던졌을 때 앞면이 나오는 확률 등을 구하는 경우와 같습니다.

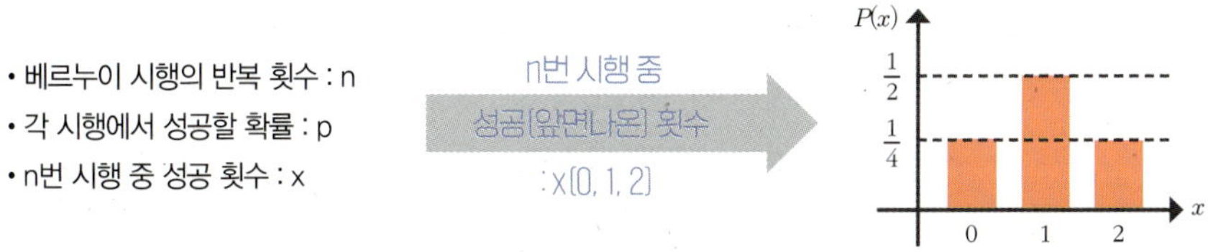

그림 12-13. 베르누이 시행 → 이항 분포

이때의 확률변수 X를 이항 확률변수라고 하며, 그 분포를 이항 분포라고 할 때 X−Bin(n, p)로 표현합니다.

이항 분포는 발생할 확률과 발생하지 않을 확률처럼 이진 분류에 유용합니다. 예를 들어 비가 올 경우와 오지 않을 경우, 합격할 경우와 불합격할 경우 등의 이진 분류의 전반적인 분포를 나타낼 때 사용합니다.

푸아송 분포

단위 시간 안에 어떤 사건이 몇 번 발생할지를 표현하는 이산 확률 분포입니다. 이항 분포에서 $n \to \infty$, $p \to 0$일 때의 극한을 푸아송 분포(Poisson Distribution)라고 합니다.

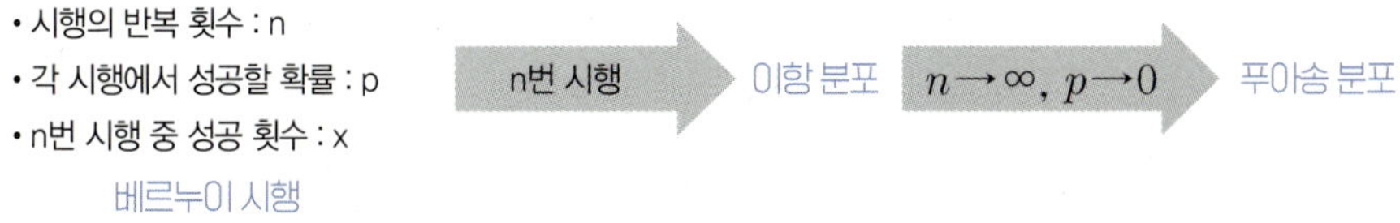

그림 12-14. 베르누이 시행 → 이항 분포 → 푸아송 분포

이항 분포에서 시행 횟수가 충분히 많고, p가 무한대라는 것은 p와 1-p가 함께 일어날 확률이 매우 작다는 의미입니다. 어느 한 쪽의 확률이 매우 클 때, 또는 매우 작을 때, 즉, 극히 불균형, 이상 탐지와 같은 문제를 풀 때 사용합니다.

특정 확률이 충분히 작을 때는 푸아송 분포로 근사해서 문제를 풉니다. 다르게 표현하면 '대부분 실패하는 것'을 아주 많이 시도할 때 푸아송 분포를 사용합니다.

다음과 같은 경우에 사용될 수 있습니다.

- 1킬로미터 도로에 있는 흠집의 수
- 일정 주어진 생산시간 동안 발생하는 불량 수
- 하루 동안 발생하는 출생자 수
- 어떤 시간 동안 톨게이트를 통과하는 차량의 수
- 어떤 페이지 하나를 완성하는 데 발생하는 오타의 발생률
- 어떤 특정 량의 방사선을 DNA에 쬐였을 때 발생하는 돌연변이의 수
- 어떤 특정 진도 이상의 지진이 발생하는 수

푸아송 분포는 이산형 확률 분포 중 대표적인 분포 중 한 개로, 단위 시간이나 단위 공간에서 특정 사건이 드물게 발생할 때 그 사건의 발생 건수가 따르는 확률 분포를 나타낼 때 유용합니다.

그림 12-15는 하루(단위 시간) 교통사고 수를 나타냅니다.

- 왼쪽으로 치우친 그래프가 그려집니다. 운행 중인 자동차에서 절반이 넘게 교통사고가 발생하지 않습니다.
- 포아송 분포의 대상이 되는 사건은 주로 적은 빈도로 발생합니다.
- 이와 비슷한 분포로 이항 분포가 있습니다. 어떤 사건이 발생하거나 발생하지 않는 경우를 모델링하는 이항 분포에서 해당 사건의 발생 확률인 p가 0.1 이하인 경우에는 포아송 분포로 변하게 됩니다.

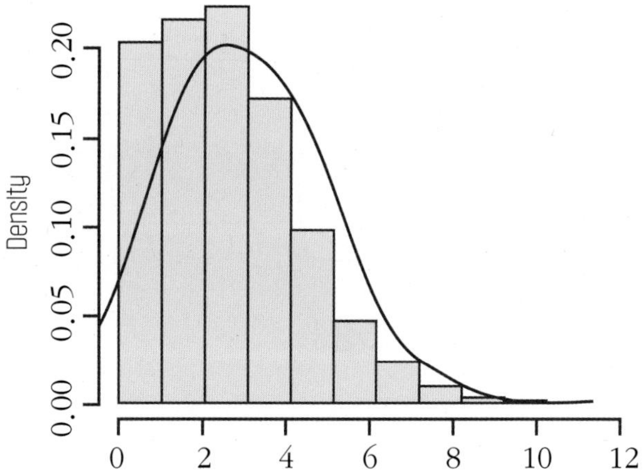

그림 12-15. 푸아송 그래프

| 13장 |

통계적 추정과 검정

학습 목표

통계적 추정(대푯값, 모집단과 표본, 회귀분석)과 검정방법(가설설정, 유의수준 설정, 유의확률, 검정방법 및 통계량)을 배웁니다.

1 〉 통계적 추정

1.1 대푯값

통계란 무엇일까요? 통계는 어떤 현상을 종합적으로 한 눈에 알아보기 쉽게 나타낸 숫자로 집단현상에 대한 구체적인 양적 기술을 반영하는 것입니다. 더 쉽게 설명하면, 통계는 데이터를 잘 설명하는 대표적인 값(대푯값)을 구하는 것입니다.

데이터 홍수의 시대인 요즘, 일상생활의 모든 일이 디지털화되고, 이에 따른 많은 데이터가 쏟아지고 있습니다. 매일 생산되는 수많은 데이터를 일일이 수동으로 확인하는 일은 불가능에 가깝다고 할 수 있습니다. 그렇기 때문에 매일 생산되는 수많은 데이터를 탐색하고, 그 안의 의미를 파악하기 위해 우리는 대표하는 값을 찾아서 활용해야 하는 것입니다. 이때 자주 사용하는 대푯값이 평균, 중앙값, 최빈값입니다. 지금부터 자세히 살펴보겠습니다.

평균

평균(Mean)은 집단에서 중심 경향(Central Tendency)을 나타내는 수학적 척도로 보통 산술평균을 의미합니다. 산술평균은 데이터의 전체 합에 대해 데이터의 수로 나눈 단순한 연산 결과로서의 평균을 의미합니다.

$$\text{평균} = \frac{\text{표본의 총합(데이터의 전체 합)}}{\text{표본의 개수(데이터의 수)}}$$

예를 들어 1부터 10까지의 평균을 구하면 다음과 같습니다.

$$\text{평균} = \frac{1+2+3+4+5+6+7+8+9+10}{10} = 5.5\text{(소수점 둘째자리에서 반올림)}$$

평균은 모든 데이터 값을 사용한다는 장점이 있는 반면에, 데이터 가운데 극단적인 값이 포함되어 있다면, 이 값으로 인해 대푯값이 왜곡될 수 있다는 단점도 있습니다.

예를 들어 데이터가 1,2,3,4,5,6,7,8,9,1000이 있다고 했을 때, 평균을 구하는 공식에 이 데이터의 대푯값을 대입하면 다음과 같을 것입니다.

$$\text{평균} = \frac{1+2+3+4+5+6+7+8+9+1000}{10} = 104.5$$

즉, 104.5가 대푯값이 될 것입니다. 그런데 과연 위의 데이터 집합에서 대푯값으로 104.5가 합리적일까요? 오히려 1000을 빼고, 1~9까지의 데이터에서 대푯값을 구해야 하지 않을지 생각하게 됩니다.

중앙값

중앙값(Median)은 전체 데이터 중 가운데 있는 수입니다. 전체 데이터의 수가 홀수이면 중앙에 있는 값, 짝수이면 중앙에 있는 두 값의 평균이 곧 중앙값이 될 것입니다.

- 전체 데이터의 개수(n)이 홀수일 때 : $\frac{n+1}{2}$
- 전체 데이터의 개수(n)이 짝수일 때 : $\frac{n}{2}$, $\frac{n+1}{2}$번째 값들의 평균

위의 내용의 예를 들면 다음과 같습니다.

- 전체 데이터가 1,2,3,4,5,5,5일 때 중앙값은 4입니다.
- 전체 데이터가 1,2,3,4,5,5,5,6일 때 중앙값은 $\frac{4+5}{2} = 4.5$입니다.

중앙값은 데이터의 어느 하나가 너무 크거나 작아서 왜곡되었을 때 사용하면 좋습니다. 데이터의 분포가 1,2,3,4,5,6,7,8,1000과 같은 경우에 평균을 구하면 너무 큰 값(1000)이 포함되어 한쪽으로 치우친 결과로 나올 수 있지만, 중앙값은 전체 크기를 비교하는 것이 아닌, 순서의 중앙에 위치하는 값이기 때문에 데이터의 왜곡을 방지할 수 있습니다.

데이터의 마지막에 있는 1000이라는 너무 큰 값을 범위에서 제외하고 대푯값을 구하는 것도 좋은 방법이지만, 대푯값을 구하는 방법 가운데 1000을 제외하지 않고 합리적인 대푯값을 구하는 방법이 있습니다. 그 방법이 바로 중앙값입니다. 평균은 1000에 의한 왜곡을 피할 수 없지만, 중앙값은 1000을 반영하지 않을 수 있습니다. 중앙값은 데이터사이언스에서 일반적인 데이터 패턴과 매우 다른 패턴을 가진 데이터 이상치(outlier) 제거에 유용합니다.

최빈값

최빈값(Mode)은 대푯값의 하나로 가장 많은 빈도, 가장 많은 개수로 나오는 값을 의미합니다. 최빈값은 두 개 이상 여러 개로 나타날 수도 있습니다.

예를 들어, 다음과 같은 데이터가 있다고 했을 때 최빈값이 다양하게 나올 수 있습니다.

- 전체 데이터가 1,2,3,4,5,5,5일 때, 최빈값은 5입니다.
- 전체 데이터가 1,2,3,3,3,4,5,5,5일 때, 최빈값은 3, 5입니다.
- 전체 데이터가 1,2,3,3,3,4,4,4,5,5,5,6,6,6일 때 최빈값은 3,4,5,6입니다.

가장 자주 나오는 값이 세 번씩 나오기 때문에 3,4,5,6 모두 최빈값에 해당합니다.

최빈값은 가장 많이 발생하는 값을 구할 때 유용하며, 특히 수치 연산보다 아이들이 가장 좋아하는 숫자를 구하거나 트렌드를 구하는 문제, 사물이나 현상의 모양이나 상태를 판단하기에 필요한 확실성, 타당한 정도 등을 파악할 때 유용하게 쓰이고 있습니다.

1.2 모집단과 표본

모집단은 통계적 조사, 실험, 연구에서 알아보고자 하는 대상의 집단 전체를 의미합니다. 모집단 전체를 조사하는 것을 전수 조사라고 하는데, 전수 조사를 하게 되면 모든 조사 대상을 조사할 수 있지만, 조사한 자료를 수집하고 분석하는데 많은 시간과 비용이 발생합니다. 모집단에서 대푯값들의 집합이라고 할 수 있는 데이터셋(표본)을 통해서 자료 전체의 성질을 예측하면 전수 조사에 소요되는 많은 시간과 비용의 문제를 해결할 수 있습니다.

모집단

모집단(Population)은 통계적 실험 및 관찰에서 대상이 되는 집단 전체를 의미합니다. 영어로 Population으로 표현하는데 단어의 뜻은 인구입니다. 인구라는 말에서 알 수 있듯이 모집단은 전체 집단을 의미합니다.

우리나라의 경우에 5년마다 대통령 선거를 실시하며, 5천만의 대한민국 국민 대부분이 소중한 권리를 행사하기 위해서 선거에 참여합니다. 여기서 모집단의 규모는 대한민국 국민 5천만 명입니다.

모집단 분포(Population Distribution)는 모집단을 구성하는 전체 데이터가 이루는 확률 분포를 의미합니다.

우리가 통계를 공부하는 이유가 바로 데이터의 중심적인 경향이나 자료 분포의 중심 위치를 알기 위한 대푯값을 찾기 위한 것입니다. 따라서 통계적 관찰의 대상이 되는 모집단의 대푯값을 구해봅시다.

첫 번째는 모수(Parameter)입니다. 모수는 모집단의 특성을 수치로 나타내는 것으로, 다른 말로 바꿔 표현하면, '모수는 모집단을 구성하는 데이터를 설명하는 수치 값'이라고 할 수 있습니다. 대표적인 예가 앞에서 배운 대푯값을 모집단에 적용한 모평균, 모분산, 모표준편차입니다.

모수가 중요한 이유는 우리가 실제로 알고 싶어하는 것은 '모집단 데이터'의 자체가 아니라, '모집단 특성을 설명하는 모수'이기 때문입니다. 하지만 실제로 모집단 분포를 사용해서 모수를 구하는 경우는 매우 드뭅니다. 선거를 예로 들어 보겠습니다.

선거가 끝나고 나면, 방송사는 개표 전에 결과를 예측해서 발표합니다. 이를 위해, 선거인 출구 조사라는 것을 실시하죠. 5천만 명 전체, 모집단을 출구조사하는 것은 불가능하기 때문에 투표를 마치고 나오는 선거인을 무작위로 선택해서 출구 조사를 합니다. 여기서 나온 결과를 전체 5천만 명의 선거 결과의 대푯값으로 발표합니다.

선거인 출구 조사를 통해서 나온 선거 결과의 예측은 거의 정확하게 맞습니다. 즉, 모집단에서 일부를 뽑아서 전체 데이터의 대푯값을 구해도, 데이터를 설명할 수 있습니다. 이와 같이 모집단의 일부를 선택하는 것을 **표본**(Sample)이라고 합니다.

지금부터 표본 추출하는 방법을 살펴봅시다.

표본을 추출할 때에는 모든 데이터가 뽑힐 확률이 동등해야 하고, 실험자의 의도가 부여되지 않아야 합니다. 보통 표본 추출 방법으로 무작위 추출 방식을 사용합니다. 이런 방식을 **"확률표본**(Random Sample)**"**이라고 합니다.

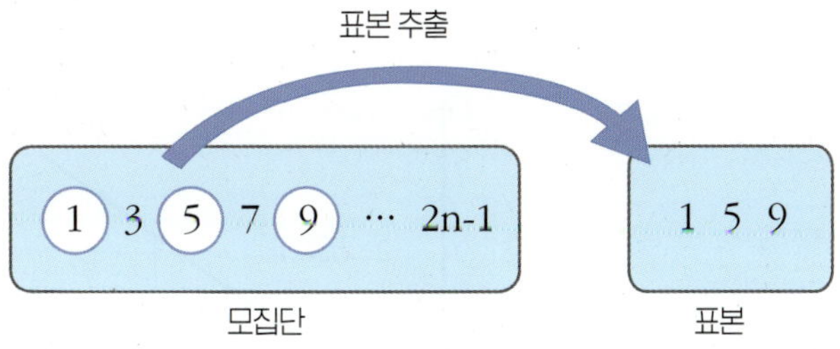

그림 13-1. 모집단과 표본

1.3 회귀분석

회귀분석(Regression Analysis)은 둘 또는 그 이상의 변수 사이의 관계, 특히 변수 사이의 인과관계 등의 경향성을 분석하는 통계 방법 가운데 하나입니다. 즉, 종속변수(목표)와 하나 이상의 독립변수(예측변수) 사이의 관계를 나타냅니다.

예를 들어, 식사량이 일정하다고 할 때, 체중이 운동량에 따라 달라진다고 가정해 봅시다. 운동량이 많아지면 체중이 감소하고, 운동량이 감소하면 체중이 늘어나는 현상을 통해 운동량에 따라 체중이 변한다는 사실을 알 수 있습니다. 여기서 종속변수는 체중이며, 체중에 영향을 미치는 변수인 운동량이 독립변수입니다. '독립변수의 변화가 종속변수에 영향을 미친다'라는 것을 수학식으로 표현해 보겠습니다.

독립변수가 변화함에 따라 종속변수가 바뀌기 때문에, 독립변수를 x라고 하고, 종속변수를 y라고 하면, 수식은 $y = f(x)$으로 나타낼 수 있고, 'x의 변화 정도(함수 f)에 따라 y가 바뀐다'라고 해석할 수 있습니다.

f를 ax+b라고 하면, 그림 13-2처럼 표현할 수 있는데, x가 0에서부터 증가할 때, y값이 b값에서 출발해서, x의 a배만큼 변합니다. 즉 x의 변화는 y를 변화시킵니다.

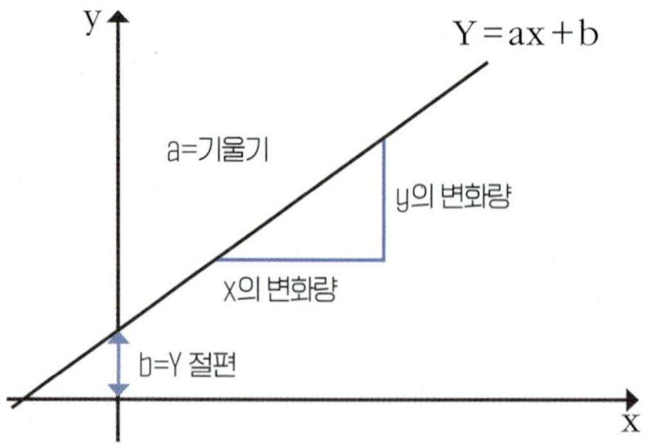

그림 13-2. 종속변수와 독립변수, 그리고 함수 ax+b

독립변수와 종속변수의 관계를 간단하게 도식화하면 그림13-3과 같습니다. 독립변수가 원인이 되고, 종속변수는 원인에 의해서 도출되는 결과를 의미합니다.

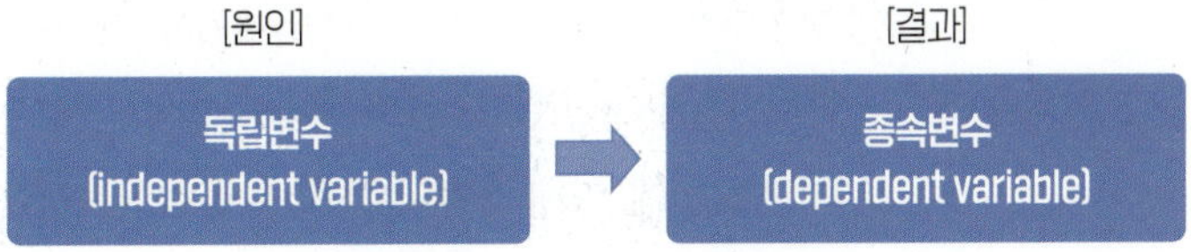

그림 13-3. 독립변수와 종속변수

잠깐만요

y=f(x)에 대해, 데이터사이언스에서는 다음과 같이 다양하게 표현하지만 모두 같은 의미입니다.

- y : target values, objectives, output
- x : features, columns, input
- f : function(Machine Learning Algorithm)

회귀분석 유형

회귀분석은 크게 로지스틱 회귀와 선형 회귀가 있습니다.

선형회귀는 독립변수의 개수에 따라, 아래 표 13-1과 같이 단순선형 회귀와 다중선형 회귀로 나눌 수 있습니다.

표 13-1. 회귀 분석의 유형

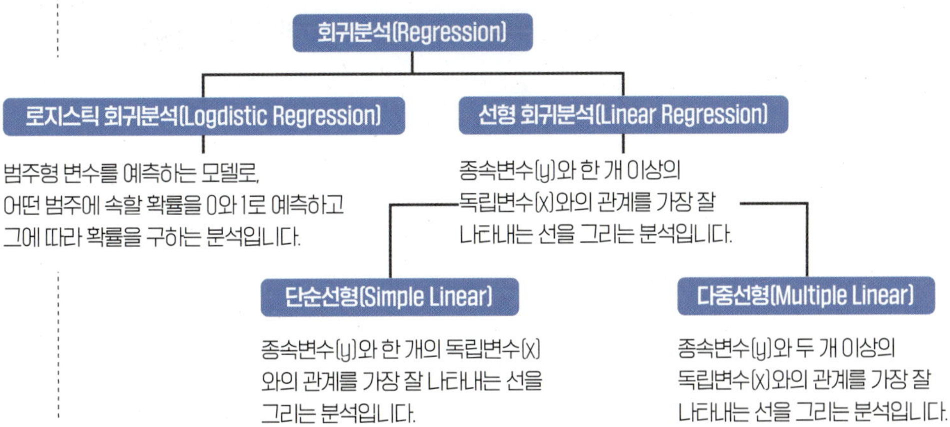

여기에서는 우선 선형회귀에 대해서 먼저 다루겠습니다.

선형회귀(Linear Regression)는 두 변수(독립변수와 종속변수) 사이의 관계가 선형 결합으로 설명할 수 있는 것을 의미합니다. 독립변수가 하나인 경우를 단순회귀분석, 여러 개인 경우를 다중회귀분석이라고 하며, 그림 13-2처럼 y(종속변수)가 x(독립변수)에 의해 선형그래프로 표현될 수 있습니다.

회귀분석을 한다는 것은 종속변수와 독립변수 사이의 함수 f, 즉 회귀식을 도출하는 것이라고 할 수 있습니다. 그렇다면 '잘 만들어진 회귀식이란?' 무엇일까요?

잘 만들어진 회귀식은 '각 데이터에 대해 예측값과 실제 관측값과의 차이(잔차)의 합이 최소가 되는 식'을 의미합니다. 이 식을 찾는 방법 가운데 대표적인 방법이 최소제곱법입니다.

최소제곱법

최소제곱법(Least Square Method)은 실제 관측값과 예측값의 차이를 제곱 연산을 사용해서 구하는 방법입니다. 데이터들의 패턴과 분포를 잘 표현하는 근사직선이나 근사곡선을 구하는 직관적이고 간단한 방법 가운데 하나입니다. 그림 13-4는 최소제곱법을 그림으로 표현한 것으로 이를 수식으로 옮기면, 다음과 같습니다.

$$\varepsilon_1^2 + \varepsilon_2^2 + \varepsilon_3^2 + \varepsilon_4^2 + \varepsilon_5^2 + \varepsilon_6^2 = \min \sum_{i=1}^{6} \varepsilon_i^2$$

(ε는 실제 관측값과 예측값의 차이를 의미합니다.)

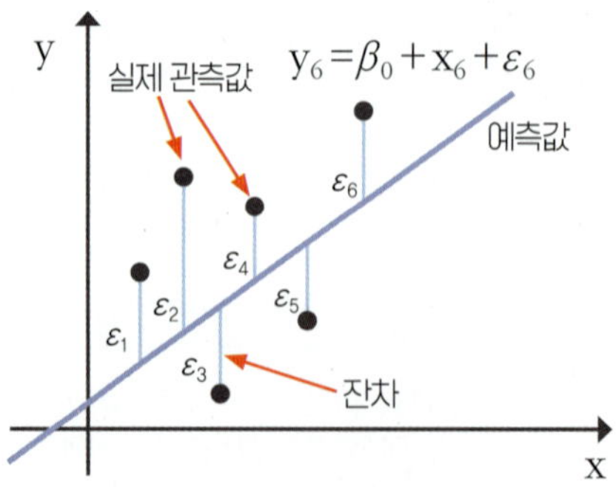

그림 13-4. 최소제곱법

최소제곱법은 "실제값과의 오차가 작다 = 실제값과 회귀식 사이의 거리가 짧다"의 원리를 활용하여, 실제 관측값과 예측값의 차이의 제곱의 합이 최소가 되는 회귀식을 구하는 것입니다.

이 방법은 수치해석, 회귀분석, 영상처리, 로봇 위치상태 분석 등 다양한 통계적 접근의 기본이 됩니다.

잠깐만요

왜 제곱을 해서 실제값과 예측값과의 차이를 구했을까요?

우리는 앞 장에서 벡터에서 거리를 구하는 방법 가운데 유클리드 거리(Euclidean Distance)를 배운 바 있습니다. 두 지점 사이의 거리를 측정할 때, 두 점 사이의 최소의 거리를 구할 때 제곱해서 구한 바 있습니다. 이 원리와 같습니다. "최소의 거리를 구한다는 의미=실제값과 예측값과의 거리를 최소화"

복습하기!

기울기는 변화율이고, 변화율이 곧 미분입니다.

따라서 데이터를 잘 표현하는 선을 찾는 최적의 회귀식을 구할 때 역시 미분을 활용해서 구할 수 있습니다. 다른 말로 표현하면, "실제 관측값과 예측값의 차이의 제곱의 합이 최소가 되는 해를 미분으로 찾습니다."와 같은 표현입니다.

아래 두 그림은 최소 제곱법으로 구한 회귀식과 기울기와 절편으로 이루어진 1차 함수 그래프를 함께 보여 줍니다. 왼쪽 그림의 최소제곱법을 통해 최적의 선을 구하는 것과, 오른쪽 그림이 미분을 통해 최적의 a(기울기)를 찾아서 최적의 식을 구하는 것입니다. 결국 같은 목표, "최적의 선을 그리는 방법"을 추구합니다.

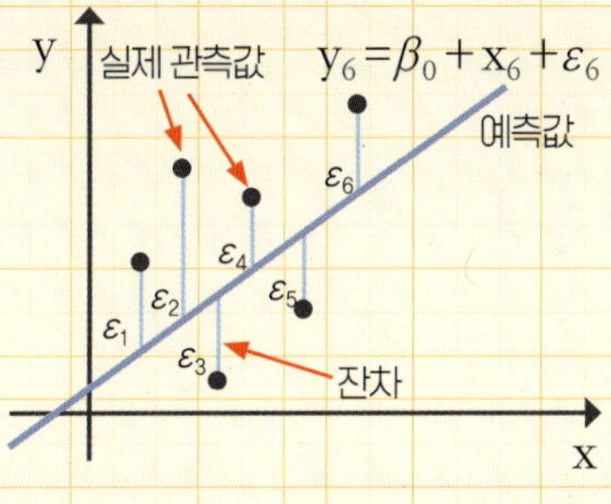

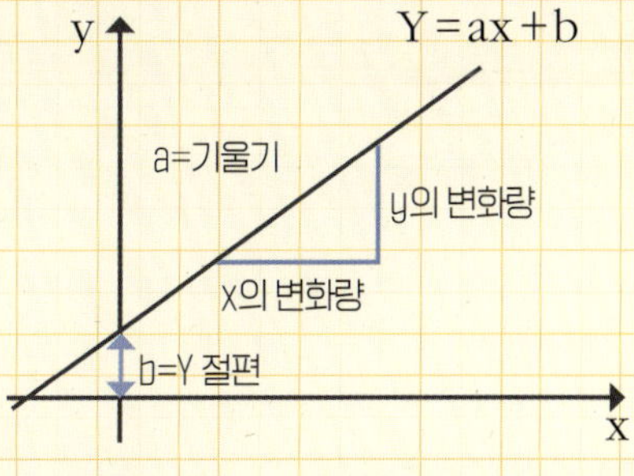

잠깐만요

우리가 회귀식을 만들 때 "실제 관측값과 예측값의 차이"를 활용한다는 것을 알았습니다. 이때 주로 사용하게 되는 용어가 잔차(residual)와 오차(error)인데, 이를 같은 의미로 사용하는 경우도 있지만, 정확한 의미에 대해 짚고 넘어가겠습니다.

- 잔차(residual)=표본집단을 통해 만들어진 회귀식에서 예측된 값-실제 관측값
- 오차(error)=모집단을 통해 만들어진 회귀식에서 예측된 값-실제 관측값

여기서 두 용어의 의미에서 비교되는 두 단어는 모집단과 표본집단의 차이입니다.

- 모집단 = 모든 관측되는 데이터 전체
- 표본 = 모집단의 일부를 선택한 데이터 샘플(집합)

보통 통계에서는 모집단을 이용하기 보다는 표본을 이용하기 때문에 잔차를 주로 활용하지만, 큰 맥락에서 오차와 잔차가 같은 의미이기에 혼용해서 함께 사용하기도 합니다.

2 〉 통계적 검정

통계적 검정의 정확한 명칭은 가설 검정(Statistical Hypothesis Test)으로 "모집단의 실제 관측값이 이럴 것이다."라는 가설을 설정하고, 그 가정이 참인지 거짓인지를 표본을 사용해서 검증하는 과정입니다.

미리 설정한 가설이 참이라면, 다시 말해, 가설과 관측값이 일치한다면, 가설을 기각하지 않습니다. 반대로 가설과 관측값이 일치하지 않는다면, 가설을 틀리게 세웠다고 판단하고 가설을 기각하게 됩니다.

가설 검정 프로세스는 다음과 같습니다.

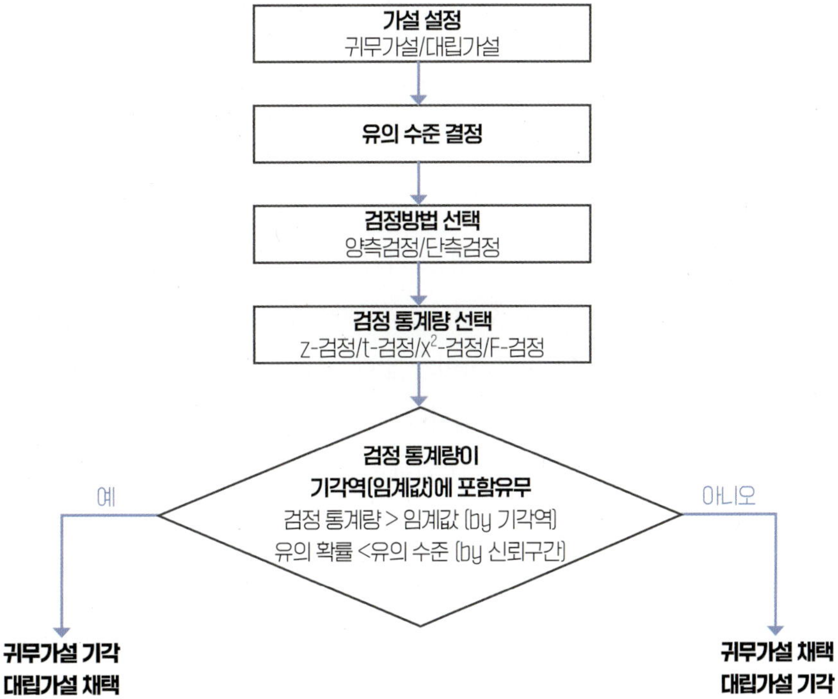

그림 13-5. 가설검정 프로세스

2.1 가설 설정 : 귀무가설 vs. 대립가설 & 1종 오류 vs. 2종 오류

통계에서 가설을 세우는 이유가 무엇일까요? 왜 아직 일어나지 않은 일에 대한 가설을 세우고 이를 검증하는 방법으로 데이터를 분석할까요?

이유는 결과를 판단할 기준이 없기 때문입니다.

만약 가설을 세우지 않으면, 데이터를 분석한 후 분석 결과가 유의미한 결과인지 판단할 수 있는 기준이 없습니다. 판단의 기준이 될 가설을 세워 분석한 결과를 검증하는 것입니다.

통계적 가설을 세우는 방법에는 입증하고자 하는 가설을 대변하는 귀무가설과 귀무가설에 반대하는 대립가설 두 가지가 있습니다.

1.1 귀무가설 : 입증하고픈, 증명하고픈 가설

귀무가설(H_0, Null Hypothesis)은 자연적으로 발생할 확률이 높은 것을 입증하는 가설입니다.

다음과 같은 예시가 있다고 합시다.

❶ 대한민국 남성의 평균 키가 172.5cm이고, 여성의 평균키는 159.6cm임을 주장하려고 합니다. 귀무가설을 세운다면, "대한민국 남성의 평균키는 172.5cm와 같다(차이가 없다). 대한민국 여성의 평균키는 159.6cm와 같다(차이가 없다)."가 됩니다.

평균이라는 것은 대부분 사람들의 경우가 평균 근처에 모여 있을 가능성이 높기 때문에 "평균과 같다."로 귀무가설을 세웁니다.

❷ 대학병원과 제약회사가 수년간의 실험을 거쳐, 항암제를 개발했고, 제약회사에서 신약의 효과를 검증하려고 합니다. 이 경우에 귀무가설을 어떻게 세우면 좋을까요? 일반적으로 항암제를 개발한 경우, 해당 신약이 효과를 나타내는 경우는 아쉽지만 매우 드물고, 여러 가지 부작용으로 인해 실제로 사용되

는 사례가 그리 많지 않습니다. 귀무가설은 자연적으로 발생할 확률이 높은 것을 선택하는 가설이므로, 이와 같은 경우에 귀무가설을 세운다면, "개발한 항암제가 효과가 없다."가 됩니다.

1.2 대립가설 : 예외 케이스를 증명

대립가설(H4 , Alternative Hypothesis)은 귀무가설의 반대되는 가설로, 자연적으로 발생할 확률이 낮은 것을 선택해서 입증하는 것입니다. 쉽게 "예외케이스를 증명한다."고 생각해도 됩니다.

예를 들어 앞의 귀무가설 예를 대립가설로 바꾸어 보겠습니다.

❶ 대한민국 남성의 평균 키가 172.5cm이고, 여성의 평균키는 159.6cm임을 주장하려고 합니다. 이때 대립가설을 세운다면, "대한민국 남성의 평균키는 172.5cm와 다르다(차이가 있다). 대한민국 여성의 평균키는 159.6cm와 다르다(차이가 있다)."가 됩니다.

❷ 대학병원과 제약회사가 수년간의 실험을 거쳐, 항암제를 개발했고, 제약회사에서 신약의 효과를 검증하려고 합니다. 이 경우에 대립가설을 어떻게 세우면 좋을까요? 마찬가지로 아직까지는 항암제를 개발한 경우에 해당 신약이 효과를 나타내는 경우는 매우 드물고 여러 가지 부작용으로 인해, 실제로 사용되는 사례가 그리 많지 않습니다. 그럼에도 불구하고, 대립가설은 자연적으로 발생할 확률이 낮은 것을 선택하는 가설이므로 "개발한 항암제가 효과가 있다."가 됩니다.

1.3 1종 오류 : 귀무가설이 참인데도 귀무가설을 기각하는 오류

귀무가설은 자연적으로 발생할 확률이 높은 것을 입증하는 가설입니다. 1종 오류는 귀무가설이 참인데도 틀렸다고 하는 것입니다. 조금 극단적으로 표현해 보면, 99%가 참인 경우인데, 거짓이라고 우기는 경우라고 생각하면 됩니다. 따라서 확률은 낮은데 우기는 경우이기 때문에 1종 오류는 위험(Critical)합니다.

1.4 2종 오류 : 대립가설이 참인데도 대립가설을 기각하는 오류

대립가설은 자연적으로 발생할 확률이 낮은 것을 입증하는 가설입니다. 일어날 확률이 거의 없는 예외적인 사건에 대해서 일어나지 않을 것이라고 예측했는데, 결국 사건이 일어난 경우이기 때문에 흔하지 않을 것입니다. 이와 같은 오류가 2종 오류입니다.

1.5 귀무가설 vs 대립가설 : 1종 오류 vs 2종 오류

다음의 표와 같이 귀무가설과 대립가설의 관계를 표로 정리해 보겠습니다.

표 13-2. 귀무가설vs. 대립가설 1종 오류 vs. 2종 오류

	귀무가설 참	귀무가설 거짓(대립가설이 참)
실제 관측 : 참	옳은 결정 정확한 추론	2종 오류
실제 관측 : 거짓	1종 오류	옳은 결정 정확한 추론

이론적으로 설명해 보면, 자연적으로 많이 발생하는 가설을 틀렸다고 검정하는 경우가 "당연하다고 생각되는 것을 아니다."라고 판단하는 것이기 때문에, 1종 오류가 더 위험합니다.

그런데 경우에 따라서는 2종 오류도 위험하다고 판단될 수 있는데, 다음의 예를 살펴보겠습니다.

슈니는 건강검진을 하는 과정에서 암특화 검진을 실시하였습니다. 이때 암 진단 여부 판정을 대상으로 1종 오류와 2종 오류를 비교하겠습니다. 표 13-3을 함께 보면서 이해해 보세요.

1종 오류는 귀무가설이 참인데도 귀무가설을 기각하는 오류, 즉 자연적으로 발생할 확률이 높은데 기각하는 오류입니다. 그런데 건강검진에서 건강한 사람이 많을까요? 아니면 암환자로 진단 받는 경우가 많을까요? 아마도 건강검진을 진행한 대부분의 사람은 건강하다는 진단이 나올 확률이 높습니다. 따라서 귀무가

설은 "슈니는 건강합니다(암이 아닙니다.)."이 됩니다. 이때 1종 오류는 슈니가 암이 아닌데 암이라고 진단되는 경우입니다.

반면에 2종 오류는 슈니가 건강검진에서 암으로 진단될 확률이 낮음에도 불구하고 암이라고 진단을 받았는데, 실제로 암이 아닌 경우입니다. 이 경우 어쩌면 1종 오류 보다 더 위험할 수도 있습니다. 암환자가 아닌데, 항암제를 투여하여 부작용을 일으킬 수 있기 때문입니다.

다음의 표로 1종 오류와 2종 오류를 비교해 보겠습니다.

표 13-3. 1종 오류와 2종 오류의 예 : 1종 & 2종 오류 모두 위험한 예

실제 상태	암	암이 아님(건강)
진단 결과		
암으로 진단	암을 암으로 진단 적절한 치료가 이루어집니다.	암이 아닌데 암이라고 진단 : 1종 오류 항암제 투약으로 인해서 건강한 사람이 후유증으로 위험에 빠질 수 있습니다(Critical Issue).
암이 아님(건강)으로 진단	암을 아니라고 진단 : 2종 오류 암에 대한 치료를 하지 못해서, 치료 시기를 놓쳤습니다 (Critical Issue).	암이 아닌데 암이 아니라고 진단 건강을 유지하면 됩니다.

연습 문제

연습 01 **귀무가설(H_0)과 대립가설(H_1)을 직접 만들어 보세요.**

사람들의 평균수명은 80세라고 알려져 있습니다. 그런데 어떤 전문가는 평균수명이 80세가 아니라고 주장하는 경우가 있어서 사람의 평균수명이 어떻게 되는지 검정하려고 합니다. 이 경우에 해당하는 귀무가설과 대립가설을 만들어 보세요.

〈풀이〉

귀무가설(H_0) : $\mu = 80$, 평균수명은 80세입니다.
대립가설(H_1) : $\mu \neq 80$, 평균수명은 80세가 아닙니다.

연습 02 **다음의 다른 예를 확인한 뒤, 귀무가설(H_0)과 대립가설(H_1)을 만들어 보세요.**

한 휴대폰 회사의 불량률이 1%로 알려져 있습니다. 그런데 최근에 불량에 대한 민원이 많이 접수되고 있어 불량률이 1%보다 더 클 수도 있다는 소리가 나오고 있습니다. 불량률이 실제로 얼마인지 검정하려고 할 때 귀무가설과 대립가설을 만들어 보세요.

〈풀이〉

귀무가설(H_0) : $p \leq 0.01$, 불량률은 1%보다 작거나 같다.
대립가설(H_1) : $p > 0.01$, 불량률은 1%보다 크다.

2.2 유의 수준 결정

가설 검정을 하기 위해 귀무가설과 대립가설을 설정하면, 가설의 채택 여부를 결정할 수 있는 기준을 세워야 합니다. 이때 사용하는 기준 값이 유의 수준입니다.

유의 수준은 귀무가설을 기각시키고 대립가설을 채택할 확률을 의미합니다. 보통 알파(α)로 표시하는데, 유의 수준을 이해하기 위해서 다음과 같이 생각해 봅시다.

귀무가설은 자연적으로 많이 발생하는 것인데, 이것을 기각한다고 하면 기각될 확률이 높을까요? 아마도 기각되기가 쉽지 않을 뿐만 아니라, 확률이 매우 낮을 것입니다.

즉, 유의 수준을 다르게 표현하면, 귀무가설이 옳다는 전제 하에, 어느 정도로 얻기 힘든 값(귀무가설이 기각되기가 힘듭니다.)인지를 나타내는 확률을 의미한다고 할 수 있습니다.

다음과 같은 상황을 가정해 봅시다.

유의 수준(α)을 0.05로 정한다는 것은 귀무가설을 기각하고 대립가설을 채택할 확률이 0.05라는 의미입니다.

보통 통계학에서 유의 수준(α)으로 0.05를 사용하는데, 유의 수준이 0.05라는 의미는 95%의 정확도, 즉 5%의 오차를 허용한다는 의미입니다. 5% 정도만 귀무가설이 기각될 수 있다는 의미입니다.

그러나 정밀 의료와 같은 환자의 생명을 다루는 예외적인 경우에는 더 엄격한 기준이 적용되기도 합니다. 이 경우에는 유의 수준(α)을 0.01, 99%의 정확도, 1%의 오차만 허용하도록 합니다.

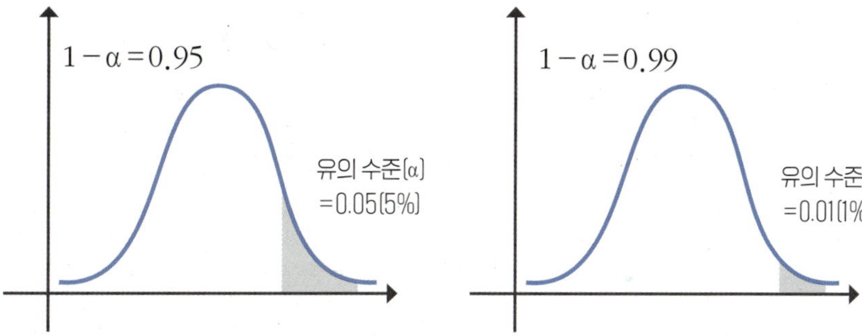

그림 13-6. 유의 수준

2.3 유의 확률과 신뢰구간

유의 확률(p-value)은 귀무가설을 기각할 수 있는 최소한의 확률을 의미합니다. 유의 수준(α)을 기준으로 유의 확률이 유의 수준보다 높다면, 귀무가설을 채택하고, 낮으면 귀무가설을 기각하고 대립가설을 채택합니다.

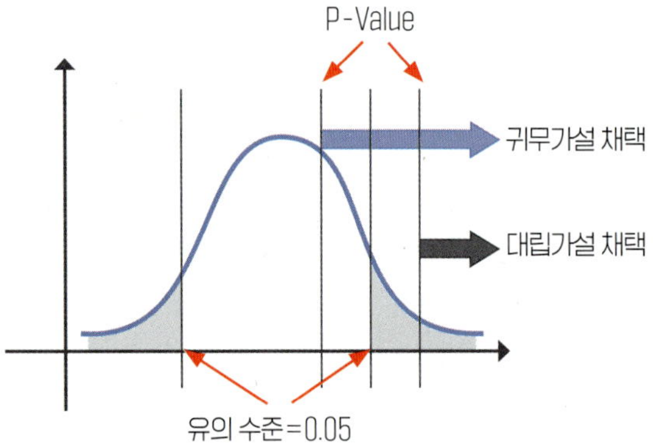

그림 13-7. 유의 확률 : 유의 수준이 0.05일 때 유의 확률(p-value)와 귀무가설의 채택 여부

유의 수준을 0.05로 정했을 때 계산된 유의 확률이 0.05보다 적게 나와야 실험자는 귀무가설을 기각하고 자신이 주장하고자 했던 대립가설을 채택할 수 있습니다.

귀무가설이 옳다는 전제 하에 유의 확률이 너무 낮으면 귀무가설을 기각합니다. 보통 기준은 정하기 나름이지만, 일반적인 사회통계학에서는 유의 수준을 0.05나 0.01을 기준으로 합니다. 유의 수준을 0.05나 0.01을 기준으로 한다는 것은 귀무가설 채택 확률이 95%, 99%라고 해석할 수 있습니다.

- 유의 수준 : 0.05
- 유의 확률 ≥ 0.05 : 귀무 가설 채택
- 유의 확률 〈 0.05 : 대립 가설 채택

유의 확률이 0.05라는 수치는 신뢰구간(Confidence Interval)에 포함될 확률이 95%(= 0.95) 라는 것을 의미합니다.

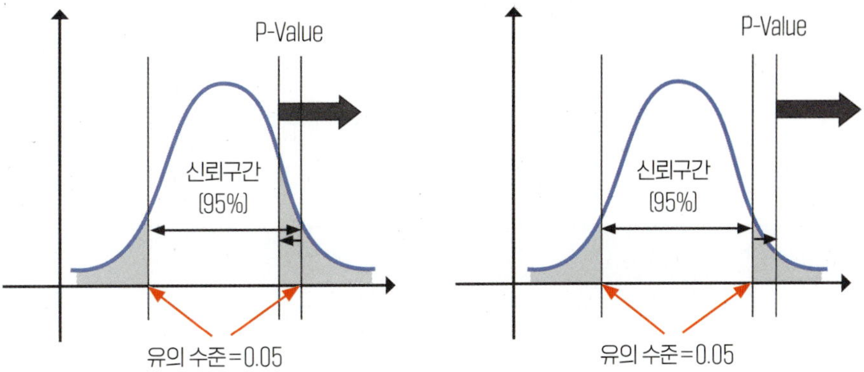

그림 13-8. 신뢰구간, 유의 수준, 유의 확률

신뢰구간(Confidence Interval)은 모평균이 존재할 구간을 확률적으로 추정하는 구간 (Interval Estimation)을 의미합니다. 신뢰구간은 전체 데이터를 대표하는 대푯값인 모수(모평균, 모표준편차 등)가 포함될 것이라고 예상되는 구간을 의미하고, 신뢰구간이 95%, 99%라는 의미는 모수가 포함될 구간이 평균 (μ)표준편차(α)인 것을 의미합니다.

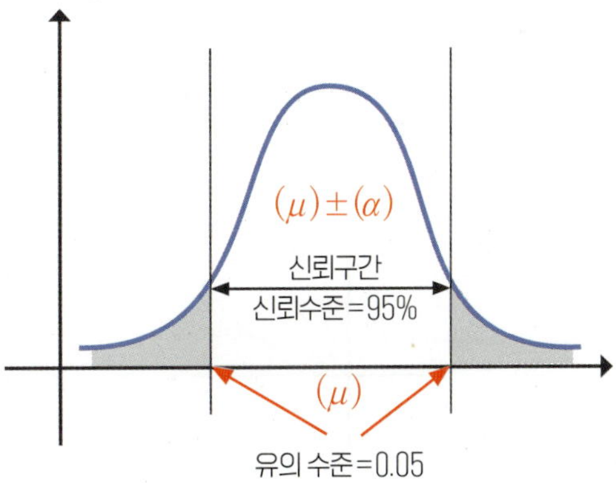

그림 13-9. 신뢰구간 : $(\mu) \pm (\alpha)$

유의 확률을 사용하여 가설을 검증할 때, 도메인에 따라 유의 수준 설정에 주의해야 합니다. 예를 들면, 사람의 생명과 직결되는 질병 판단의 예의 경우 유의 수준을 낮게 설정해야 합니다.

마지막으로 여기서 중요하게 생각할 것은 유의 수준과 유의 확률은 가설이 맞고 틀림을 나타내는 지표가 아니라, 가설을 검증하기 위한 확률을 표시하는 지표라는 것과 우리가 세운 가설을 검증하기 위한 지표라는 점을 잊지 말아야 합니다.

2.4 검정방법 : 양측 검정, 단측 검정

가설 검정이란 가설을 세워서 분석한 결과를 검증하는 것입니다. 가설을 검정할 때 대부분의 기준은 자연적으로 발생할 확률이 높은 귀무가설을 사용하며, 귀무가설 기각 수준을 결정하는 기준은 유의 수준입니다.

귀무가설의 기각 여부를 결정하는 기준을 설정하는 영역을 기각역 또는 임계라고 합니다. 유의 수준이 기준점이라면, 기각역과 임계는 영역을 의미합니다. 다음과 같이 기각역이 양쪽에 있는 경우는 양측 검정(two-sided test), 한쪽 끝에 있는 경우를 단측 검정(one-sided test)이라고 합니다.

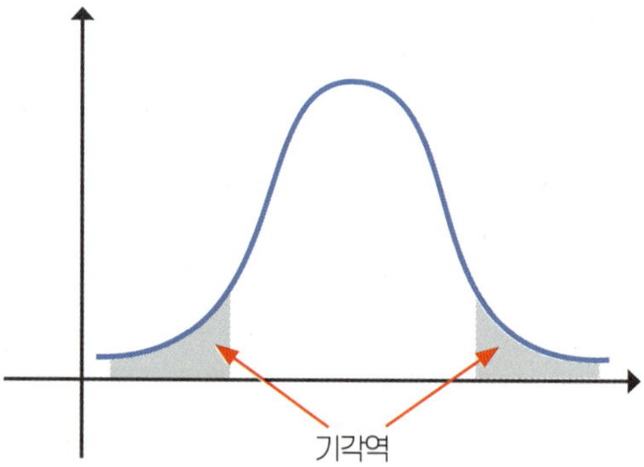

그림 13-10. 양측 검정

귀무가설의 기각역을 다르게 표현하면 귀무가설이 기각되고, 대립가설이 채택될 영역이라고 할 수 있습니다. 따라서 양측 검정(two-sided test)은 대립가설이 ~보다 작거나, ~보다 크다일 경우로 나타낼 수 있습니다.

단측 검정은 귀무가설을 기각하는 영역이 어느 한쪽 끝에만 있는 검정으로 대립가설이 ~작다, 또는 ~크다 둘 중 하나만 사용하는 것을 의미합니다. 기각역이 오른쪽에 있는 검정(대립가설이 ~크다)이 우측 검정이고, 귀무가설을 기각하는 영역이 왼쪽에 있는 검정(대립가설이 ~작다)이 좌측 검정입니다.

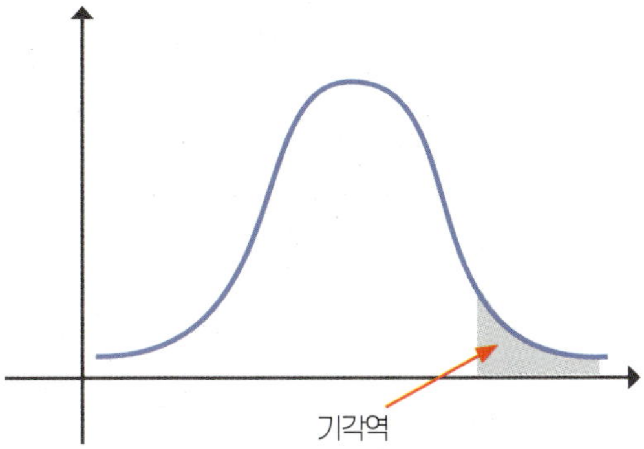

그림 13-11. 단측 검정 : 우측 검정

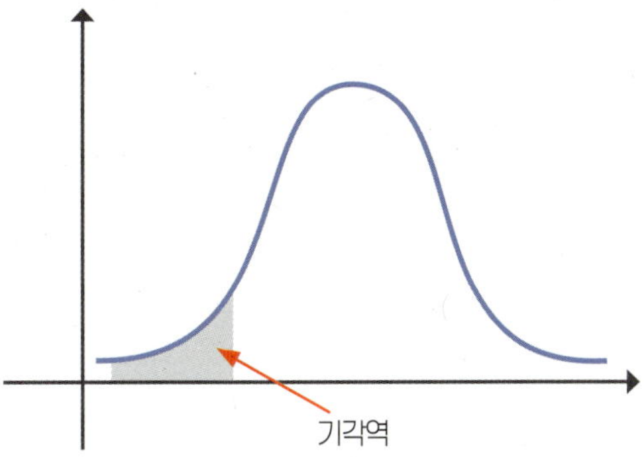

그림 13-12. 단측 검정 : 좌측 검정

2.5 검정 통계량

가설을 설정하고, 유의 수준을 정하고, 검정 방법을 선택하고 나면, 가설을 검증하기 위해 검정 통계량을 사용하여 검정하게 됩니다. 지금까지 배운 내용을 순서대로 정리하면 다음과 같습니다.

❶ 먼저 가설을 설정합니다(귀무가설, 대립가설).

↓

❷ 가설의 검정을 위한 지표를 세웁니다(유의 수준).

↓

❸ 이를 검정할 방법을 선택합니다(양측 검정, 단측 검정).

↓

❹ 검정 통계량을 계산합니다.

검정 통계량은 통계적 결론을 내릴 때 근거가 되는 통계량으로 표본에서 검정을 목적으로 계산된 통계량을 의미합니다.

검정 통계량이 귀무가설 기각역에 포함되는가에 따라 귀무가설의 채택과 기각 여부가 결정됩니다.

지금까지 배운 귀무가설과 대립가설은 "모집단의 모수(모평균(μ), 모분산(ν), 모표준편차(σ))가 이럴 것이다."라고 설정한 것이기 때문에 이와 같은 가설이 타당한지 여부를 검정해야 합니다.

그러나, 모집단 전체를 검정하기에는 현실적으로 시간과 비용이 너무 많이 들기 때문에 모수를 사용할 수 없습니다. 그래서 가설 검정을 위해서 모집단에서 표본을 뽑아서 표본 통계량으로 계산하는데 이를 **검정 통계량**이라고 합니다.

가설 검정의 지표를 결정하기 위해 확률분포를 활용해서 신뢰구간(그래프의 x축을 구하는 것)을 구하듯, 검정 통계량도 확률분포를 활용해서 그래프의 x축을 구하여 x축의 값이 기각역에 속하는지 확인하는 것입니다.

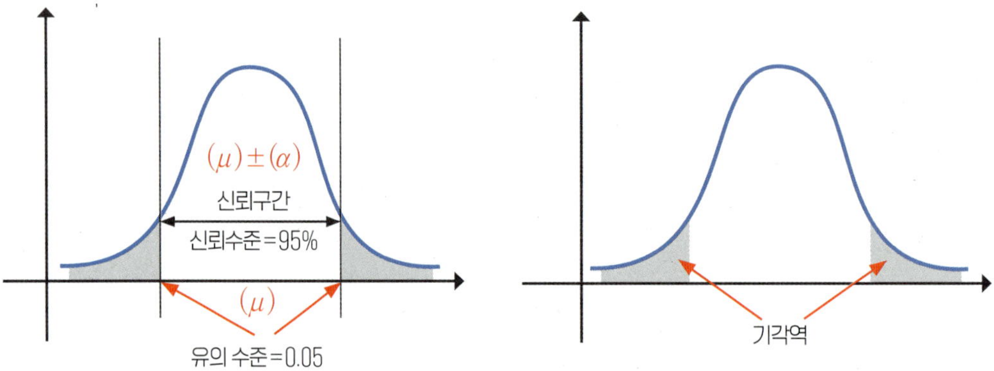

그림 13-13. 신뢰구간 : (μ)±(α), 기각역

검정 통계량은 확률 분포에 따라서 "z 통계량, t통계량, x^2 통계량, F통계량"로 세분화할 수 있습니다.

실제 데이터 분석에는 시간과 비용, 또 데이터 수집의 문제로 모집단을 사용하는 경우가 드뭅니다. 주로 표본을 이용합니다. 따라서 통계량은 모집단을 쓰는 통계량과 표본을 사용하는 통계량을 구분할 수 있는 정도만 이해해도 충분합니다. 아래 표에서 '해석 및 용도'를 보면, t 통계량이 표본을 사용해서 구합니다. 실제로 t 통계량이 가장 많이 쓰입니다.

표 13-4. 검정 통계량 : z 통계량, t통계량, x^2 통계량, F통계량

검정 통계량	가설 검정	확률분포	그래프 x축 구하는 공식	해석 및 용도	그래프로 표현
z 통계량	z 검정	정규분포 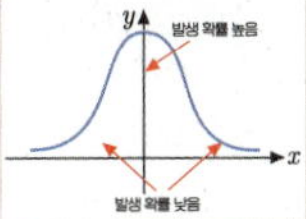	$Z = \frac{\bar{x} - \mu_0}{\sigma/\sqrt{n}}$	표본의 평균($\bar{x}$)과 모집단 평균(μ)과의 차이를 모집단 표준편차(σ)를 활용하여 검정	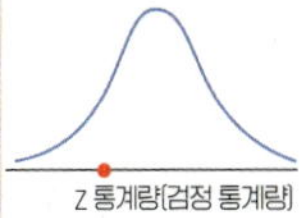
t 통계량	t 검정	t 분포	$t = \frac{\bar{x} - \mu_0}{s/\sqrt{n}}$	표본의 평균($\bar{x}$)과 모집단 평균(μ)과의 차이를 표본 표준편차(s)를 활용하여 검정	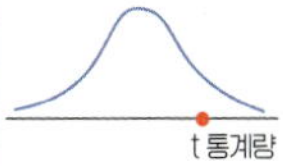
x^2 통계량	x^2 검정	카이제곱분포 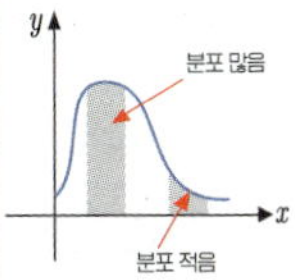	$\chi^2 = \frac{(n-1)s^2}{\sigma_0^2}$	모집단 분산(σ^2)과 표본의 분산(s^2)을 활용하여 검정	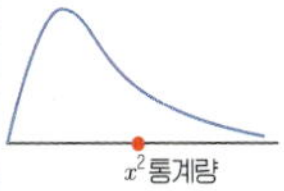
F 통계량	F 검정	F 분포	$F = \frac{s_1^2}{s_2^2}$	표본의 분산(s^2)을 활용하여 검정 : 분산 분석에서 요인의 효과 유무를 검정할 때 쓰임	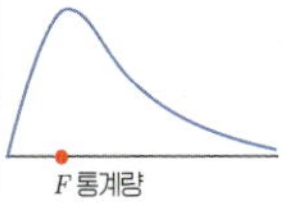

표 13-5. 기호 설명

수학기호	정의
μ	모집단 평균
σ	모집단 표준편차
σ^2	모집단 분산
$\bar{x}$	표본 평균
s	표본 표준편차
s^2	표본 분산

실제 가설 검정을 할 때, 대부분 모집단을 모르는 경우가 많기 때문에 정규분포를 따르는 검정 가운데, 모집단의 표준편차를 알아야 하는 z 검정보다 t 검정이 주로 많이 사용됩니다. 지금부터 t 검정에 대해서 자세히 살펴봅시다.

t 검정

t 검정을 하는 방법은 다음과 같습니다.

1. 표본에 대해 t 검정 통계량을 계산합니다.
2. 자유도(df)를 구합니다.
   - 자유도(df) = 표본 수(n) −1
3. t 분포(t−검정에서 사용하는 분포표)에서 자유도(행)와 유의 확률(α)이 만나는 곳의 값으로 t 검정 통계량이 구간을 찾습니다.
4. 검정 방법을 선택합니다(양측 검정, 단측 검정).
5. 검정 방법을 통해 유의 확률을 고정하고, 자유도와 유의 확률이 맞닿은 지점의 값을 t 값으로 선택합니다. 이 값이 검정의 기각역의 기준이 되는 값(임계치)이 됩니다.
6. ± 기각역을 기준으로 귀무가설 기각 여부가 결정됩니다.

이때 확률(α)은 유의 확률을 의미하며 x축을 나타내고, 자유도(df)는 y축을 의미합니다.

표 13−6. t 분포표 읽는 법 및 의미 : 확률

확률(유의 확률)

df \ α	0.4	0.25	0.1	0.05	0.025	0.01	0.005	0.0025	0.001	0.0005
1	0.325	1.000	3.078	6.314	12.706	31.821	63.657	127.32	318.31	636.62
2	0.289	0.816	1.886	2.920	4.303	6.965	9.925	14.089	22.327	31.599
3	0.277	0.765	1.638	2.353	3.182	4.541	5.841	7.453	10.215	12.924
4	0.271	0.741	1.533	2.132	2.776	3.747	4.604	5.598	7.173	8.610
5	0.267	0.727	1.476	2.015	2.571	3.365	4.032	4.773	5.893	6.869
6	0.265	0.718	1.440	1.943	2.447	3.143	3.707	4.317	5.208	5.959
7	0.263	0.711	1.415	1.895	2.365	2.998	3.499	4.029	4.785	5.408
8	0.262	0.706	1.397	1.860	2.306	2.896	3.355	3.8		
9	0.261	0.703	1.383	1.833	2.262	2.821	3.250	3.6		
10	0.260	0.700	1.372	1.812	2.228	2.764	3.169	3.5		

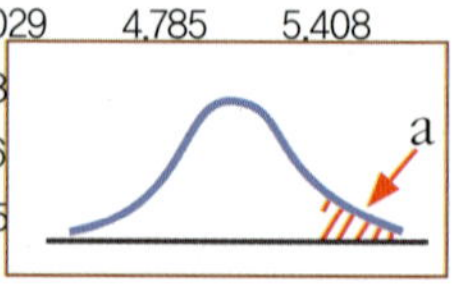

표 13-7. t 분포표 읽는 법 및 의미 : 자유도

df \ α	0.4	0.25	0.1	0.05
1	0.325	1.000	3.078	6.314
2	0.289	0.816	1.886	2.920
3	0.277	0.765	1.638	2.353
4	0.271	0.741	1.533	2.132
5	0.267	0.727	1.476	2.015
6	0.265	0.718	1.440	1.943
7	0.263	0.711	1.415	1.895
8	0.262	0.706	1.397	1.860
9	0.261	0.703	1.383	1.833
10	0.260	0.700	1.372	1.812
11	0.260	0.697	1.363	1.796
12	0.259	0.695	1.356	1.782
13	0.259	0.694	1.350	1.771
14	0.258	0.692	1.345	1.761
15	0.258	0.691	1.341	1.753
16	0.258	0.690	1.337	1.746
17	0.257	0.689	1.333	1.740
18	0.257	0.688	1.330	1.734
19	0.257	0.688	1.328	1.729
20	0.257	0.687	1.325	1.725

자유도(n-1)

예를 들어 설명해 보겠습니다.

대한민국 남성(모집단)의 평균 키가 172.5cm임을 주장하려고 합니다. 귀무가설을 세운다면, "대한민국 남성의 평균키는 172.5cm와 같다(차이가 없다)."가 됩니다.

모집단에서 남성 10명의 키를 표본 추출했더니, 평균이 180.5cm, 표준편차가 4입니다.

이때의 t-검정 통계량 값을 계산해 보겠습니다(유의 수준은 0.05입니다).

❶ 검정 통계량 공식(표13-4 '그래프 x축을 구하는 공식')에 의해서 다음과 같이 계산할 수 있습니다.

$$\text{t 검정 통계량} = \frac{\text{표본 평균} - \text{모평균}}{\text{표본 표준편차}} = \frac{180.5 - 172.5}{4} = 2$$

❷ 자유도를 구합니다. 자유도=표본 수 - 1이므로, 10명을 표본으로 추출하기 때문에 10 - 1=9로 자유도는 9가 됩니다.

❸ t 분포(t-검정에서 사용하는 분포표)에서 자유도(행)와 유의 확률(α)이 만나는 곳의 값이 t 검정 통계량 값이 2인 구간을 찾습니다. 아래의 표 13-9에서 살펴보면, 자유도가 9이면서 t 검정 통계량이 2인 구간은 확률 0.05%~0.025% 사이입니다.

표 13-8. 자유도9, 유의 수준 0.05(양측 검정), t 검정 통계량 2

확률(유의 확률)

df \ α	0.4	0.25	0.1	0.05	0.025	0.01	0.005	0.0025	0.001	0.0005
1	0.325	1.000	3.078	6.314	12.706	31.821	63.657	127.32	318.31	636.62
2	0.289	0.816	1.886	2.920	4.303	6.965	9.925	14.089	22.327	31.599
3	0.277	0.765	1.638	2.353	3.182	4.541	5.841	7.453	10.215	12.924
4	0.271	0.741	1.533	2.132	2.776	3.747	4.604	5.598	7.173	8.610
5	0.267	0.727	1.476	2.015	2.571	3.365	4.032	4.773	5.893	6.869
6	0.265	0.718	1.440	1.943	2.447	3.143	3.707	4.317	5.208	5.959
7	0.263	0.711	1.415	1.895	2.365	2.998	3.499	4.029	4.785	5.408
8	0.262	0.706	1.397	1.860	2.306	2.896	3.355	3.833	4.501	5.041
9	0.261	0.703	1.383	1.833	2.262	2.821	3.250	3.690	4.297	4.781
10	0.260	0.700	1.372	1.812	2.228	2.764	3.169	3.581	4.144	4.587

자유도

❹ 검정 방법을 선택합니다. 양측 검정을 사용하겠습니다.

- 양측 검정을 사용하기 때문에, 기각역을 2로 나누어 줍니다.

따라서 기각역은 $\frac{\text{유의 수준}}{2} = \frac{0.05}{2} = 0.025$가 됩니다.

❺ 검정 방법을 통해 유의 수준(=유의 확률)을 0.025로 고정한 뒤, 자유도 9와 유의 확률 0.025이 맞닿은 지점의 값을 찾으면 2.262가 됩니다. 2.262를 t 값이자, 양측 검정의 기각역의 기준이 되는 값(임계치)이 됩니다.

❻ 검정 통계량 식에서 2가 도출되었으나, 엄밀히 말하면, 기각역은 실제로 2.262이 됩니다. 그림으로 표현하면, 다음과 같습니다.

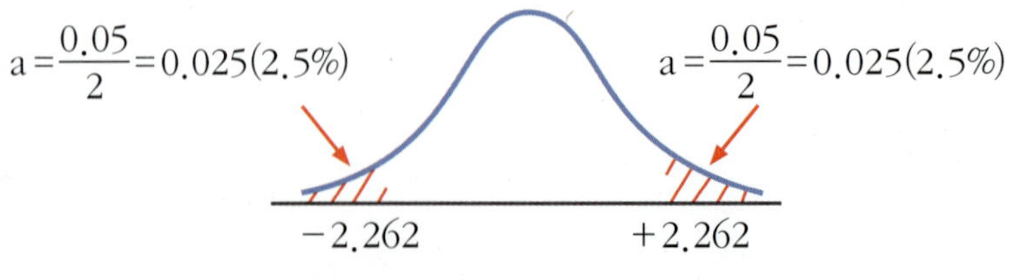

그림 13-14. 양측 검증 기각역 : 2.262

연습 문제

연습 01 **표본이 10개고 α(유의 확률 = 확률)가 0.05라고 합니다. 이에 해당하는 오른쪽에 해당하는 t 값을 구하세요.**

〈풀이〉

표본이 10개이므로 자유도가 9입니다. 자유도가 9이고, $\alpha=0.05$이므로, t 분포표에서 가로 9, 세로 0.05에 해당하는 값은 1.833입니다. 따라서 t값은 1.833입니다.

df \ α	0.4	0.25	0.1	0.05	0.025
1	0.325	1.000	3.078	6.314	12.706
2	0.289	0.816	1.886	2.920	4.303
3	0.277	0.765	1.638	2.353	3.182
4	0.271	0.741	1.533	2.132	2.776
5	0.267	0.727	1.476	2.015	2.571
6	0.265	0.718	1.440	1.943	2.447
7	0.263	0.711	1.415	1.895	2.365
8	0.262	0.706	1.397	1.860	2.306
9	0.261	0.703	1.383	1.833	2.262
10	0.260	0.700	1.372	1.812	2.228

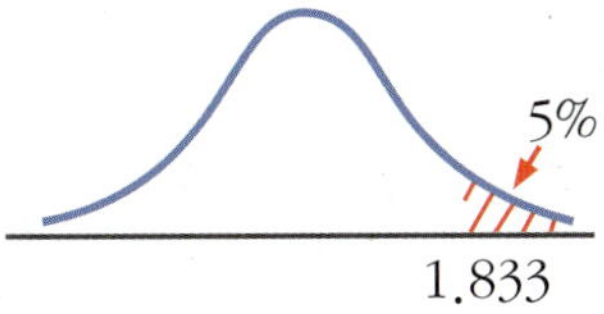

연습 02 **자유도가 5, 확률이 10%라고 합니다. 이에 해당하는 왼쪽 t 값을 구하세요.**

〈풀이〉

확률(α)이 10%이므로, $\alpha=0.1$입니다. 자유도는 5이므로, t 분포표에서 가로 5, 세로 0.1에 해당하는 값은 1.476이므로, t값은 1.476입니다.

df \ α	0.4	0.25	0.1	0.05	0.025
1	0.325	1.000	3.078	6.314	12.706
2	0.289	0.816	1.886	2.920	4.303
3	0.277	0.765	1.638	2.353	3.182
4	0.271	0.741	1.533	2.132	2.776
5	0.267	0.727	1.476	2.015	2.571
6	0.265	0.718	1.440	1.943	2.447
7	0.263	0.711	1.415	1.895	2.365
8	0.262	0.706	1.397	1.860	2.306
9	0.261	0.703	1.383	1.833	2.262
10	0.260	0.700	1.372	1.812	2.228

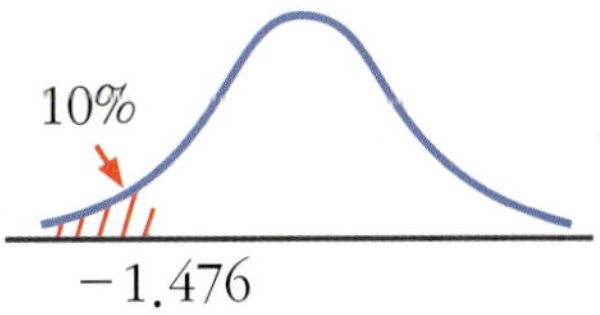

연습 03 **자유도가 4고 α가 0.1이라고 합니다. 이에 해당하는 그래프의 양쪽 t 값을 구하세요.**

〈풀이〉

자유도는 4고, $\alpha=0.1$이지만, 양쪽 검정이므로, t분포표에서 가로 4, 세로 0.05에 해당하는 값을 구해야 합니다. 이때 t 값은 2.132이고, 양쪽의 값을 나타내기 때문에 ±2.132입니다.

df \ α	0.4	0.25	0.1	0.05	0.025
1	0.325	1.000	3.078	6.314	12.706
2	0.289	0.816	1.886	2.920	4.303
3	0.277	0.765	1.638	2.353	3.182
4	0.271	0.741	1.533	2.132	2.776
5	0.267	0.727	1.476	2.015	2.571
6	0.265	0.718	1.440	1.943	2.447
7	0.263	0.711	1.415	1.895	2.365
8	0.262	0.706	1.397	1.860	2.306
9	0.261	0.703	1.383	1.833	2.262
10	0.260	0.700	1.372	1.812	2.228

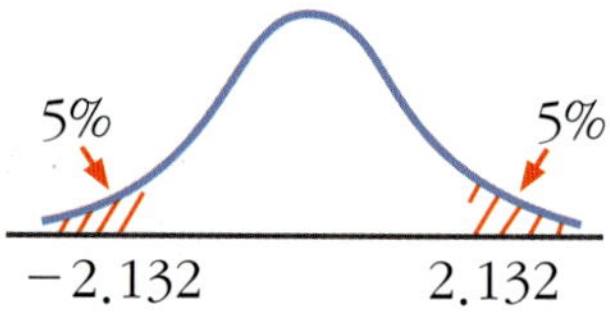

파이썬 코드로 가설 검정하기 ❶

다음의 조건이 주어졌을 때, 파이썬 코드로 가설이 맞는지 여부를 확인하겠습니다.
남성 중 10명의 키를 측정한 후, 전체 학생의 평균 키가 172.5cm인지 알고 싶습니다.
(유의 수준(기각역)은 0.05 입니다)

- 귀무가설 : 남성들의 평균 키는 172.5cm입니다.
- 대립가설 : 남성들의 평균 키는 172.5cm가 아닙니다.

```
#하나의 데이터 집단의 평균과 비교하고자 하는 관측치의 차이를 검정하는 방법입니다.
#데이터 집단의 평균과 거리가 멀수록 p-value 유의 수준의 값이 떨어집니다.

#numpy 라이브러리를 호출합니다.
#numpy는 Numerical Python의 줄임말로 벡터 및 행렬연산할 때 효율적으로 계산할 수 있는 함
 수들이 모아져 있습니다.
#numpy 라이브러리를 사용하여 수치연산을 쉽게 할 수 있습니다.

#scipy 패키지의 stats 라이브러리를 호출합니다.
import numpy as np
from scipy import stats

#난수 발생을 위한 시드(seed)를 줍니다(코드를 실행할 때마다 똑같은 난수 생성).
np.random.seed(1)

#표본을 추출합니다. 평균 .5, 표준편차 , 데이터 개를 생성합니다.
heights = [172.5 + np.random.normal(0, 5) for_ in range(10)]

#t-검정 수행 : stats.ttest_1samp 함수를 이용하여 비교합니다.
tTestResult = stats.ttest_1samp(heights, 172.5)

#결과 출력
print("The T-statistic is %.3f and the p-value is %.3f" % tTestResult)

The T-statistic is -0.245 and the p-value is 0.812
```

해석

기각역 $p<0.05$로 설정했을 때, 파이썬으로 코딩하고 난 후 결과를 보면, 유의 확률(p-value)이 0.812입니다. 귀무가설이 참일 때(남성의 평균키가 172.5cm일 때), 위와 같은 표본을 얻을 확률이 0.812입니다. 0.812는 0.05 보다 크므로(0.812 > 0.05) 기각역에 속하지 않으므로, 귀무가설을 채택합니다. 즉, 남성들의 평균 키는 172.5cm라고 할 수 있습니다.

표본 추출을 다음과 같이 다르게 해보겠습니다. 결과가 어떤지 다른지 살펴봅시다.

이번에는 평균 178cm, 표준편차 5, 데이터를 10개를 뽑아보겠습니다.

파이썬 코드로 가설 검정하기 ❷

```
#하나의 데이터 집단의 평균과 비교하고자 하는 관측치의 차이를 검정하는 방법입니다.
#데이터 집단의 평균과 거리가 멀수록 p-value 유의 수준의 값이 떨어집니다.

#numpy 라이브러리를 호출합니다.
#numpy는 Numerical Python의 줄임말로 벡터 및 행렬연산할 때 효율적으로 계산할 수 있는 함
 수들이 모아져 있습니다.
#numpy 라이브러리를 사용하여 수치연산을 쉽게 할 수 있습니다.

#scipy 패키지의 stats 라이브러리를 호출합니다.
import numpy as np
from scipy import stats

#난수 발생을 위한 시드(seed)를 줍니다(코드를 실행할 때마다 똑같은 난수 생성).
np.random.seed(1)

#표본을 추출합니다. 평균 cm, 표준편차, 데이터 개를 생성합니다.
heights_1 = [178+ np.random.normal(0, 5) for_ in range(10)]

#t-검정 수행 : stats.ttest_1samp 함수를 이용하여 비교합니다.
tTestResult = stats.ttest_1samp(heights_1, 172.5)

#결과 출력
print("The T-statistic is %.3f and the p-value is %.3f" % tTestResult)
```

```
The T-statistic is 2.526 and the p-value is 0.032
```

해석

파이썬 코딩 후 결과를 보면, 기각역 $p<0.05$로 설정했을 때, 유의 확률(p- value)이 0.032입니다. 귀무가설이 참일 때(남성의 평균 키가 172.5cm일 때) 위와 같은 표본을 얻을 확률이 0.032라는 의미입니다. 0.032는 0.05 보다 작으므로, 기각역에 속합니다. 즉 귀무가설을 기각하고 대립가설을 채택하기 때문에, 남성들의 평균 키는 172.5cm가 아니라고 할 수 있습니다.

< 일곱째 마당 >

데이터사이언스에서의 성능 평가

지금까지 통계적 검정을 통해, 가설의 채택 및 기각 여부를 결정하는 방법을 배웠습니다.

이번 장에서는 데이터사이언스에서 데이터를 탐색하고 학습하고, 모델을 만들 때 주로 사용하는 머신러닝에서의 성능평가를 살펴보겠습니다.

머신러닝은 데이터를 기반으로 학습해서 모델을 만들고, 해당 모델의 정확도를 구해서 성능을 평가합니다.

머신러닝은 정답지가 있는 분류(Classification, Supervised Learning) 모델과 정답지가 없는 클러스터링(Clustering, Grouping, Unsupervised Learning) 모델로 나눌 수 있는데, 여기에서는 정답지가 있는 분류 모델에 대한 성능 평가를 먼저 다루겠습니다.

정답지가 있다는 의미는 결과가 '맞다/틀리다', '옳고/그르다', 'True/False'로 판단할 수 있도록 데이터에 정답을 미리 라벨링해 두었다는 의미와 같습니다.

정답지가 있는 모델의 성능 평가에 대표적인 방법으로는 혼동 행렬(Confusion Matrix), AUC(Area Under Curve)와 ROC 커브(ROC curve) 등이 있는데, 여기에서는 혼동 행렬에 대해서 다루겠습니다.

| 14장 |

데이터사이언스에서의 성능 평가

학습 목표

성능 평가의 대표적인 방법인 혼돈 행렬과 ROC 커브에 대해서 배웁니다.

BASIC MATHEMATIC 1 〉 혼동 행렬

혼동 행렬(Confusion Matrix)은 표 14-1과 같이 네 가지의 값을 구해서, 성능을 평가하는 방법입니다.

표 14-1. 혼동 행렬

실제(Actual) / 예측(Prediction)	Positive	Negative
Positive	TP(True Positive)	FP(False Positive)
Negative	FN(False Negative)	TN(True Negative)

❶ TP(True Positive) : 맞는 것을 맞다고 예측한 것 → 예측이 맞았습니다(True : 예측을 긍정(Positive)으로 대답했는데, 실제값도 긍정(Positive)이었습니다). → 그래서 True Positive입니다.

❷ TN(True Negative) : 아닌 것을 틀리다고 예측한 것 → 예측이 맞았습니다(True : 실제값이 부정인데, 부정(Negative)로 예측하였습니다). → 예측은 맞았고(True), 예측값을 부정(Negative)으로 대답하였기 때문에 True Negative입니다.

❸ FP(False Positive) : 아닌 것을 맞다고 예측한 것 → 예측이 틀렸습니다(False : 실제값이 부정인데, 긍정(Positive)로 예측하였습니다). → 예측은 틀렸지만(False), 예측값을 긍정(Positive)으로 대답하였기 때문에 False Positive입니다.

❹ FN(False Negative) : 맞는 것을 틀리다고 예측한 것 → 예측이 틀렸습니다(False : 실제값이 긍정인데도 불구하고 부정(Negative)로 예측하였습니다). → 예측은 틀렸고(False), 예측값을 부정(Negative)으로 대답하였기 때문에 False Negative입니다.

혼동 행렬을 통해서 재현율(Recall), 정밀도(Precision), 정확도(Accuracy)를 구할 수 있습니다.

다음의 예제로 혼동 행렬을 좀 더 자세히 살펴보겠습니다.

홈쇼핑에서 사용자에 아기 용품을 추천하려고 합니다. 홈쇼핑에서는 다음과 같이 다양한 아기용품을 판매합니다.

그림 14-1. 홈쇼핑에서 판매하는 아기 용품

재현율

재현율(Recall)은 사용자가 좋아하는 항목 중 몇 개가 추천되었는지 보는 것입니다. 즉, 사용자가 좋아하는 품목 중에 실제로 추천된 품목의 비율을 구하는 것입니다.

$$\text{재현율(Recall)} = \frac{\textit{추천된 품목이 사용자가 좋아하는 품목}}{\textit{사용자가 좋아하는 품목}}$$

그림 14-2에서 자주색으로 표시한 상품은 사용자가 좋아하는 상품입니다. 사용자는 5개의 품목을 좋아합니다.

그림 14-2. 홈쇼핑에서 판매하는 아기 용품 중 사용자가 좋아하는 품목

그림 14-3은 사용자가 좋아하는 품목(자주색 박스 표시 5개) 가운데 실제 사용자에게 보이는 품목을 보여 줍니다. 실제 사용자에게 추천된 상품은 3개(자주색 박스 표시 품목 가운데 비활성화된 품목 제외)입니다.

그림 14-3. 사용자가 좋아하는 품목은 5개(자주색), 이 중에 실제로 사용자에게 추천된 품목은 3개(자주색이면서 활성화된 품목)

위의 내용을 재현율 공식에 대입하면, 다음과 같이 나타낼 수 있습니다.

$$\text{재현율(Recall)} = \frac{\textit{추천된 품목이 사용자가 좋아하는 품목}}{\textit{사용자가 좋아하는 품목}} = \frac{3}{5}$$

따라서 재현율(Recall)은 $\frac{3}{5}$입니다.

이번에는 혼동 행렬을 사용해서 구해보겠습니다.

- 사용자가 좋아하는 품목 : 실제(Actual) 값이 Positive인 것을 의미합니다.
  → TP+FN
- 사용자가 좋아하는 품목 중 추천된 품목
  → TP

$$\text{재현율(Recall)} = \frac{\text{추천된 품목이 사용자가 좋아하는 품목}}{\text{사용자가 좋아하는 품목}} = \frac{TP}{TP+FN} = \frac{3}{5}$$

표 14-2. 재현율(Recall)= $\frac{TP}{TP+FN}$

실제(Actual) / 예측(Prediction)	Positive	Negative
Positive	TP(True Positive)	FP(False Positive)
Negative	FN(False Negative)	TN(True Negative)

정밀도

정밀도(Precision)는 사용자에게 추천된 품목(보여진 품목) 가운데 실제로 사용자가 좋아하는 품목의 비율을 구하는 것입니다.

$$\text{정밀도(Precision)} = \frac{\text{추천된 품목이 사용자가 좋아하는 품목}}{\text{사용자에게 추천된 품목}}$$

그림 14-4에서 자주색은 사용자가 좋아하는 품목을 의미하며, 연두색은 실제로 사용자에게 추천된 품목을 의미합니다.

그림 14-4. 사용자에게 보이는 품목(연두색 11개)과 사용자가 좋아하는 품목(자주색 5개)

위의 내용을 정밀도 공식에 대입하면, 다음과 같이 나타낼 수 있습니다.

$$\text{Precision} = \frac{\textit{추천된 품목이 사용자가 좋아하는 품목}}{\textit{사용자에게 보이는 품목}} = \frac{3}{11}$$

따라서 정밀도는 $\frac{3}{11}$ 입니다.

이번에는 혼동 행렬을 사용해서 구해보겠습니다.

- 사용자에게 추천된 품목 : 예측(Prediction)이 Positive인 것을 의미합니다.
  → TP+FP
- 사용자가 좋아하면서 추천된 항목
  → TP

$$\text{정밀도(Precision)} = \frac{\textit{사용자가 좋아하는 품목이면서 추천된 품목}}{\textit{사용자에게 추천된 품목}} = \frac{TP}{TP+FP} = \frac{3}{11}$$

표 14-3. 정밀도(Precision)= $\frac{TP}{TP+FP}$

실제(Actual) / 예측(Prediction)	Positive	Negative
Positive	TP(True Positive)	FP(False Positive)
Negative	FN(False Negative)	TN(True Negative)

실제 사용자가 좋아하면서 추천된 품목으로 3개(자주색+연두색으로 표시)입니다. FP은 실제 사용자에게 추천되었지만, 사용자가 좋아하지 않는 품목으로 8개(연두색만 표시)입니다.

위의 예를 응용해 봅시다.

❶ 만약, 모든 품목을 사용자에게 추천한다면 어떨까요?

그림 14-5. 모든 품목이 추천돼서 사용자에게 보여지는 예

재현율(Recall)=1이지만, 정밀도(Precision)는 낮아집니다.

$$\text{재현율(Recall)} = \frac{\textit{추천된 품목 중 사용자가 좋아하는 품목}}{\textit{사용자가 좋아하는 품목}} = \frac{5}{5} = 1$$

사용자에게 모든 것을 추천한다면, 사용자가 좋아하는 품목이 모두 포함될 것입니다. 따라서 Recall=1이 됩니다.

그러나, 사용자에게 모든 품목을 추천한다면, 정밀도는 낮아집니다.

$$\text{정밀도(Precision)} = \frac{\textit{추천된 품목이 사용자가 좋아하는 품목}}{\textit{사용자에게 추천된 품목}}$$

위의 정밀도의 공식을 보면, 모든 품목이 추천된다는 의미는 사용자에게 추천된 품목의 수가 증가한다는 의미이고, 다르게 표현하면, 모든 품목을 추천하기 때문에, 사용자가 원하지 않는 품목도 모두 함께 추천된다는 의미입니다. 분자인 사용자가 좋아하는 항목은 정해져 있는데, 분모인 사용자에게 추천되는 항목, 보여지는 항목이 많아지니까, 분모는 커지고, 분자는 작아지므로 정밀도는 낮아지게 됩니다.

❷ 그럼 위의 예에서 이상적인 케이스는 무엇일까요?

사용자가 좋아하는 품목만 추천되는 것이고 좋아하지 않는 품목은 보이지 않는 것입니다. 즉, Recall & Precision이 모두 1인 경우를 의미합니다.

그림 14-6. 이상적인 케이스 : 좋아하는 품목만 추천되는 경우

혼동 행렬로 표현하면, TP만 보여지는 경우입니다.

표 14-4. 이상적인 케이스 : 좋아하는 품목만 추천되는 경우

실제(Actual) / 예측(Prediction)	Positive	Negative
Positive	TP(True Positive)	FP(False Positive)
Negative	FN(False Negative)	TN(True Negative)

이와 같이 이상적인 추천은 100%로 정확하게 사용자의 기호에 맞춘다는 것이므로 사실 현실적으로는 쉽게 일어나지 않습니다.

정확도

다음으로 정확도(Accuracy)에 대해서 알아보겠습니다. 정확도는 전체 품목 가운데 사용자가 좋아하는 품목과 원하지 않는 품목을 정확하게 분류한 것을 의미합니다.

혼동 행렬로 표현해 보면, 다음과 같습니다.

$$\text{정확도(Accuracy)} = \frac{TP+TN}{TP+FP+TN+FN}$$

표 14-5. 정확도

실제(Actual) / 예측(Prediction)	Positive	Negative
Positive	TP(True Positive)	FP(False Positive)
Negative	FN(False Negative)	TN(True Negative)

- TP : 실제 사용자가 좋아하는 품목, 추천되는 경우
- FP : 실제 사용자에게 추천되었지만, 사용자가 좋아하지 않는 품목,
- FN : 실제 사용자가 좋아하지만 추천되지 않은 품목,
- TN : 실제 사용자가 원하지 않는 항목으로, 추천도 되지 않는 경우

2 〉 ROC curve

ROC curve(Receiver Operating Characteristic curve)는 모델의 성능을 평가할 때 많이 사용됩니다. 학습 후 모델이 좋은 성능을 보이는지 판단할 때 사용할 수 있습니다.

ROC curve는 TPR(True Positive Rate, Sensitivity)와 FPR(False Positive Rate, Specificity)를 축으로 해서 만든 그래프로, 왼쪽 위로 갈수록 좋은 성능을 나타냅니다.

그림 14-7에서 보면, x축은 FPR(False Positive Rate), y축은 TPR(True Positive Rate)로 만들어진 그래프입니다. 왼쪽 위로 갈수록 좋은 성능을 나타냅니다. 즉 TPR은 높을수록 FPR은 낮을수록 좋은 성능을 보입니다.

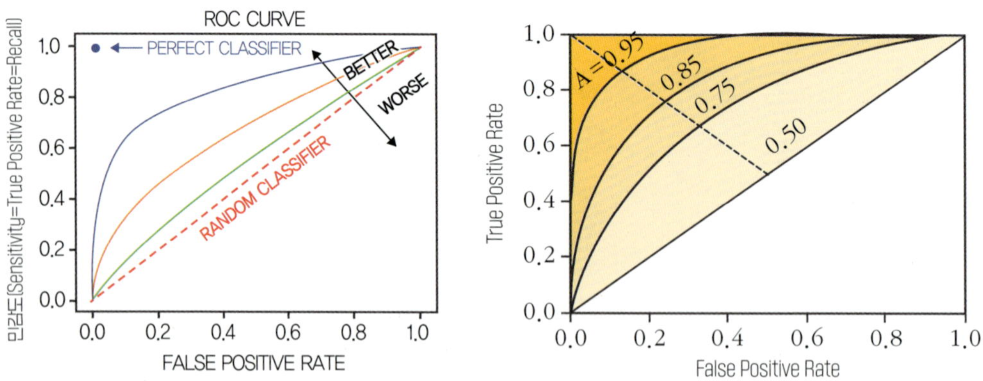

그림 14-7. ROC Curve : TPR, FPR

민감도(Sensitivity=TPR=Recall)와 특이도(Specificity=1− FPR)

예제

암환자를 진단하는 의사가 있습니다. 성능평가에서 우수한 의사를 명의라고 지칭할 때, 명의와 실력이 없는 의사를 어떻게 구분할 수 있을까요? 그 특징이 무엇일까요?

암환자의 진료를 볼 때, 의사들의 진료를 다음의 두 경우로 나누어 볼 수 있습니다.

• 의사가 암의 징후가 조금만 보여도 암이라고 진단할 경우, TPR(True Positive Rate, Sensitivity)가 높아집니다.

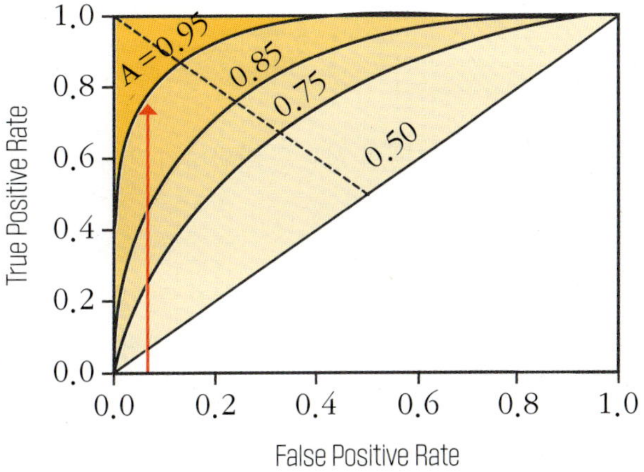

그림 14-8. 민감도(Sensitivity=TPR=Recall)의 변화

• 반면, 실력이 없는 의사는 암 환자임에도 암에 걸린 것을 알아보지 못하거나, 암이 아님에도 불구하고 암이라고 진단합니다. 이런 경우는 FPR(False Positive Rate, Specificity)가 높아질 것입니다.

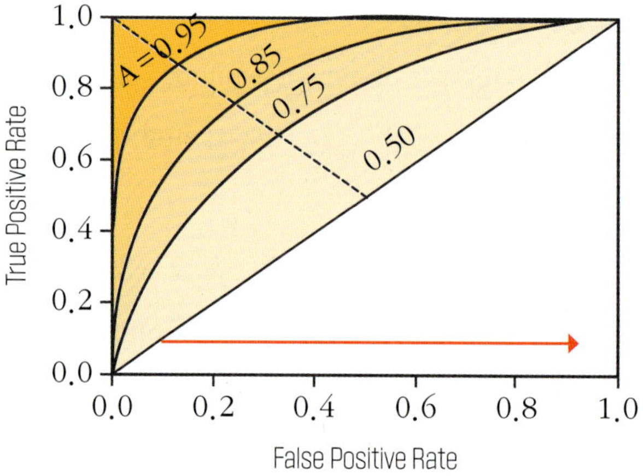

그림 14-9. 특이도(Specificity=1-FPR)의 변화

ROC curve에서 모델의 성능을 판단하기 위해서는 TPR과 FPR을 연속적으로 살펴봐야 합니다.

명의는 한 명의 환자만 정확히 진단하는 의사가 아니라, 수많은 환자의 진단을 연속적으로 정확히 진단하는 의사일 것입니다. 의사의 실력을 판단하기 위해서는 특정 기준(=threshold) 이상이어야 하는데, 이때 특정 기준의 지표가 되는 것이 TPR과 FPR의 비율입니다.

ROC curve는 TPR과 FPR 변화를 함께 점검하고 복합적으로 판단할 수 있기 때문에 모델 성능 평가에 주로 쓰이고 있습니다.

용어 정리

TPR(True Positive Rate, Sensitivity(민감도))과 FPR(False positive rate, Specificity(특이도))

TPR(True Positive Rate, Sensitivity(민감도)) :

- 실제값이 1인데, 예측값 역시 1로 바르게 예측하는 비율
- True를 True로 잘 예측할 확률
- 암 환자를 진찰해서 암이라고 진단할 확률

$$= \frac{TP}{TP+FN} = \text{재현율(Recall)} = \text{민감도(Sensitivity)}$$

표 14-6. 재현율(Recall)= $\frac{TP}{TP+FN}$ =TPR=Sensitivity

실제(Actual) / 예측(Prediction)	Positive	Negative
Positive	TP(True Positive)	FP(False Positive)
Negative	FN(False Negative)	TN(True Negative)

FPR(False Positive Rate, 1− Specificity(특이도)) :

- 실제값이 0인데, 예측값은 1로 틀리게 예측하는 비율
- False를 True로 잘 예측할 확률
- 암 환자가 아님에도 불구하고 암이라고 진단할 확률

$$= \frac{FP}{TP+FN} = 1 - \text{특이도(Specificity)}$$

표 14-7. 1− 특이도(Specificity)= $\frac{FP}{TP+FN}$ =FPR

실제(Actual) / 예측(Prediction)	Positive	Negative
Positive	TP(True Positive)	FP(False Positive)
Negative	FN(False Negative)	TN(True Negative)

표 14-8. Sensitivity & 1−Specificity

실제(Actual) / 예측(Prediction)	Positive	Negative
Positive	TP(True Positive)	FP(False Positive)
Negative	FN(False Negative)	TN(True Negative)
	⇑ Sensitivity $\frac{TP}{TP+FN}$	⇑ 1-Specificity $\frac{TN}{FP+TN}$

3 〉 AUC

AUC (Area Under the ROC Curve)는 ROC curve의 밑면적을 의미합니다. 즉, 성능 평가에 있어서 수치적인 기준이 될 수 있는 값으로, 면적이 클수록 좋은 모델입니다.

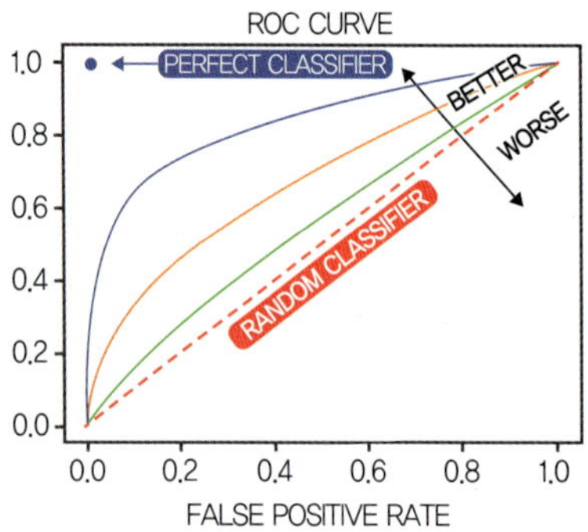

그림 14-10. ROC Curve

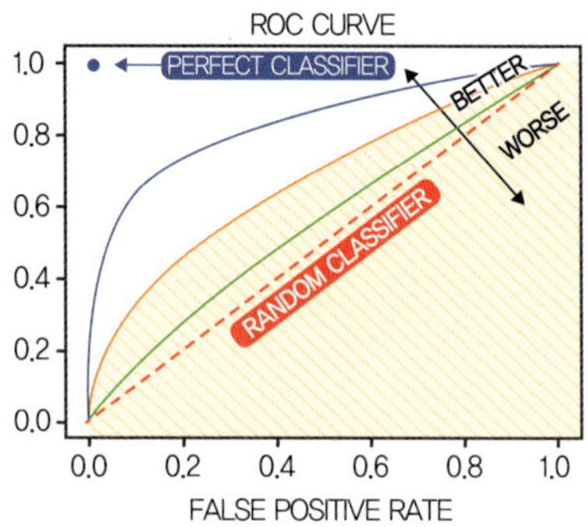

그림 14-11. AUC

AUC=1일 때, 다음과 같이 평가할 수 있습니다.

- TP(True Positive) =1 & FP(False Positive)=0

  → FP+TN=1이어야 하기 때문에 TN(Ture Negative)=1이라는 의미입니다.

표 14-9. Sensitivity & 1-Specificity

실제(Actual) / 예측(Prediction)	Positive	Negative
Positive	TP(True Positive)	FP(False Positive)
Negative	FN(False Negative)	TN(True Negative)
	⇑ Sensitivity $\frac{TP}{TP+FN}$	⇑ 1-Specificity $\frac{TN}{FP+TN}$

• TP와 TN 곡선은 겹치지 않습니다. TP와 TN 가 커지면, 표 14-10에서 보여지는 정확도의 지표도 높아집니다.

표 14-10. 정확도

실제(Actual) / 예측(Prediction)	Positive	Negative
Positive	TP(True Positive)	FP(False Positive)
Negative	FN(False Negative)	TN(True Negative)

그래프로 살펴보면, 아래와 같습니다.

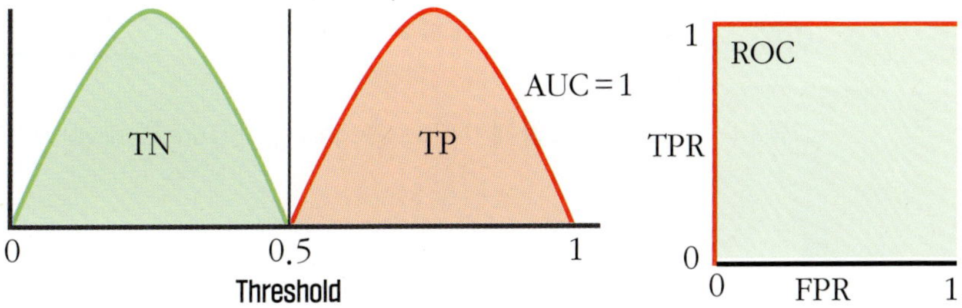

그림 14-12. AUC=1일 때, TN(True Negative), TP(Ture Positive), 그리고 ROC curve

AUC=0.7일 때, 다음과 같이 평가할 수 있습니다.

• AUC=0.7의 의미는 모델(분류, 정답지가 있는 모델)이 정확히 구별할 수 있는 확률이 70%라는 것을 의미합니다.
• 그래프로 살펴보면 아래와 같습니다.

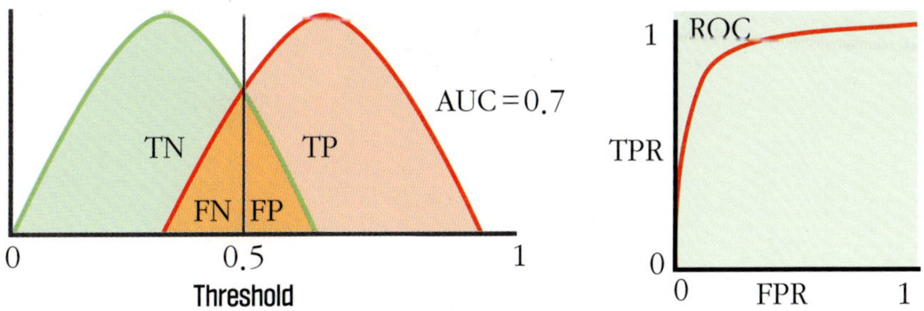

그림 14-13. AUC=0.7일 때 TN(True Negative), TP(Ture Positive) 그리고 ROC curve

AUC=0.5일 때, 다음과 같이 평가할 수 있습니다.

- AUC=0.5의 의미는 모델(분류, 정답지가 있는 모델)이 정확히 구별할 수 있는 확률이 50%라는 것을 의미합니다. 즉 제비뽑기 확률과 같습니다. 어쩌면 최악의 모델임을 보여주는 예시입니다.
- 그래프로 살펴보면, 아래와 같습니다.

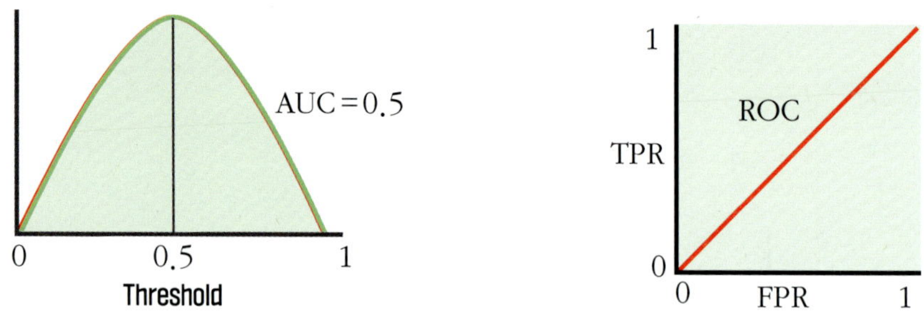

그림 14-14. AUC =0.5일 때 TN(True Negative), TP(Ture Positive) 그리고 ROC curve

찾아보기

가

나~다

라~마

바

하

숫자

영문

수식

$y=ax+b\ (a \neq 0)$ 031

$\text{기울기}(a) = \dfrac{y\text{증가량}}{x\text{증가량}}$ 032

$\text{기울기} = \dfrac{y\text{증가량}}{x\text{증가량}} = \dfrac{y_2-y_1}{x_2-x_1}$ 033

$\text{기울기} = \dfrac{y\text{증가량}}{x\text{증가량}} = \dfrac{\text{점 Q의 y좌표 − 점 p의 y좌표}}{\text{점 Q의 x좌표 − 점 p의 x좌표}} = \dfrac{y_2-y_1}{x_2-x_1}$ 033

$y = ax^2\ (a \neq 0)$ 037

$y - q = a^{x-p} (a>1)$ 046

$-y = a^x \rightarrow y = -a^x$ 047

$y = a^{-x}$ 047

$y = -a^x \rightarrow y = -a^{-x}$ 048

$y=a^x$ 050

$y - q = \log_a(x - p)$

$y = \log_a(x - p) + q$ 052

$-y = \log_a x \rightarrow -\log_a x$ 053

$y = -\log_a x \rightarrow -\log_a(-x)$ 053

$y=\dfrac{1}{1+e^{-x}}$ (1) 058

$y = \dfrac{1}{1+e^{-(ax+b)}}$ (2) 062

$y = \dfrac{1}{1+e^{-(ax+b)}}$ (2) 064

$y = \dfrac{1}{1+e^{-(ax+b)}}$ (2) 066

$-\{y \log P + (1-y)\log(1-P)\}$, y는 실제값, P는 예측값 (3) 068

$y=aw_1+b_1$, 076

$\text{직선 AB의 기울기} = \dfrac{y\text{ 값의 증가량}}{x\text{ 값의 증가량}} = \dfrac{f(b)-f(a)}{b-a} = \dfrac{f(a+\Delta x)-f(a)}{\Delta x}$ 081

$\lim\limits_{\Delta x \to 0} \dfrac{f(a+\Delta x)-f(a)}{\Delta x}$ 082

$\lim\limits_{\Delta x \to 0} \dfrac{f(a+\Delta x)-f(a)}{\Delta x} = f'(a)$ 082

$\text{평균변화량} = \text{두 점 사이의 기울기} = \dfrac{y\text{의 증가량}}{x\text{의 증가량}} = \dfrac{\Delta y}{\Delta x} = \dfrac{f(b)-f(a)}{b-a}$

$= \dfrac{f(a+\Delta x)-f(a)}{\Delta x}$ 084

$\lim\limits_{x \to 0} \dfrac{y\text{의 증가량(변화량)}}{x\text{의 증가량(변화량)}} = \lim\limits_{x \to 0} \dfrac{\Delta y}{\Delta x}$ 086

$f'(a)$ 087

$f'(a) = \lim\limits_{\Delta x \to 0} \dfrac{\Delta y}{\Delta x} = \dfrac{f(a+x)-f(a)}{x} = \lim\limits_{h \to 0} \dfrac{f(a+h)-f(a)}{h}$ 087

$\dfrac{\partial f}{\partial x} = 2x + y$ 089

$\dfrac{d}{dx}[f(x)+g(x)] = \dfrac{d}{dx}f(x) + \dfrac{d}{dx}g(x)$ 092

$\dfrac{d}{dx}[f(x)-g(x)] = \dfrac{d}{dx}f(x) - \dfrac{d}{dx}g(x)$ 093

$\dfrac{d}{dx}[f(x)\,g(x)] = \dfrac{d}{dx}f'(x)g(x) + \dfrac{d}{dx}f(x)g'(x)$ 093

$\dfrac{d}{dx}\left[\dfrac{f(x)}{g(x)}\right] = \dfrac{[g(x)f'(x)]-[f(x)g'(x)]}{[g(x)]^2} = \dfrac{f'g-g'f}{g^2}$ 093

$\dfrac{dy}{dx} = \dfrac{dy}{du}\dfrac{du}{dx}$

$\dfrac{d}{dx}f(u) = \dfrac{d}{du}f(u)\dfrac{d}{dx}g(x)$

$\dfrac{d}{dx}f(g(x)) = f'(u)g'(x)$ 094

$\dfrac{d}{dx}f(g(x)) = f'(g(x))g'(x)$

$\dfrac{dy}{dx} = \dfrac{dy}{du}\dfrac{du}{dx} = f'(u)g'(x) = 2u^{2-1}((3*2)x^2) = 2u(6x^2)$ 094

$\dfrac{dy}{dx} = \dfrac{dy}{du}\dfrac{du}{dx} = f'(u)g'(x) = 2u^{2-1}((3*2)x^2) = 2u(6x^2) = 2(2x^3-5)(6x^2) = 24x^5-60x^2$ 094

$\text{음료수 가격에 대한 지불금액의 미분} = \dfrac{\partial y}{\partial x}$ 104

x의 변동에 따른 y의 변동

='y=f(x)의 기울기' 104

$\dfrac{\partial z}{\partial x} = 1$(z를 x에 대한 미분) ❶

$\dfrac{\partial z}{\partial y} = 1$(z를 y에 대한 미분) ❷ 106

$R^2 = R*R*R = \{x \mid x_i \in R, i = 1,2,3\}$

$R^2 = \left\{ \begin{bmatrix} x_1 \\ x_2 \\ x_3 \end{bmatrix}, x_1, x_2, x_3\text{는 실수} \right\}$ 168

$\{ \begin{bmatrix} 1 \\ 0 \end{bmatrix}, \begin{bmatrix} 0 \\ 1 \end{bmatrix} \}$ 169

$\{ \begin{bmatrix} 1 \\ 0 \\ 0 \end{bmatrix}, \begin{bmatrix} 0 \\ 1 \\ 0 \end{bmatrix}, \begin{bmatrix} 0 \\ 0 \\ 1 \end{bmatrix} \}$ 169

$\vec{v} = \begin{bmatrix} x_1 \\ x_2 \\ \vdots \\ x_n \end{bmatrix}, \vec{w} = \begin{bmatrix} y_1 \\ y_2 \\ \vdots \\ y_n \end{bmatrix}$ 일 때, $\vec{v} + \vec{w} = \begin{bmatrix} x_1 + y_1 \\ x_2 + y_1 \\ \vdots \\ x_n + y_n \end{bmatrix}$ 173

$\vec{w} + \vec{v} = (4,-1) + (-2,3) = (2,2)$
$\vec{v} + \vec{w} = (-2,3) + (4,-1) = (2,2)$ 176

$(\vec{w} + \vec{v}) + \vec{u} = ((4,-1) + (-2,3)) + (1,2) = (2,2) + (1,2) = (3,4)$
$\vec{v} + (\vec{w} + \vec{u}) = (-2,3) + ((4,-1) + (1,2)) = (-2,3) + (5,1) = (3,4)$ 176

$\vec{a} \cdot \vec{b} = [a_1, a_2, a_3, \ldots a_n] \begin{bmatrix} b_1 \\ b_2 \\ b_3 \\ \cdots \\ \cdots \\ b_n \end{bmatrix} = a_1b_1 + a_2b_2 + a_3b_3 + \cdots a_nb_n = \text{스칼라}$ 187

$[2\ 1] \begin{bmatrix} 4 \\ -2 \end{bmatrix} = 2*4+1*(-2)=8+(-2)=6$ 188

$\vec{A} \cdot \vec{B} = |\vec{A}| \cos\theta |\vec{B}| = |\vec{A}||\vec{B}| \cos\theta$ 190

$\vec{A} \cdot \vec{B} = |\vec{A}| \cos\theta |\vec{B}| = |\vec{A}||\vec{B}| \cos\theta$ 195

벡터의 내적 연산=두 벡터의 길이의 곱 x cosθ 196

벡터의 외적 연산=두 벡터의 수직 벡터를 구하는 것 196

$\vec{a} \times \vec{b} = |\vec{a}||\vec{b}| \sin\theta$ 198

$\vec{a} \times \vec{b} = a_2b_3 - a_3b_2, a_3b_1 - a_1b_3, a_1b_2 - a_2b_1$ 199

$\|x\|^2 + \|y\|^2 = c^2 = \|x+y\|^2$
$\|x+y\|^2 = \|x\|^2 + \|y\|^2 + 2\|x\|\|y\|$, 이때 $\|x\|\|y\|$가 직교이기 때문에 0입니다. 208

$\vec{A} \cdot \vec{B} = |\vec{A}||\vec{B}| \cos\theta$ 208

$\vec{A} \cdot \vec{B} = [2\ 1\ 3] \begin{bmatrix} 3 \\ 3 \\ -3 \end{bmatrix} = 2*3+1*3+3*(-3) = 0$ 209

$L_1 = \left(\sum_i^n |x_i|^1 \right)^{\frac{1}{1}}$
$= \sum_i^n |x_i|^{\square}$ 211
$= |x_1| + |x_2| + |x_3| + \cdots |x_n|$

$L_2 = \left(\sum_i^n |x_i|^2 \right)^{\frac{1}{2}}$
$= \sqrt{\sum_i^n |x_i|^2}$ 211
$= \sqrt{(x_1^2 + x_2^2 + x_3^2 \ldots + x_n^2)}$

$|x_2 - x_1| + |y_2 - y_1|$ 212

$d(x, y) = |x_2 - x_1| + |y_2 - y_1|$
d는 distance의 의미입니다. 220

$d(x,y) = \sqrt{(x_1 + y_1)^2 + (x_2 + y_2)^2}$
d는 distance의 의미입니다. 221

y=f(x) → y=사용빈도 * 특정 단어들 228

$P(A) = \frac{\text{A 가 일어나리라 예상되는 횟수}}{\text{전체 실험의 횟수}} = \frac{n(A)}{n(S)}$ 232

$P(A)P(B) = \frac{n(A_1) \times n(A_2)}{n(U_1) \times n(U_2)} = \frac{n(A_1)}{n(U_1)} \times \frac{n(A_2)}{n(U_2)} = P(A) \times P(B)$ 238

$P(B|A) = P(B|A^c) = P(B)$, 단, $0 \le P(A), P(B) \le 1$ 240

$P(B|A) = P(B|A^c) = P(B)$이 성립합니다. 241

$P(A \cap B) = P(A)P(B|A) = P(A)P(B)$ (단, $0 \le P(A), P(B) \le 1$) 241

$P(B|A)$ 242

$P(B|A) = \frac{P(A \cap B)}{P(A)} = P_A(B)$ 242

$P(D|A) = \frac{P(A \cap D)}{P(A)} = P_A(D)$ 243

$\frac{P(A \cap D)}{P(A)} = P_A(D) = \frac{8}{80} = 10\%$ 244

- $P(A \cap B) = P(A)P_A(B)$
- $P(B \cap A) = P(B)P_B(A)$ 252

$$(B\cap A) = P(B)P_B(A)$$

$$P_B(A) = \frac{P(A\cap B)}{P(B)}$$

$$= \frac{P(A\cap B)}{P(A\cap B)+P(\bar{A}\cap B)}$$

252

$$P_B(A) = \frac{P(A\cap B)}{P(A\cap B)+P(\bar{A}\cap B)}$$

254

$$P_B(A) = \frac{P(A\cap B)}{P(A\cap B)+P(\bar{A}\cap B)} = \frac{\frac{4}{50}}{\frac{4}{50}+\frac{1}{50}} = \frac{4}{4+1} = \frac{4}{5} = 80\%$$

255

$$P_B(A) = \frac{P(A\cap B)}{P(A\cap B)+P(\bar{A}\cap B)}$$

256

$$P_B(A) = \frac{P(A\cap B)}{P(A\cap B)+P(\bar{A}\cap B)} = \frac{0.2}{0.2+0.3} = \frac{0.2}{0.5} = 0.4$$

256

$$P_B(A) = \frac{P(A\cap B)}{P(A\cap B)+P(\bar{A}\cap B)}$$

257

$$P_B(A) = \frac{P(A\cap B)}{P(A\cap B)+P(\bar{A}\cap B)} = \frac{\frac{99}{1000000}}{\frac{99}{1000000}+\frac{9999}{1000000}} = \frac{99}{10098} = 0.00980..$$

258

$$P_B(A) = \frac{P(A\cap B)}{P(A\cap B)+P(\bar{A}\cap B)}$$

259

$$P_B(A) = \frac{P(A\cap B)}{P(A\cap B)+P(\bar{A}\cap B)} = \frac{\frac{63}{100}}{\frac{63}{100}+\frac{3}{100}} = \frac{63}{66} = \frac{21}{22} = 0.95$$

260

$$P_B(A) = \frac{P(A\cap B)}{P(A\cap B)+P(\bar{A}\cap B)}$$

262

$$P_B(A) = \frac{P(A\cap B)}{P(A\cap B)+P(\bar{A}\cap B)} = \frac{\frac{3}{20}}{\frac{3}{20}+0} = 1$$

263

$$P_B(A) = \frac{P(A\cap B)}{P(A\cap B)+P(\bar{A}\cap B)} = \frac{\frac{3}{40}}{\frac{3}{40}+\frac{2}{15}} = \frac{0.075}{0.2083} = 0.360$$

264

$$P(X=1) = \frac{1}{6}$$

270

$$P(159 < x < 161)$$

274

$$E(X) = m = x_1p_1 + x_2p_2 + x_3p_3 + \cdots\cdots + x_np_n$$

$$= \sum_{k=1}^{n} x_k p_k$$

282

(기댓값(평균)=(각 값×각 확률)의 합)

$$V = \frac{(x_1-\bar{x})^2+(x_2-\bar{x})^2+(x_3-\bar{x})^2+\cdots\cdots+(x_n-\bar{x})^2}{n}$$

$$= \frac{1}{n}\sum_{k=1}^{n}(x_k-\bar{x})^2$$

285

$$E(X) = m = x_1p_1 + x_2p_2 + x_3p_3 + \cdots\cdots + x_np_n$$

$$= \sum_{k=1}^{n} x_k p_k$$

$$V(X) = E((X-m)^2) = \sum_{k=1}^{n}(x_k-m)^2p_k$$

$$\sigma(X) = \sqrt{V(X)}$$

287

$$z = \frac{X-\mu}{\sigma}$$

X: 표준화 하기 전 원래 자료의 수치
Z: 표준화 된 후 수치
μ: X의 평균
σ: X의 표준편차

290

$$z = \frac{X-\mu}{\sigma}$$

X: 표준화 하기 전 원래 자료의 수치
Z: 표준화 된 후 수치
μ: X의 평균
σ: X의 표준편차

291

$$평균 = \frac{표본의 총합(데이터의 전체 합)}{표본의 개수(데이터의 수)}$$

299

$$평균 = \frac{1+2+3+4+5+6+7+8+9+10}{10} = 5.5\text{(소수점 둘째자리에서 반올림)}$$

300

$$평균 = \frac{1+2+3+4+5+6+7+8+9+1000}{10} = 104.5$$

300

$$\varepsilon_1^2 + \varepsilon_2^2 + \varepsilon_3^2 + \varepsilon_4^2 + \varepsilon_5^2 + \varepsilon_6^2 = \min\sum_{i=1}^{6}\varepsilon_i^2$$

306

(ε는 실제 관측값과 예측값의 차이를 의미합니다.)

$$t\ 검정\ 통계량 = \frac{표본\ 평균 - 모평균}{표본\ 표준편차} = \frac{180.5-172.5}{4} = 2$$

323

$$재현율(Recall) = \frac{추천된\ 품목이\ 사용자가\ 좋아하는\ 품목}{사용자가\ 좋아하는\ 품목}$$

332

$$재현율(Recall) = \frac{추천된\ 품목이\ 사용자가\ 좋아하는\ 품목}{사용자가\ 좋아하는\ 품목} = \frac{3}{5}$$

333

$$재현율(Recall) = \frac{추천된\ 품목이\ 사용자가\ 좋아하는\ 품목}{사용자가\ 좋아하는\ 품목} = \frac{TP}{TP+FN} = \frac{3}{5}$$

334

$$정밀도(Precision) = \frac{추천된\ 품목이\ 사용자가\ 좋아하는\ 품목}{사용자에게\ 추천된\ 품목}$$

334

$$Precision = \frac{추천된\ 품목이\ 사용자가\ 좋아하는\ 품목}{사용자에게\ 보이는\ 품목} = \frac{3}{11}$$

335

$$정밀도(Precision) = \frac{사용자가\ 좋아하는\ 품목이면서\ 추천된\ 품목}{사용자에게\ 추천된\ 품목} = \frac{TP}{TP+FP} = \frac{3}{11}$$

335

$$재현율(Recall) = \frac{추천된\ 품목\ 중\ 사용자가\ 좋아하는\ 품목}{사용자가\ 좋아하는\ 품목} = \frac{5}{5} = 1$$

336

$$정밀도(Precision) = \frac{추천된\ 품목이\ 사용자가\ 좋아하는\ 품목}{사용자에게\ 추천된\ 품목}$$

337

$$정확도(Accuracy) = \frac{TP+TN}{TP+FP+TN+FN}$$

338